SCORPIO

Jeffrey Armstrong

DAS GEHEIMNIS DER
AVATARE

DIE SPIRITUELLE
WEISHEIT

Aus dem Amerikanischen
von Juliane Molitor

Die Originalausgabe ist 2010 unter dem Titel
The Spiritual Teachings of the Avatar bei Atria Books/Beyond Words,
a division of Simon & Schuster, Inc., New York, erschienen.

FSC

Mix

Produktgruppe aus vorbildlich
bewirtschafteten Wäldern und
anderen kontrollierten Herkünften

Zert.-Nr. SGS-COC-001940
www.fsc.org
© 1996 Forest Stewardship Council

2. Auflage
© 2010 by Jeffrey Armstrong
© der deutschen Ausgabe:
2010 Scorpio Verlag GmbH & Co. KG, Berlin · München
Umschlaggestaltung: Hauptmann & Kompanie Werbeagentur, Zürich
Satz: BuchHaus Robert Gigler, München
Druck und Bindung: GGP Media GmbH, Pößneck
ISBN 978-3-942166-13-3
Alle Rechte vorbehalten.

www.scorpio-verlag.de

Für die Allmutter,
alle Mütter
und Mutter Erde.
Mögen all ihre Kinder
satt, sicher und glücklich sein.

DER BAUM DER EWIGKEIT

Zweige suchen die Grenzenlosigkeit,
Äste streben nach ewigem Licht.
Das Universum ist die Krone eines mächtigen Baumes,
der im Schatten der endlosen Nacht alles Leben trägt.

Zeitalter färben die zahllosen Blätter,
Galaxien brechen als goldene Samen hervor,
von Tränen benetzt wächst er, wenn jemand trauert.
Und seine Blüten duften nach unserer Not.

Blüten werden zu Früchten der Lust und des Leids,
salzig, sauer, bitter, scharf und süß.
Feuer, Luft, Erde und Wasser als Regen,
wie uralte Füße graben sich seine Wurzeln tief
        in den Raum.

Die mächtige Eiche, der Banyan-Baum, die Kiefer,
ein Samen, den ein kosmischer Wind von weit her geweht,
der Stamm, an den sich jede Seele klammert wie Wein.
Im Garten der Liebe, in dem unsere Gebete erhört werden.

Und Friede ist der sanfte Hauch, der jedes Blatt
        am Ast bewegt.
Unter Vater Sonne und Mutter Mond steht dieser Baum,
das Symbol der Wahrheit, vor der wir uns verneigen.
Im Wald des Lebens steht er, der Baum der Ewigkeit.

Jeffrey Armstrong / Kavindra Rishi

INHALT

ZUR UMSCHRIFT DER SANSKRIT-SPRACHE

Alle Sanskrit-Begriffe werden in einer vereinfachten Umschrift wiedergegeben, wie sie in der Literatur für ein nicht wissenschaftliches Publikum allgemein verwendet wird. Es wird also beispielsweise nicht zwischen langen und kurzen Vokalen unterschieden, in der wissenschaftlichen Umschrift durch Querstriche über den Vokalen kenntlich gemacht. Es finden sich auch keine Punkte über oder unter bestimmten Konsonanten, ebenso wenig wie andere diakritische Zeichen. Die Schreibweise der gängigen Sanskrit-Begriffe orientiert sich am *Lexikon der östlichen Weisheitslehre*n (O.W. Barth, München 1986).

EINLEITUNG

Ideen, die irgendwann Paradigmen verändern, keimen manchmal jahre- oder sogar jahrzehntelang, bis die Zeit für ihre Manifestation gekommen ist. Als ich hörte, dass Regisseur James Cameron zwanzig Jahre gebraucht hat, um die Vision seines jüngsten Megablockbusters *Avatar* zu entwickeln, wunderte ich mich nicht. Ich kenne Herrn Cameron zwar nicht persönlich, aber wir haben etwas gemeinsam: Ich habe die letzten vierzig Jahre damit verbracht, die tiefere Bedeutung des Wortes Avatar zu studieren, wie auch die vielschichtigen Lehren, die damit in Verbindung stehen. Ich gab übrigens gerade eine Reihe von Kursen zum Thema Avatar, als mir zu meiner Überraschung ein Student empfahl, mir einen Film mit dem Titel *Avatar* anzuschauen.

Ich sah den Film in IMAX 3D und war höchst inspiriert von Camerons expansiver cineastischer Vision. Innerhalb von wenigen Tagen gerieten unerwartete Ereignisse in Bewegung. Während meiner täglichen Meditation hatte ich eine Vision von dem Buch, das Sie gerade lesen. Und noch nicht einmal eine Woche später war ich mir mit meinem Verleger über einen Buchvertrag einig geworden.

James Camerons Wahl des Titels *Avatar* – ein Schlüsselwort aus den heiligen Geschichten des alten Indien und mein spezielles Fachgebiet – inspirierte mich, dieses Buch zum jetzigen Zeitpunkt zu schreiben. In *Das Geheimnis der Avatare* geht es um die tiefere Bedeutung des Konzepts Avatar. Hinter dem Film und hinter diesem Buch stehen der Wille und das Wirken von etwas Größerem. Sie können es den Willen der Allmutter, den Willen von Mutter Erde, Gaia, dem göttlichen Geist oder wie auch immer nennen. Allerdings sollte seine Existenz jedem bewusst sein, der auch nur vage mitbekommt, dass die menschliche Rasse und der Planet, den wir bewohnen, vor einem Wendepunkt stehen.

Der Film und dieses Buch treffen sich in diesem historischen Moment: das, was wir als Nächstes tun, sei es destruktiv oder positiv, könnte das ganze Leben auf diesem Planeten beeinflussen. Wissenschaft und Technologie haben uns in gewisser Weise zu mächtig werden lassen, als dass wir unsere Ressourcen und Fähigkeiten weiterhin so unbewusst und bisweilen sogar unverantwortlich einsetzen dürften. Wir stehen am Scheideweg und müssen irgendwie lernen, besser miteinander zu kooperieren und für die Zukunft einen Kurs vorzugeben, der die Sicherheit, die Würde und das Wohlergehen aller lebenden Wesen berücksichtigt. Solange wir das nicht tun, riskieren wir katastrophale – militärische, ökonomische wie ökologische – Konsequenzen.

Als ich den Film *Avatar* zum ersten Mal gesehen hatte, ging ich mit Sandi, meiner Frau, aus dem Kino und sagte: »Wie es aussieht, hat Herr Cameron Pandoras Box Office aufgemacht.« (*Pandoras Box Office* ist ein Wortspiel aus »Büchse der Pandora« und »Kinokasse«.) Ich liebe solche Wortspiele. In der griechischen Mythologie bekommt ein junges Mädchen namens Pandora von ihrem Vater eine Büchse *(box)* mit der Warnung, sie unter keinen Umständen zu öffnen. Doch natürlich siegt irgendwann ihre Neugier. Sie öffnet die mysteriöse Schachtel, und heraus fliegen alle Arten von Seuchen, Problemen, Nöten und Kümmernissen. Doch gerade als es aussieht, als sei alles verloren, taucht noch ein letztes Wesen aus der Büchse auf: licht, zitternd und empfindlich – die Hoffnung.

Als ich *Avatar* sah, spürte ich diese Art von Hoffnung für eine manchmal zynische und gefährdete Welt. Es war dieselbe Hoffnung, die ich vierzig Jahre zuvor empfunden hatte, als ich von meinen indischen Lehrern in die Weisheit der Avatare eingeweiht worden war. Diese Hoffnung ist eigentlich ein Lebensstil, der auf einer Reihe von Lehren basiert, dem Wissensschatz der besterhaltenen indigenen Kulturen dieser Welt. Wie Sie in diesem Buch noch erfahren werden, hüteten Indien und die vielen edlen Eingeborenenkulturen die historischen Geheimnisse eines Lebens in größerer Harmonie mit der Erde. Das englische Wort *aboriginal* (»eingeboren, Eingeborener«) bedeutet wörtlich »vom Ursprung« – mit anderen Worten: »Bewusstsein der ursprünglichen Absicht« des Lebens. Zweifellos wurden Aspekte dieser ursprünglichen Absicht kunstvoll mit dem Stoff des Filmes *Avatar* verwoben. Die Weisheit der Avatare hat mich vollständig verändert, ihnen habe ich mein Leben geweiht. Hier geht es mir darum, Ihnen die ursprüngliche und umfassende Bedeutung des Wortes Avatar zu enthüllen – und auch, was uns die tiefste Bedeutung dieses Wortes bieten kann. Dieses Buch würdigt James Cameron. Indem er seinen Kassenschlager *Avatar* nannte, hat er sich nicht nur einen der wichtigsten spirituellen Begriffe Indiens geborgt, sondern gleichzeitig auch einen Anlass geschaffen, etwas über die wahre Bedeutung dieses Wortes zu erzählen.

Der Film *Avatar* wirft ein grelles Licht auf einiges, was wir heute an Unterdrückung, unkontrollierter Gier und Ungerechtigkeit um uns herum beobachten können. Seine Botschaft ist vermutlich höchst relevant für jene profitorientierten Firmenchefs, die sich benehmen, als sei es ihr Recht, immer nur von der Welt zu nehmen, ohne Rücksicht auf die Konsequenzen. Das rechtfertigen sie auch noch durch die Gewinne, die sie für ihre Anteilseigner scheffeln. Diese Einstellung muss einem fürsorglichen Firmenethos mit Herz weichen, das sowohl die Nachhaltigkeit als auch den Profit im Auge behält.

Ich hoffe auch, dass die Botschaft der Avatare von vielen Institutionen gehört wird, die anderen Menschen ihre Religion aufzwingen und dabei deren kulturelles Erbe auslöschen. Es ist höchste Zeit für den Tag, an dem alle Menschen auf der ganzen Welt religiöse und kulturelle Toleranz als entscheidenden Teil ihrer Religion praktizieren.

Die Botschaft der Avatare können wir auch als Aufruf gegen Despotismus verstehen und gegen jede Sorte von Diktatoren, die wir in undemokratischen Staaten auf der ganzen Welt erleben. Wie können wir es ernst meinen mit der Freiheit, wenn uns noch nicht einmal erlaubt ist, frei zu sprechen?

Ein anderes wichtiges Thema, das von den Avataren aufgeworfen wird, ist die Verbindung von technologischer und indigener Wissenschaft. Mit anderen Worten: Wie können wir den technologischen Fortschritt vorantreiben, ohne dabei gegen die gewaltige Intelligenz von Mutter Natur anzugehen? Wie kommen wir überhaupt dazu, an eine Intelligenz zu glauben, die für so viele selbstverständlich ist? Antworten auf diese großen Fragen – das ist es, worüber uns die Hoffnung in Pandoras Büchse nachzudenken bittet.

Ich bin seit vierzig Jahren Lehrer des Transzendentalen und möchte Ihnen vor diesem Hintergrund sagen, dass ich Sie in großer Demut und doch mit spürbarer Begeisterung und Freude zu dieser paradigmenverändernden Reise einlade. In den folgenden Kapiteln werden wir sehr detailliert auf die tieferen Bedeutungen der subtilen und wichtigen Lehren der Avatare eingehen. Wir werden einen bedeutsamen Einblick erhalten, auf welche entscheidende Weise die Avatare mit den beiden großen indischen Epen, *Ramayana* und *Mahabharata*, verbunden sind.

Am Ende dieses Buches finden Sie geführte Meditationen und Übungen, die Ihnen helfen werden, die profunden Lehren der Avatare besser aufzunehmen und in Ihr Leben zu integrieren.

Es ist mein aufrichtiger Wunsch, Ihnen mit diesem Buch Werkzeuge des Wissens zur Verfügung zu stellen, die Ihnen helfen, Ihr authentisches und wahres Selbst zu leben – wie immer Ihr Weltbild auch aussehen mag. *Das Geheimnis der Avatare* soll Sie inspirieren und ermutigen, persönliche, lokale und globale Probleme durch mehr Bewusstheit, Kooperation und Integrität wahrzunehmen und zu lösen. Wie wir noch erfahren werden, beziehen die Avatare zu einem Punkt eindeutig Stellung: Mit der richtigen Vision können wir schon heute beginnen, das Versprechen der Hoffnung einzulösen, die in Pandoras Büchse bleibt – und noch wichtiger, in den tiefsten, sanftesten und mutigsten Winkeln unseres eigenen Herzens.

Ich führe Sie durch diesen bewusstseinsverändernden Prozess. Damit bringe ich den außergewöhnlichen Ältesten vieler indigener Kulturen, von denen ich gelernt habe, meine nie endende Dankbarkeit und meinen tiefsten Respekt entgegen – vor allen aber meinen indischen Gurus und Lehrern. Sie haben die wahren Schätze der Avatar-Tradition mit mir geteilt. Ich hoffe, dass wir alle noch lernen können, mit mehr Freude und Mitgefühl auf Mutter Erde zu leben.

Kapitel 1

NAMASTE – ICH SEHE DICH

NAMASTE. Ich sehe dich als schönes,
göttliches Wesen, dessen ewiges
Bewusstsein deinen Körper und deinen
Geist durchdringt, als das Licht
deines wahren Selbst, das zu meinem
herüberscheint. Ich verbeuge mich vor
diesem transzendentalen Wesen,
vor dem wahren Du.

ALBERT EINSTEIN, der große intuitive Wissenschaftler des 20. Jahrhunderts, sagte: »Fantasie ist wichtiger als Wissen.« Weil sie dies instinktiv wussten, gaben unsere indigenen Vorfahren ihr Wissen in vielschichtigen Erzählungen weiter. Sie alle basierten auf Fantasie, und in ihnen waren die Informationen sorgfältig eingebettet. Diese uralten Geschichten hatten oft eine traumähnliche Qualität, der sich auch Filme wie *Krieg der Sterne, Herr der Ringe*, die Harry-Potter-Filme und *Avatar* bedienen, um uns in ihre imaginären Welten zu entführen. Um den Effekt wirklich ganz mitzubekommen, muss der Zuschauer oder Zuhörer seinen kritischen Verstand zeitweilig ausschalten und sein Herz öffnen. Mit diesem Buch ist es ähnlich. Wir sind der traditionellen Art, wie indigenes Wissen durch Geschichtenerzählen vermittelt wurde, näher, wenn wir die Lehren dieses Buches wie einen inneren Film aufnehmen. Damit das klappt, brauche ich Ihre Hilfe, lieber Leser, liebe Leserin. So herausfordernd

Ihnen das in dieser wissensüberfrachteten, modernen Welt auch vorkommen mag – ich bitte Sie, Ihren kritischen Verstand auszuschalten, bis Sie am Ende dieses Buches angekommen sind. Lehnen Sie sich stattdessen zurück, wenn Sie können, lassen Sie Ihre analytischen Gedanken beiseite. Machen Sie es sich so gemütlich, wie es sich ein Schüler vor dreitausend Jahren unter einem Banyan-Baum gemütlich gemacht haben mag, sodass Sie diese Lehren mit offenem Herzen annehmen können. Dafür brauchen Sie sie nicht einmal zu akzeptieren, sondern nur wirklich anzuhören. Genau wie in Ihrem eigenen Leben sind Sie mit diesem Wissen der Kameramann, die Person für die Spezialeffekte, der Bühnenbildner, aber – noch – nicht der Filmkritiker.

Und in diesem Moment werde auch ich mich von einer normalen Person, einem Produkt der Kultur, in die ich geboren wurde, in einen Ältesten aus einer uralten und weisen Kultur verwandeln, der sich an die ältesten Geschichten erinnert, die seit Anbeginn der Zeit erzählt wurden. Ich tue dies demütig und zuversichtlich, denn diese Haltung ist meine wahrhaftige Natur. Wie Jake Sulley am Ende des Filmes *Avatar* »starb« auch Jeffrey Armstrong vor vierzig Jahren, empfing eine neue Vision und eine Bestimmung, wurde in diesem Prozess wiedergeboren und bekam einen neuen Namen. Seit diesem Tag lebe und arbeite ich in der Hoffnung, die Vision einer geheilten, gesunden und heiligen Welt wiederherstellen zu können. Und nun bitte ich die Avatare demütig, sie mögen ihre Weisheit durch mich verkünden, sodass ich ihr Verkünder und Botschafter sein und ihre Vision mit Ihnen teilen kann.

DEFINITIONEN

Bevor wir anfangen, möchte ich Ihnen die Definitionen der drei Schlüsselbegriffe geben, die Ihnen helfen werden, die spirituellen Lehren dieses Buches in den richtigen Kontext zu stellen. Es handelt sich um die Begriffe *vedische Bibliothek,* *das Transzendentale* beziehungsweise *Metaphysische* und *Avatar.*

Vedische Bibliothek

Der Begriff »vedische Bibliothek« wird synonym und wechselweise für »die Veden« benutzt. Im Laufe von vielen Tausend Jahren sammelte sich in dem Land, das früher Bharata hieß und heute als Indien bekannt ist, eine große Menge an Wissen an, das als »die Veden« bezeichnet wurde. Aufgezeichnet wurden sie in der präzisen Sanskrit-Sprache, und von manchen der Veden heißt es, sie seien direkt aus höheren Ebenen an Yogis (auf der Erde) übermittelt worden, während diese sich in tiefer Meditation befanden. Andere Bücher sollen von den großen Avataren, die auf die Erde kamen, gesprochen worden sein. Bei wieder anderen handelt es sich um Historien, die Millionen von Jahren zurückreichen. In vielen Bänden werden die Naturgesetze beschrieben, Wissenschaften, Künste und Architektur, Astronomie, Astrologie, Medizin, Sprache, Etymologie, Philosophie. Mehr als irgendwo sonst auf der Welt finden sich erstaunliche Beschreibungen transzendentaler Bereiche jenseits des von uns Sichtbaren, wohin uns, wie sich herausstellt, unsere tiefsten Sehnsüchte tragen können.

Unter den Büchern der vedischen Bibliothek gibt es keines, das einem bestimmten Autor zugeschrieben werden kann, obwohl bei manchen die Bearbeiter oder Kompilatoren bekannt sind. Wenn ich in diesem Buch schreibe »die Veden sagen« oder »in den Veden heißt es«, gebe ich Ideen wieder, die direkt aus der großen vedischen Bibliothek stammen. In einer eher akademischen Situation würde der Sprecher das genaue Kapitel und den Vers angeben. Hier geht es uns aber eher darum, uns in den süßen Geist der Lehren zu vertiefen.

Das Transzendentale

Mit dem Transzendentalen in Verbindung zu treten erfordert sowohl ein weiches Herz als auch einen scharfen Verstand. Den Veden zufolge leben wir gegenwärtig in einer von verschiedenen Energien, welche die Basis unserer Existenz sein könnten. Wir befinden uns in der materiellen Welt oder im materiellen Bereich – und unser Universum ist nur ein kleiner Teil des gesamten materiellen Bereichs. Die Energie der Materie ist träge, unbewusst, aus Teilen zusammengesetzt, befristet, dunkel, dehnt sich ständig aus und zieht sich wieder zusammen.

Alles, was hier ist, manifestiert sich, bleibt eine Weile, bricht dann wieder zusammen und wird neu verwertet. Es ist diese materielle Realität, die wir normalerweise erleben. Die Veden sagen aber auch, dass Materie nur ein Viertel der größeren Realität ist. Die anderen drei Viertel existieren jenseits unserer Wahrnehmung als das Transzendentale. Im Gegensatz zur materiellen Realität ist das Transzendentale voll und ganz bewusst, dynamisch, ewig, aus sich selbst leuchtend und ohne Teile. Es erfährt keine Dualität oder Opposition. Es ist die Essenz unserer wahrsten Natur. Das Transzendentale ist aber auch ein Ort, der unserem Universum der Materie vorausgeht. Er dehnt sich ständig aus, und dort gibt es weder Tod, Leid, Begrenzungen und Zeit.

Nach dieser Definition scheint das Transzendentale für uns unbegreiflich, weil wir so daran gewöhnt sind, in der Materie zu sein. Die Veden aber sagen uns, dass wir ewige Wesen sind, die sich entschieden haben, von dort hierherzukommen, und dass wir genauso wählen können, wieder in unser ursprüngliches transzendentales Zuhause zurückzukehren.

Avatar

Avatar ist ein Sanskrit-Wort, zusammengesetzt aus den Silben *ava* mit der Bedeutung »herabsteigen« und *tara* mit der Bedeutung »heilen, wiederherstellen«. Die Idee dahinter ist, dass ein göttliches oder höheres Wesen absichtlich zur Erde herabsteigt, einen Körper annimmt (uns als geboren erscheint) und dann irgendeine Art von Mission erfüllt – etwas, das den Erfordernissen des gegenwärtigen Moments entspricht. Das ist etwas anderes als Reinkarnation, die ja keine bewusste, absichtliche Geburt ist, sondern ein Resultat von Karma. Avatare kommen freiwillig.

Der Hauptgrund, warum ein Avatar kommt, ist, um die Erde zu retten und zu heilen, und zwar zu einer Zeit, in der das Gleichgewicht in der Natur oder Mutter Erde zerstört ist. Der zweite Grund ist, uns alle daran zu erinnern, dass wir auch transzendentale Wesen sind und dass das Transzendentale unserer wahren Natur entspricht. Die Avatare hinterlassen uns normalerweise eine Reihe von Lehren, wichtige Richtlinien für ein Leben in Integrität zum Wohle aller. Sie selbst verkörpern diese Botschaften und lehren uns, das Gleiche zu tun. Und drittens kommen Avatare auch auf die Erde, um persönliche und liebevolle Beziehungen mit Menschen einzugehen – als Diener, als Kind, als Freund, als Ehepartner oder als Geliebter. Dann haben Menschen Gelegenheit, unmittelbar mit dem Avatar in Kontakt zu kommen. Einfach ausgedrückt, steht Avatar für Gott oder das Höchste Wesen, das aus Liebe zu uns gekommen ist, in einer Form, die uns wie eine menschliche Gestalt erscheint.

Obwohl das Wissen, das ich nun auf den Bildschirm Ihrer Imagination projizieren werde, zuerst in einem Land auftauchte, das wir heute Indien nennen, erhebt dort niemand

Anspruch darauf, sein Eigentümer oder Autor zu sein. Es wurde in Millionen Jahren von Tausenden von Menschen empfangen – und fand Eingang in die Geschichten der großen Avatare. Es gehört allen und niemandem. Es steht Ihnen frei, davon zu nehmen, was Sie brauchen, oder abzulehnen, was Sie wollen. Ich stehe mit den Füßen zwischen den Wurzeln des Altertums und mit dem Kopf in den Ästen von heute, während unsere Geschichte beginnt.

IM DIENST DER AVATARE

Der Name, den ich seit meiner Wiedergeburt trage und der mir von einem großen Lehrer des alten Wissens verliehen wurde, lautet Kavindra Rishi, übersetzt: »Der das alte Wissen hört und ausspricht«. Ich bin Ihr Führer auf dieser Reise. Ich bin ein Ältester in dieser uralten Linie der Weisheit, die in Bharata empfangen wurde, der Gegend, die wir heute Indien nennen. Wir sind die Bewahrer und die Träger einer Bibliothek des Wissens, die der Veda oder die Veden genannt wird. Das deutsche Fremdwort Video (von lateinisch »ich sehe«) ist mit dem Wort Veda verwandt, und das bedeutet »die Wahrheit sehen und erkennen«. Die Veden sind in Sanskrit durch die Zeit gewandert, und Sanskrit bedeutet »die perfektionierte Sprache«. Diese präzise Sprache hat die Bedeutung unseres Wissens davor bewahrt, im Laufe der Zeit verzerrt zu werden oder verloren zu gehen. Ich werde neue Sanskrit-Worte einführen und neue Bedeutungen für deutsche Worte enthüllen. Das ist notwendig, weil den uralten Veden zufolge einige dieser Sanskrit-Worte von den großen Sehern der Vergangenheit entwickelt wurden, um Bilder und tiefe Erfahrungen auf sehr präzise Weise zu vermitteln. Sanskrit gilt als eine Art spirituelle Programmiersprache, deren Klang unsere Imaginationsfähigkeit erweitert. In gewisser Weise lösen diese Worte Spezialeffekte in uns aus.

Wie fühlt sich ein offenes Herz an?

WIR SIND EWIGE WESEN UND HEISSEN ATMAN

Alle alten Kulturen waren sich darüber einig, dass wir ewige Wesen sind, die dieses Universum besuchen. Deshalb sagen sie, wenn sie einander begrüßen, irgendeine Variante von »Ich sehe dich«. Auf Sanskrit heißt es *Namaste* oder »Ich sehe dich als ein ewiges göttliches Wesen«. Das ist die universale spirituelle Begrüßung, die besagt: »Ich schaue über deine Kleidung, deinen Körper, deine Haut, deine Kultur, deine Ansichten, deine Persönlichkeit und sogar über deine Gedanken hinaus. Dort sehe ich das wahre Du im Innern, das hier auf dem irdischen Campus der Großen Universität zu Besuch ist.«

Den zeitlosen und uralten Veden zufolge ist dieses Universum, in dem wir leben, nur eines von unzähligen Billionen ähnlicher Universen. Die Wissenschaft hat uns gezeigt, dass diese uralten Lehren wahr sind. Das Wort Universum bedeutet »eine sich drehende Realität« oder »eine vereinte sich drehende Realität« – sprich ein einzelnes Feld aus vollkommen miteinander verbundener Energie, das sich manifestiert, eine Zeit lang erhalten bleibt, vergeht, erneuert wird und sich dann wieder manifestiert. In den Veden wird jedes dieser Universen als eine Art Universität beschrieben, als ein Campus, zu dem unzählige ewige Wesen kommen, um die Schule der Materie zu besuchen. Diese Universen werden als materieller Aspekt des Höchsten Wesens beschrieben. Das ist auch der Grund, warum wir uns ursprünglich überhaupt veranlasst sahen, hierherzukommen. Den Veden zufolge gibt es hier im materiellen Universum insgesamt 8 400 000 materielle Körper oder Entwicklungsstufen, in und auf denen sich das Höchste Wesen manifestiert – von den Mikroben bis hinauf zu den menschlichen Wesen. Weil wir ewige Wesen sind, werden wir jeden und jede von ihnen an irgendeinem Punkt unseres Evolutionsprozesses in der Materie bewohnen. Und überall wird uns genau die besondere Erfahrung

geboten, die wir auf unserem Weg zur letztendlichen Gradu-
ierung gerade brauchen.

Dieses ewige Wesen, das auf die Erde gekommen ist,
heißt *Atman*. Atman ist unsere wahre Natur. Um es ganz
klar zu sagen: »Ewig sein« bedeutet, dass wir nie erschaffen
wurden und nie sterben können. Ich kann Ihnen nur sagen,
dass Menschen, die das endlich begriffen haben, sehr viel
entspannter mit dem gegenwärtigen Stand ihrer materiellen
Dinge umgehen – was, wie sich herausstellt, bemerkenswert
schwer ist, selbst mit diesem Wissen.

DER AUSFLUG DES ATMAN

An irgendeiner Station seiner ewigen Reise beschließt ein At-
man, in die materielle Welt zu kommen, und beginnt sein
Studium an der Universität der Materie. Wenn ein Atman in
Kontakt mit der Materie kommt, passieren zwei Dinge. Der
Atman glaubt sofort, er sei Materie – nicht der Atman, der
er in Wahrheit ist –, und diese neue materiell-spirituelle Al-
chemie eines Wesens beginnt, Luft zu atmen. Der Sanskrit-
Begriff für ein atmendes ewiges Wesen ist *Jivatman*.

Die großen Weisen haben uns das schon vor Tausenden
von Jahren gesagt: Wir können weder erschaffen noch vernichtet werden, und wenn wir hier ankommen, fangen wir
einfach an, uns durch Erfahrung zu entwickeln, und zwar
von einem physischen Körper in den nächsten. Das ist das,
worum es bei der Reinkarnation wirklich geht. Wir steigen
auf einer Evolutionsleiter durch die Materie, durch Millionen von Arten, von den einfachsten zu den komplexesten.
Jedes dieser Erlebnisse ist eine Art Entwicklungsstufe, deren
Höhepunkt das menschliche Erleben ist, in dem wir uns zum
ersten Mal wahrhaft selbst reflektieren und fragen können,
wer wir wirklich sind.

Und der, der wir wirklich sind, ist der Atman.

Die wahre Natur des Atman ist ewig, bewusst, voller

Freude und individuell. Um es noch einmal zu betonen: Wir sind keine menschlichen Wesen. Wir sind nicht diese Körper. Wir sind nicht einmal unsere Gedanken. Wir sind ewige Wesen, zeitweilig von materiellen Körpern umhüllt, von denen wir irrtümlich annehmen, wir seien sie. Oder anders ausgedrückt: Wir sind individuelle Atmans, die eine menschliche Erfahrung machen, und nicht etwa Menschen, die eine spirituelle Erfahrung machen.

Und den großen Lehrern zufolge kommen wir auch nicht von hier. Wir kommen aus dem transzendentalen Bereich – und das ist auch der Ort, an den wir eines Tages zurückkehren werden, nachdem wir diese materielle Welt voll und ganz erfahren haben.

Ich wiederhole noch einmal: Der Atman selbst ist nicht materiell. Vielmehr ist er von seiner Natur und seinen Eigenschaften her mit dem transzendentalen Bereich identisch. Die Veden sagen, dass die Welt, die wir als materielle Wesen hier bewohnen, aus einer unbewussten Energie namens Materie gemacht ist. Das Antimaterielle oder die transzendentale Materie ist aus einer bewussten, ewigen Energie gemacht. Im Vergleich dazu ist unsere materielle Welt dunkel und träge.

Worin liegen weitere wesentliche Unterschiede?

- Die transzendentale Welt ist aus sich selbst leuchtend.
- Diese materielle Welt ist zeitlich begrenzt, während die transzendentale Welt ewig ist.
- Diese Welt ist statisch, während die transzendentale Welt ekstatisch ist.
- Diese Welt ist voller Angst, jene ist frei von Angst.
- Die transzendentale Welt ist unbegreiflich und gleichzeitig hier und dort.

Die Veden offenbaren uns jene transzendentale Welt als unsere ursprüngliche Heimat. Klarstellen sollten wir, dass wir hier nicht über den Himmel sprechen. Aus yogischer Sicht ist der Himmel eine sehr freudvolle und subtilere materielle Dimension, aber er ist immer noch zeitlich befristet. Die transzendentale Welt hingegen ist ganz und gar jenseits der materiellen Welt.

DIE UNIVERSALE ERZIEHUNG

Die Implikationen dieser großartigen Vision – dass alle lebenden Wesen im Kern ewige, bewusste, freudvolle göttliche Wesen oder Atmans sind – führen zu einem universalen Verhaltenskodex. Aber uns auch dazu, den evolutionären Prozess allen Lebens zu erkennen. Es stimmt nicht, dass chemische Reaktionen innerhalb der Materie unser Bewusstsein entwickeln. Wir sind keine Blasen, die der Zufall aus träger Masse geformt hat. Genauso wenig sind wir temporäre Kreationen einer launenhaften oder anthropomorphen Gottheit. Wir sind alle Wesen, die für immer leben. Es gab keine Zeit in der Vergangenheit, zu der wir nicht existiert haben, und es wird keine Zeit in der Zukunft geben, zu der wir aufhören zu existieren. Unser Atman ist wie die Sonne, die sich an einem beweglichen Ort befindet und deren Licht dennoch durch unser ganzes Sonnensystem scheint. Auch unser Atman, also das, was wir wirklich sind, schickt die Strahlen seines ewigen Bewusstseins in unseren Geist und unseren Körper.

Das gilt für alle Wesen, ohne jede Ausnahme. Und wer es verstanden hat, grüßt alle Wesen mit demselben *Namaste*: »Ich sehe das wahre Du.« Dieser Gruß sollte zum Standard werden für alle Studenten, die Sinn und Zweck ihres Aufenthaltes auf diesem universalen Campus erkannt haben.

Alle Mitwesen, alle anderen Studenten richtig zu sehen ist ein wichtiger erster Schritt zu einem kooperativen, für das Wohl aller sorgenden Verhalten auf dem Campus des Planeten Erde. Obwohl wir alle auf unterschiedlichen Entwicklungsstufen stehen beziehungsweise in einem jeweils anderen Semester sind – meist, weil wir zu verschiedenen Zeiten auf der Erde angekommen sind –, sind wir in der Essenz alle gleich und aus demselben Grund hier. Alle Studenten sind gleich viel wert und sollten mit dem gleichen Respekt gesehen und behandelt werden. Daher sollte die, wenn auch leise gestellte Frage, die auf den Gruß *Namaste* folgt, lauten: »In welchem Semester studierst du?«

Fast alle sichtbaren und sogar mikroskopisch kleinen Wesen auf unserem Planeten wurden bereits mit modernen wissenschaftlichen Klassifikationsmethoden bestimmten Entwicklungsstufen zugeordnet, und zwar entsprechend ihres Verhaltens und ihrer Fähigkeiten. Im Vergleich zum Potenzial des Menschen ist ziemlich klar, dass sich alle Arten unter uns gegenwärtig auf einer niedrigeren Stufe des evolutionären Lernprozesses befinden. Ihr Verhalten und ihr Lebensraum sind eingeschränkt, und ihre Selbstwahrnehmung ist nicht so umfangreich wie unsere. Auf dem Campus könnten wir sagen, dass sie sich im ersten Semester befinden. Die Fähigkeit zur Selbstreflexion und ein dementsprechend entwickelter freier Wille stehen ihnen noch nicht zur Verfügung. Das ist keine Beleidigung. Es ist lediglich eine Frage der Zeit. Sie sind eben noch junge Seelen.

DER FREIE WILLE IST NICHT UNBEDINGT FREI

Die Veden sagen uns, dass der Unterschied zwischen menschlichen Studenten und den jüngeren Seelen, die fast ausschließlich ihr instinktives Bewusstsein nutzen, in der Nutzung des freien Willens besteht. Unser freier Wille, den wir nur als Atmans nutzen können, ist das Verbindungsglied zwischen den Atmans, den Gesetzen der Materie und dem evolutionären Prozess, den wir durchmachen. Bis zu den höchsten Säugetieren, also bis unmittelbar vor unsere menschliche Erfahrung, findet der Aufstieg des Atman ohne einen nach moralischen Kriterien eingesetzten freien Willen statt. Obwohl auch Tiere innerhalb der Grenzen ihrer Art eine gewisse Autonomie haben, können sie die Grenzen ihrer körperlichen Natur nicht sehr weit überschreiten. Aus diesem Grund bezeichnen wir nicht menschliche Wesen nicht im selben Sinne als gut oder böse, wie wir es mit Menschen tun würden. Es gibt im Grunde nicht so etwas wie, sagen wir, einen schlechten Bären. Ein Bär ist einfach ein Atman im Körper eines Bären, der ein Bärenerlebnis hat. Dasselbe gilt für alle Kreaturen bis zur Ebene der Menschen. Alle unbewussten oder triebhaften Kreaturen werden von den Gesetzen der Natur kontrolliert, und zwar auf die gleiche Weise wie alle Materie – durch Ursache und Wirkung. Selbst wir Menschen verzichten zeitweilig auf die Anwendung unserer Moralvorschriften, bis unsere Kinder ein gewisses Alter erreicht haben. Erst dann glauben wir, dass sie moralisch für ihre Taten verantwortlich sind.

Das großartige Privileg des menschlichen Erlebens besteht darin, dass wir uns auf dieser Entwicklungsstufe zum ersten Mal fragen können, wer wir wirklich sind. Die Entdeckung, wer wir wirklich sind – Atman und nicht diese körperlichen Erfahrungen, die wir machen und gemacht haben –, ist einer der Schlüssel für das, was Befreiung oder auf Sanskrit *Moksha* genannt wird. Zu erkennen, dass wir nicht dieser Körper sind, ermöglicht uns, ebenso in unser wahres Zuhause, ins Transzendentale, zurückzukehren wie zu unserer wahren Natur, dem Atman.

Wenn wir die Ebene des menschlichen Erlebens erreichen, besteht die größte Schwierigkeit darin, dass wir nach Millionen von Leben zum ersten Mal einen eigenen denkenden Geist haben. Und weil wir einen denkenden Geist haben, der bewusst oder auch aus Versehen gegen die Gesetze der Natur handeln kann, sind wir nicht nur den physikalischen Gesetzen von Aktion und Reaktion innerhalb der Materie gegenüber verantwortlich. Wir tragen auch die Verantwortung für unser moralisches Verhalten, das aus der Anwendung unseres freien Willens resultiert. Dieser Prozess von Ursache und Wirkung, in dem die Menschen das zurückbekommen, was sie mit ihrem individuellen freien Willen bewirkt haben, heißt im Sanskrit *Karma*. Ob diese Reaktionen als gut oder schlecht empfunden werden, spielt für das Gesetz der Natur keine Rolle. Bestimmte Aktionen haben ihren Preis, und eine Ursache wird, vielleicht sofort oder auch zu einem späteren Zeitpunkt, eine Wirkung hervorbringen. Es ist nie eine Strafe, einfach nur Ursache und Wirkung.

Demgegenüber streben den Veden zufolge alle Pflanzen und Tiere in einer unaufhaltsamen Aufwärtsbewegung auf die Reinkarnation als menschliches Wesen zu. Sobald wir jedoch die menschliche Ebene erreicht haben, wird dieser instinktive, eingebaute Kontrollmechanismus schwächer, und der freie Wille wird zum bestimmenden Prinzip für unseren Fortschritt. Und wenn wir uns nur schlecht genug benehmen, indem wir zum Beispiel unsere menschlichen Fähigkeiten nicht nutzen, kann es sein, dass wir in eine begrenzte Tierexistenz zurückfallen. Deren Natur versuchten wir, aus welchem Grund auch immer, zu imitieren, während wir in einem menschlichen Körper lebten. Um es mit Worten auszudrücken, die wir alle schon einmal gehört haben: Was man sät, das wird man ernten. Oder noch spitzfindiger: Was immer man sich wünscht, bekommt man am Ende. Auf eine Weise, die unser Verstand kaum erfassen kann, denken und sprechen wir Menschen mit unseren Gedanken und Worten alles ins Sein. Die Welt wird durch unsere Gedanken und Worte umgestaltet, weswegen wir uns immer bemühen sollten, diese zu verfeinern. Dieser Prozess kommt sofort in Gang, wenn wir eine erweiterte Vision von uns selbst vor Augen haben.

SAMSARA – DER KREISLAUF VON GEBURT, TOD UND WIEDERGEBURT

Es ist wichtig, zu verstehen, dass Karma weder eine Bestrafung noch eine Belohnung ist. Es ist einfach die Regel, einfach Teil des Curriculums an dieser kosmischen Universität. In diesem Zusammenhang ist es gut, sich daran zu erinnern, dass es so etwas wie ewige Verdammnis nicht gibt. Eine solche Idee ist sowohl den Wünschen des Atman – wie sehr wir auch auf uns selbst zurückgeworfen werden – als auch denen eines Avatars, über dessen tiefste Wünsche wir in den nächsten Kapiteln noch einiges erfahren werden, vollkommen entgegengesetzt. Sinn und Zweck der Schule ist eine vollständige Erfahrung, die den durchziehenden Atman-Studenten auf das Examen vorbereitet: auf die Rückkehr in seine ursprüngliche Heimat. Alle Karmas sind zeitlich befristet. Das heißt, die Resultate unserer Taten produzieren zeitlich befristete Wirkungen, obwohl es uns aus unserer begrenzten Perspektive heraus so scheinen mag, als machten sich die Wirkungen auf ewig bemerkbar.

Der Punkt ist: Da alle Atmans ewig und hier um zu lernen sind, ist es der freie Wille, welcher der Schule und ihren Klassen Bedeutung gibt. Was uns bleibt, ist die Weisheit, die wir erwerben, und die baut sich nach und nach auf, bis wir zur Abschlussprüfung zugelassen werden.

Während ihrer gesamten Reise durch die niedrigeren Spezies werden die Atmans gewissermaßen von der Materie »unterm Deckel« gehalten. Sie vergessen ihre ewige, transzendentale Natur und glauben, dass sie nur Körper sind. Ihnen ist nicht bewusst, dass der Körper ein temporärer Zustand ist. Menschen müssen ein ganzes Leben lang lernen, um schließlich zu begreifen, dass sie weder Körper noch denkender Geist sind, sondern ewige Wesen, deren Bewusstsein durch ihren Geist und ihren Körper wirkt.

Bei allen Wesen bewirkt die Tatsache, dass sie sich ihrer

Existenz als ewige Wesen nicht bewusst sind, einen automatischen Widerstand gegen den Tod und das Sterben. Der Atman stirbt zwar nicht wirklich, aber wenn der Körper im Sterben liegt, entbrennt ein natürlicher Kampf gegen diesen Prozess. Bei Menschen setzt sich diese »Angst vor dem Tod« oder die Aversion dagegen fort, bis sie »alte Seelen« sind, was bedeutet, dass sie keinen Moment lang vergessen, dass sie nicht ihr Körper sind. In dem Film *Avatar* wird Reinkarnation dadurch verdeutlicht, dass Jake Sulley zwischen seinem Na'vi-Körper und seinem menschlichen Körper wechselt. In diesem Fall demonstriert sein letztendlicher Sprung aus einem querschnittsgelähmten menschlichen Körper in den eines ermächtigten Stammesfürsten eine aktive Reinkarnation. Jake beschließt ganz bewusst, seine Gesinnung zu ändern, und ändert dann vor unseren Augen auch seinen Körper. Hier ist der entscheidende Punkt, dass unzählige Atmans ihren eigenen physischen Körper mit dem Licht des Bewusstseins kontrollieren, das aus ihnen heraus scheint. Sollte Ihnen die Idee, jeden als Atman zu sehen, einfach vorkommen, so kann ich nur erwidern: Es ist alles andere als einfach. Aber es ist ein wichtiger Schritt, der es uns ermöglicht, über unsere äußeren Unterschiede hinwegzusehen und wirklich anzuerkennen, was wir alle gemeinsam haben. Dass wir alle Atmans sind, ist nicht nur das, was uns mit allen lebenden Wesen verbindet, sondern auch das Geheimnis unserer Verbindung mit allen Formen des Lebens. Wir sind alle ewige Studenten auf demselben Campus und zum selben Zweck hier auf der Erde. So gesehen, sind wir alle als Atmans wertvoll, göttlich in der Essenz, von Natur aus brillant.

DIE ALLMUTTER

NAMASTE. Ich sehe dich als Teil von
allem, tief verbunden mit allem, was
existiert. Ich spüre deine Liebe und deine
guten Wünsche für alle Wesen.
Dein Mitgefühl rollt über mich hinweg
wie die Wellen eines liebenden Ozeans.

GEHEN SIE in Ihrer Vorstellung etwas mehr als fünftausend Jahre zurück. Mutter Erde ist zutiefst besorgt. Viele böse Wesen haben sich in Indien niedergelassen und leben dort als Könige verkleidet in fürstlicher Pracht. Sie geben sich nobel, aber heimlich fördern sie das Böse und richten großen Schaden an. Ihre riesigen, brutalen Armeen drangsalieren das ganze Volk. Die Frauen sind nicht sicher, die Steuern werden untragbar. Ähnlich wie wir uns heute manchmal fühlen, fühlten sich auch unsere Ahnen in Indien: Alles scheint verloren.

Mutter Erde weint Tränen des Mitgefühls für ihre Kinder, nimmt die Gestalt einer Kuh an und begibt sich zu Brahma, dem Schöpfer. Sie erzählt ihm von ihrem Kummer, und er rät ihr, schnellstens Vishnu, den Beschützer und Erhalter, aufzusuchen und ihn um Hilfe zu bitten. Als sie bei Vishnu angekommen sind, erklärt ihnen dieser, was gerade vor sich geht:

»Meine Lieben, ich habe diese bösen Könige zur Erde geschickt, um die Bühne für mein eigenes Hinabsteigen zur Erde vorzubereiten – als Avatar. Ich werde persönlich erscheinen, um das Gleichgewicht des Lebens wiederherzustellen und den Menschen seine Erhaltung zu lehren. Bitte weist alle göttlichen Helfer an, in einer königlichen Familie zur Welt zu kommen. Mein Erscheinen steht unmittelbar bevor.«

Und so kamen Weisheit, Mitgefühl und Mut auf die Erde – jene Eigenschaften, die nötig waren, um das Gleichgewicht wiederherzustellen und die Tränen von Mutter Natur zu trocknen.

Das essenzielle Wirkprinzip von Mutter Natur – der Allmutter, Mata Bhumi – ist Erneuerung und Gleichgewicht. Alle großen indigenen Kulturen verstanden dieses geradezu mathematische Geheimnis: Wenn das Gute von allem, das Wohl des Ganzen möglich sein sollen, müssen sich unsere Anführer auf eine heilige Balance untereinander ebenso einstellen wie auf die unwandelbare Kraft und Intelligenz der Natur. Für alle, die bereit sind, wirklich zuzuhören und hinzuschauen, ist das, was Mutter Natur ohne Unterlass produziert, Ausdruck ihrer Sehnsucht nach Ernährung und Versorgung aller Wesen auf diesem Planeten. Es ist ein echter Schatz, den zu hüten sich lohnt. Der berühmte Ökologe David Suzuki schätzt, dass uns Mutter Natur jährlich Produkte im Wert von mehr als dreißig Trillionen US-Dollar kostenlos zur Verfügung stellt. Und wir glauben nicht einmal, dass sie existiert, geschweige, dass wir sie schützen. Sie aber atmet ständig weiter und bringt den Campus ins Gleichgewicht, damit er weiter die riesigen Wellen der neu ankommenden Studenten aufnehmen und ihnen auf ihrer Reise von Nutzen sein kann. Sie ist ein Thermostat und ein weiches Bett. Sie ist das Getränk, das jeden Durst löscht, sie ist der Duft der Liebe. Sie heilt, webt, ordnet neu, regeneriert und bringt neu hervor – und dies alles durch die mysteriösen Schichten jenes Stoffes, der den Genius des Lebens ausmacht. Es ist Fakt, dass wir Menschen die einzigen Wesen mit einem freien Willen sind. Daher sind wir wohl das biologische Leben, das am leichtesten zum Verursacher eines ökologischen Ungleichgewichts werden kann. Und vielleicht noch schlimmer ist unsere völlige Ignoranz, wenn es darum geht, Mutter Natur als lebende, atmende, absolut selbstlose Gottheit anzuerkennen. Aber das Spektrum des freien Willens enthält auch die Möglichkeit des kollektiven Verstehens. Das heißt: Wir alle können zu dem Verständnis gelangen, dass wir voll und ganz von Mutter Natur abhängig sind und dass sie sich ihr Geheimnis nicht gewaltsam entreißen lässt, sondern nur durch stilles Zuhören. Diese Abhängigkeit, und auch das müssen wir verstehen, ist nicht gegenseitig. Mutter Natur kann auch ohne uns weiterexistieren.

DIE DEVAS ALS GÖTTLICHE HELFER ANERKENNEN

Die Veden beschreiben sich selbst als eine Manifestation der göttlichen Mutter, die uns hilft, sowohl die männlichen und die weiblichen Ausdrucksformen der Wahrheit zu verstehen als auch ihre profunde und unteilbare Verbindung. Ein Avatar, der in menschlicher Gestalt auf die Erde kommt, gibt die drei Gruppen von Wesen im Universum wieder: die nicht menschlichen Kreaturen, die Menschen natürlich und schließlich die scheinbar unsichtbaren und weitgehend vergessenen göttlichen Helfer, vergessen trotz ihrer endlosen Bemühungen um unser Wohl. Diese göttlichen Helfer, auf Sanskrit heißen sie *Devas*, arbeiten im Namen des Höchsten Wesens und als Manifestationen der Naturgesetze unermüdlich daran, unser Universums aufrechtzuerhalten. Das Wort *Deva* ist mit dem englischen Wort *divine* (göttlich) verwandt und bedeutet »im Licht spielend«. In anderen indigenen Kulturen kennt man diese Wesen unter unzähligen Namen wie Engel, Geister, Feen, Gnome und das kleine Volk.

Man ist sich darüber einig, dass indigene Kulturen die Erde schon immer als großes Wesen betrachtet haben, welches in jedem Sinne der Definition lebendig ist – und eben viel größer als wir selbst. Wie haben sie das herausgefunden? Oder anders gefragt: Wie haben wir es vergessen? Sie haben auch erkannt, dass Mutter Erde ihre Arbeit nicht allein macht, sondern dass sie Billionen dieser »göttlichen Helfer« hat, die ihr bei der ständigen Erhaltung und Erneuerung der Biosphäre zur Seite stehen. Aus Sicht des Höchsten Wesens oder der indigenen Schamanen sind diese Helfer göttliche Wesen. Vom Standpunkt der Wissenschaft gesehen, bleiben Devas unsichtbar, werden aber als Naturgesetze evident.

Aus der vedischen Perspektive betrachtet, sind die göttlichen Helfer sowohl Wesen als auch personifizierte Naturgesetze – wie beispielsweise die Polizei das Gesetz einer Stadt verkörpert und gleichzeitig ihren Betrieb unterstützt.

Irgendwann während ihrer Erziehung in der Materie machen einige Atmas die kreatürliche Erfahrung, andere die menschliche, und wieder andere machen die Erfahrung von Devas. Devas sind Atmas, genau wie wir, aber in leichteren Körpern und unfähig, ihren freien Willen so geltend zu machen, wie wir das tun. Ihre Funktion besteht im selbstlosen Dienst. Versuchen Sie, sich nur einmal die Personifikation jener überfließenden Großzügigkeit vorzustellen, deren Empfänger wir sind. Auf diese Weise können wir allmählich wieder eine Idee von der Beziehung zwischen uns und unserer Umwelt bekommen, von der Beziehung zwischen den ewigen Atmans, die eine menschliche Erfahrung machen, und einem großen Atman, der erlebt, Mata Bhumi zu sein. Rufen Sie sich einen Moment lang ins Gedächtnis, was wir jeden Tag zu unserer Erhaltung bekommen, nicht durch unserer eigenen Hände Arbeit und ohne uns dessen überhaupt bewusst zu sein. Indem wir uns die Großzügigkeit der Allmutter vorstellen, kann Dankbarkeit in unseren Herzen entstehen und weiter gedeihen.

Von den vielen uralten Lehren, die der Film *Avatar* wieder

einführt, ist die Betonung der Schönheit, Zärtlichkeit und Großzügigkeit der Allmutter eine, die in dieser Zeit am meisten gebraucht wird. Sie ist daher sehr willkommen. Dass ihr Debütfilm in einem Studio entstanden ist, auf Greenscreen und unter Verwendung modernster Technologien, ist umso bemerkenswerter und auch ein bisschen paradox. Aber immerhin wurde er gedreht, und für ihren Aufstieg in unsere Herzen, Köpfe und unsere Fantasie gibt es von vielen indigenen Kulturen begeisterten Applaus. Als uns dieser Weitblick, diese Sensibilität noch fehlten, haben wir ein paar Jahrhunderte erlebt, in denen grausame und habgierige Rowdys den Planeten zertrampelt und seine Schätze zerstört haben. Unwiederbringliches Wissen um die Rohstoffe für eine natürliche Apotheke – Pflanzen, Samen und Kräuter – sowie unzählige ausgestorbene Tier- und Pflanzenarten gehören zu den traurigen Konsequenzen. Als hätte es nie eine Allmutter gegeben, die Zeugin all unserer Taten ist. Ihre Rückkehr in unsere kollektive Psyche und unsere Herzen ist längst überfällig.

An dieser Stelle möchte ich zwei bedeutende Punkte anführen. Erstens: Jene, die ihr Gewahrsein der und ihren Glauben an die Allmutter gepflegt haben, wurden im Laufe der Geschichte unnötig unterdrückt und an den Rand der Gesellschaft gedrängt – ja sogar getötet. Das ist absolut gegen die indigene Weltanschauung, nach der jedes Individuum in der Lage sein sollte, seine eigene Beziehung mit dem Ursprung seiner Existenz frei zu gestalten, und zwar, ohne Gewalt oder Zwang fürchten zu müssen. Zweitens: Könnte die Unfähigkeit der modernen Wissenschaft, Mutter Erde zu verkörpern, der eigentliche Grund sein für ihr unstillbares Verlangen, die Produktionsmenge der Natur in einer Weise zu manipulieren, welche das natürliche Gleichgewicht und die Weisheit ihrer Prozesse einfach ignoriert? Die Kräfte, die durch diese unpersönliche Sicht des Lebens entfesselt wurden, stellen eine große Gefahr für unsere elementarsten Erfordernisse dar: Wasser, Luft und Nahrung. Diejenigen, für welche die Ressourcen von Mutter Erde nur Materie sind, glauben, sie hätten das Recht, sich zu nehmen, was sie wollen. Für diejenigen, die sie als lebenden Organismus verstehen, der es verdient, von uns verehrt zu werden, und mit dem wir in Beziehung stehen, ist es reine Vivisektion. Was ist es für Sie?

AVATARE DER DEVAS

Während wir dafür sorgen, dass es bestimmte Pflanzen, Tiere und Ressourcen bald nicht mehr gibt, symbolisiert die Szene in *Avatar*, in der Dr. Grace Augustine schließlich die Allmutter Eywa sieht und sagt: »Ich kann sie sehen, Jake, und sie ist real«, die hoffungsfrohe Erleuchtung für die moderne Technologie. Wie wäre es, wenn Wissenschaft, Wirtschaft und unsere eigenen Gewohnheiten einen nachhaltigeren Planeten fördern würden? Würde unsere Ökonomie wirklich zusammenbrechen, wenn wir weniger fossile Brennstoffe verbrauchten? Was, wenn wir die Entwicklung von Technologien aus erneuerbaren Rohstoffen mit ähnlicher Dringlichkeit vorantreiben würden wie Krieg, die Rettung der Banken oder die Wettrennen zum Mond?

Wie können wir, Kinder der Natur, uns auf unserer Reise hier ganz fühlen, wenn wir keine liebende Beziehung zur Allmutter in ihren vielen Formen haben – neben der Beziehung zum Allvater? In den abrahamitischen Religionen ist die göttliche Mutter nicht Teil der Geschichte, aber in den Veden ist sie die wahre Erhalterin. Sie ist die untrennbare Shakti oder die Energie des Männlichen. Und genau wie sich eine menschliche Mutter um all ihre Kinder kümmert, so ist auch sie die Mutter der ganzen Natur. Mutter Erde zieht keines ihrer Kinder einem anderen vor. Wenn unser Bewusstsein nicht durch Weisheit oder gesunden Menschenverstand erweckt werden kann, bleibt Devolution als Resultat unserer Abgestumpftheit. Die Veränderungen unserer Umwelt – ein Mangel an Ressourcen für unsere Erhaltung und Ernährung – steuert allein die Große Mutter. Es ist ihr Privileg. Und wenn sie kein Wesen ist, mit wem verhandeln wir dann? Mit wem pokern wir? Wenn sie ein Wesen ist, welchen Schmerz muss sie dann empfinden, wenn ihre Kinder unnötig Hunger leiden? Eine der »Hoffnungen« in Pandoras Büchse ist, dass die moderne Wissenschaft beschließen möge, sich mit den tiefsten Traditionen unserer Ahnen zu verbinden, um unsere Welt wieder zu einem friedlichen und zukunftsfähigen Ort zu machen – der Sicherheit zuliebe und für das Wachstum zukünftiger Generationen.

Wie mutig können wir sein angesichts der offenbar unaufhaltsamen Zerstörung? Die Veden beschreiben auch Devas, die als Menschen geboren werden. Es kann beispielsweise sein, dass ein Deva in eine menschliche Familie geboren wird, um die Menschen in Krisenzeiten anzuführen. In fast allen indigenen Kulturen gibt es Geschichten über außergewöhnliche Wesen, die als Mitglieder des betreffenden Stammes geboren wurden. Wesen, die den ganzen Stamm für neue Formen des Friedens und der Kooperation mit Mutter Erde inspirierten. Solche großen Menschen waren vermutlich Avatare irgendwelcher Devas, die von der Allmutter mit einem göttlichen Auftrag zur Erde geschickt worden waren. Was immer die Wahrheit über diese wundersame und doch unfassbare Realität sein mag, in der wir uns befinden, wir wissen, dass unser Heimatplanet Mata Bhumi in gewisser Weise fragil und endlich ist. Er bietet aber auch den Zuhörern unter uns die Art von Haushaltsführung an, die ein besseres Leben für mehr Wesen bedeuten könnte. Wie Gandhi sagte: »Das Höchste bietet genug für jedermanns Bedürfnisse, aber nicht für jedermanns Gier.«

Wir sind hier, um diese dauerhaften und weitreichenden

Lektionen der Zusammenarbeit zu lernen. Ihre Mutter hatte eine Mutter, die eine Mutter hatte, die wieder eine Mutter hatte, und so weiter, bis ganz zurück zur Mutter. Ihr Vater hatte einen Vater, der einen Vater hatte, bis ganz zurück zum Vater. Göttliche Eltern zu haben sollte nicht schwieriger zu begreifen sein als die Tatsache, dass man menschliche Eltern hat.

Ehrfurcht. Dankbarkeit. Beziehung. Einstimmung. All diese Atmans – gekleidet in diese vielgestaltigen Wesen, die wir sind – bewegen sich einfach durch einen Prozess hindurch, in dessen Verlauf wir unsere höchste Natur wiederentdecken und letztendlich erkennen, wer wir sind. Dies tun sie beziehungsweise wir, während sie/wir die göttliche Schönheit und Intelligenz betrachten. Aus diesem Grund werden Menschen nach den Lehren der Avatare angefleht, den Planeten in perfektem Zustand für die nächste Generation zu hinterlassen. Wir müssen zuhören, denn nichts könnte ignoranter sein, als schließlich alles zu zerstören. Insbesondere wenn man mit größter Dringlichkeit nach etwas strebt, was nie erreicht werden kann.

Der Prozess der Nachhaltigkeit kann dadurch bereichert werden, dass wir wirklich nachzuempfinden versuchen, wie eine Beziehung zu Mata Bhumi, unserer Mutter Natur, aussehen könnte. Auf dieser spirituellen Reise kann der Versuch, nachhaltiger zu leben, ein Mittel sein, um das eigene Bewusstsein zu erhöhen, während man noch von Materie umgeben ist. Lauschen Sie nach innen. Lauschen Sie allem, was Sie umgibt. Die Tränen, die Sie für die Umwelt weinen, sowohl die Tränen der Freude als auch die der Trauer, sind die Tränen Ihrer ursprünglichen Mutter. Sie fühlen sie, und sie fühlt Sie – und Sie beide wissen es: wie schön das ist.

Kapitel 3

HEIMATBAUM UND ÖKOLOGIE

NAMASTE. Ich sehe dich, aufrecht und hoch, wie du deine wahrhaftigen Äste in den Himmel der Möglichkeiten streckst. Du trägst reife Früchte und die Blüten des Überflusses, für die wir so dankbar sind. Gemeinsam atmen wir das Gleichgewicht des Lebens in den anderen hinein.

WÄRE DAS LEBEN auf unserem Planeten noch so, wie es vor zehntausend Jahren war, würde diese Geschichte über Avatare, die Geschichte einer zukunftsträchtigen Koexistenz, unter einem Baum erzählt, statt auf einen Baum geschrieben. Außerdem wäre der Baum, unter dem man sitzt, gleichzeitig eine Metapher für den Lehrer, der verschiedene Schichten der universellen Wahrheit vermittelt.

Indigene Kulturen verstanden den Wert von Bäumen auf eine Weise, für welche die moderne Welt trotz all ihres Fortschritts erst wieder zu erwachen beginnt. Wenn man die Etymologie des englischen Wortes *tree* (Baum) betrachtet, stellt man fest, dass Worte wie *truth* (Wahrheit), *true* (wahr), *trust* (Vertrauen) und andere direkt von *tree* abstammen. Die Lautverschiebung führt von *tree* über *troth* zu *truth*. Der Zusammenhang wird offensichtlich, wenn wir uns die Wurzelbedeutung von *tree* anhören: »aufrecht und hoch stehend«. Wenn Sie Ihre Wahrheit *(truth)* glauben, dann ist diese

Wahrheit von dem, woran Sie glauben (engl.: *beliefs*) einge-hüllt, und das wiederum klingt wie *be-leaves* (engl. *leaves* = Blätter). Sprache kann helfen, wenn wir entschlüsseln wol-len, was unsere Ahnen in Bezug auf Bäume empfunden ha-ben, und zwar auf ganz unterschiedlichen Ebenen: physisch, spirituell und psychologisch.

Avatar stellte den großen Heimatbaum geschickt ins Zen-trum der filmischen Diskussion. Im Laufe der Zeit haben viele indigene Kulturen wichtige Baumgeschichten erzählt. Das Erzählen dieser Baumgeschichten förderte einen holisti-schen Prozess, durch den ihre Wahrheiten integriert werden konnten – eine Art Fotosynthese auf dem Gelände unseres ir-dischen Seins. Ziel des Ganzen war, sich darüber bewusst zu werden, wie man nachhaltig auf der Erde leben kann.

Bäume atmen das von uns ausgeatmete Kohlendioxid ein und setzen den Sauerstoff frei, den wir einatmen. Diese inti-me Beziehung ist die Essenz des Lebens. Poetisch ausge-drückt: Wie sich Liebende die Atemluft gegenseitig von den Lippen trinken, geben sich Bäume und Menschen ständig ei-ne Art Mund-zu-Mund-Beatmung. Das »Blut« der Bäume ist das grüne Chlorophyll, während unseres das rote Hämoglo-bin ist, das ständig kreisend durch den Körper gepumpt wird und mit dem Ein- und Ausatmen des Lebensodems in Verbin-dung steht. In einer Welt des exponenziell expandierenden technologischen Fortschritts sind Tatsache und Symbolik dieser ständig präsenten, andauernden Beziehung zwischen Menschen und Bäumen entscheidend für unser Überleben.

GELD – DIE WURZEL ALLER BÄUME

Bis vor Kurzem hatte unser Maßstab für Wahrheit ebenso wie unser Lebensstandard auf dem Planeten Erde viel mit Bäumen zu tun. Unsere zyklische Beziehung zum Wetter, zu Tag und Nacht und den sich verändernden Jahreszeiten wurde vernebelt durch den immer weiter um sich greifenden

Gebrauch fossiler Brennstoffe. Indigene Völker hingegen kultivierten die Wälder, in denen sie lebten, und hörten ständig auf das Flüstern der Natur. Aufgrund ihrer engen Beziehung zur Erde wussten sie, dass man jedes Jahr nur eine bestimmte Menge an Energie gewinnen konnte, ohne dem Ökosystem Wald Schaden zuzufügen. Ihr »lebendes Kapital« war der Wald, und ihr »Einkommen« war die Menge an Lebensmitteln und Brennstoffen, die dem Wald jedes Jahr entnommen werden konnte. Trotz der bemerkenswerten Fortschritte, die wir dem Verbrauch nicht erneuerbarer Brennstoffe zu verdanken haben, ist unsere Beziehung zu Bäumen und zu den zyklischen Rhythmen der Natur empfindlich gestört.

In dem Klassiker *Die Rückkehr zum menschlichen Maß* von E. E. Schumacher gibt es ein Kapitel namens »Buddhistische Ökonomie«, in dem erzählt wird, dass Buddha seinen Anhängern empfahl, alle fünf Jahre einen Baum zu pflanzen, um die Energie zu ersetzen, die sie verbraucht hatten. Indien hat im Laufe der Geschichte versucht, diese Art zu denken weitgehend beizubehalten. Diese Weisheit scheint noch immer an vielen Orten durch.

In Kenia hat die Nobelpreisträgerin Wangari Maathai große Flächen verwüsteten Landes buchstäblich wiederbelebt, indem sie Millionen von einheimischen Bäumen gepflanzt hat, und zwar gegen sehr viel Widerstand. Anders als forstwirtschaftliche Gruppen und Vertreter der Papierindustrie, die auf einer riesigen Fläche nur eine Baumart anpflanzen – eine Praxis, die als Monokultur bezeichnet wird –, legte Maathai Wert darauf, dass die richtigen Bäume an den richtigen Stellen gepflanzt wurden. Weil sie mit ihrer Intuition und dem indigenen Wissen im Einklang war, wusste Maathai, dass die Bäume, der Boden und die unterirdischen Quellen ein kollektives Gedächtnis haben. Also pflanzte sie entsprechend und riskierte dabei oft genug ihr Leben. Die

Avatare kommen, um unsere Verbindung mit der Natur zu erneuern, damit das Ökosystem wieder ins Gleichgewicht kommt.

Ursprünglich war Reichtum gleichbedeutend mit Essen oder kleinen Mengen anderer wertvoller Dinge, die man aus der Natur geerntet, erbeutet oder gesammelt hatte. Bevor es Geld gab, stand der Tauschhandel im Zentrum des Wirtschaftslebens. Und selbst nach Einführung des Papiergelds war die Währung häufig mit Gold, Silber oder anderen wertvollen Gütern gedeckt. Der Wert des Geldes war nicht gefährlich willkürlich. Doch das mit echten Werten gedeckte Geldsystem ist mit der Zeit immer schwächer geworden. Heute steht Papiergeld nicht mehr in unmittelbarer Beziehung zu echten Vermögenswerten oder Aktivposten, sondern ist lediglich ein auf Papier gedrucktes, flüchtiges Versprechen.

Unsere ambivalente Beziehung zum Papiergeld marschiert in gefährlichem Gleichschritt mit unserem unausgewogenen Verhältnis zur Natur. Während unser Geld nur ein Schuldschein ist, der für etwas »garantiert«, das ständig an Wert verliert, tun wir mit der Förderung fossiler Brennstoffe – oder zumindest von den Produkten, die daraus hergestellt werden – genau dasselbe. Wir versprechen etwas, was überhaupt nicht versprochen werden kann: unendliche Ressourcen. Reichtum bestand in früheren Jahrtausenden zum größten Teil aus den greifbaren Früchten der Fotosynthese im Pflanzenreich und war verbunden mit einem profunden Gewahrsein der endlichen Ressourcen und der zyklischen Natur aller Dinge. In den Metaphern des Films *Avatar* gesprochen, wären unsere modernen Schuldscheine Anteile an einem Unternehmen, das *Unobtanium* (von engl. *unobtainable* = »das nicht Beschaffbare«) verkauft.

IQ, WIQ UND 3AQ

Was die Integration von Weisheit aus indigenen Kulturen in unser modernes Leben am meisten erschwert, ist die falsche Vorstellung, dass all diese Kulturen primitiv und unwissenschaftlich waren. In den Wissenschaften gibt es grundsätzlich zwei Vorgehensweisen: zum einen die logisch-mathematisch, zum anderen die intuitiv-direkt wahrnehmende. Die indigenen Kulturen waren weniger technologisch und mehr intuitiv wahrnehmend. Die indigene Weltanschauung basiert auf dem, was man der Natur abgeschaut und abgelauscht hat, und stellt sicher, dass Gewinnung und Erneuerung im Gleichgewicht sind. Die technologische Wissenschaft kommt am Ende eines kontrollierten und (vom Ganzen) losgelösten Prozesses zu ihren Schlüssen. Intuition hingegen ist eher ein direktes Sehen, das unmittelbar zu einer Schlussfolgerung gelangt und die Schritte dazwischen einfach auslässt. Diese beiden Prozesse werden manchmal locker als linkshirnig (logisch) und rechtshirnig (intuitiv) beschrieben oder als etwas, das man mithilfe des Intelligenzquotienten (IQ) und des Emotionalquotienten (EQ) messen kann. In unserer vom technologischen IQ bestimmten Welt begegnet man dem EQ und den Gefühlen mit weniger Respekt. Das ist ein Paradox, denn umwälzende wissenschaftliche Erkenntnisse wie Newtons Gravitationsgesetz und Einsteins Relativitätstheorie verdanken wir größtenteils der Intuition dieser Wissenschaftler. Die Intuition wurde jahrhundertelang als eher weich und weiblich marginalisiert. Die moderne Naturwissenschaft schlug einen mathematischen Weg zur Wahrheitsfindung ein. Sie machte die Mathematik, die Logik und das Experimentieren gewissermaßen zu ihrem Vorurteil. Das drängte die Intuition in den Hintergrund und machte den IQ zum allgemeinen Maßstab für Intelligenz. An unseren Schulen wird der IQ von Kindern immer noch hauptsächlich anhand ihrer mathematisch-logischen Fähigkeiten bestimmt.

Diejenigen, deren IQ nicht so hoch ist, werden oft als weniger intelligent eingestuft.

In *Avatar* sehen wir eine Kollision der IQ- und der EQ-Weltanschauungen. Indigene Kulturen haben sich auf die Intuition als bevorzugte wissenschaftliche Vorgehensweise verlegt. Unsere modernen wissenschaftlichen Methoden sind trotz all der Wunder, die sie hervorgebracht haben, ernsthaft verzerrt und führen uns auf einen Abgrund des Ungleichgewichts zu. In indigenen Kulturen gab es genau beobachtende intuitive Wissenschaftler, deren unmittelbare Erkenntnisse zu sehr bereichernden Beziehungen mit der Umwelt führten. Die IQ-Wissenschaft zeichnet sich durch Trennen und Extrahieren aus, die EQ-Wissenschaft durch Zuhören und Kooperieren.

Vielleicht sind IQ und WIQ – individuelle Intelligenz und Wir-Intelligenz – ein besseres Paar, denn das Thema der linken Gehirnhälfte ist das »Ich«, das die Welt dominieren will, während WIQ kooperative, integrierende Methoden bevorzugt. Beide, das IQ- und das WIQ-Lernen sind notwendig. Wir sind aber ganz deutlich aus der Balance geraten, weil wir uns zu sehr auf den IQ konzentriert haben. Die Lehren der großen Avatare machen deutlich, wie wir IQ und WIQ in ein Gleichgewicht bringen können, und zwar mit einem dritten Faktor namens 3AQ, dem Dritten-Auge-Quotienten. Dieses Wissen steht in direkter Verbindung mit der universalen Intelligenz und wird mittels einer besonderen Art der Wahrnehmung empfangen, die in den Avatar-Lehren enthalten ist.

Im Moment mag der Hinweis genügen, dass wir uns an einem globalen Wendepunkt befinden, wo das indigene-intuitive Hören und das mathematisch-logische Handeln dringend der Vermittlung und Versöhnung bedürfen. Teil dieses Schismas sind auch die sogenannten liberalen (eher rechtshirnigen) und die sogenannten konservativen (eher linkshirnigen) politischen Parteien. Aus der 3AQ-Perspektive betrachtet, haben sie durchaus einiges gemeinsam, aber sie neigen dazu, extrem und einseitig zu sein. Daher vermissen sie die notwendige Stärke im jeweils anderen. Das Gleichgewicht ist verloren gegangen. Eines der wichtigsten Ziele aller Avatare ist es, dieses in der Natur zumindest wiederherzustellen. Daher arbeiten so viele Wesen wie möglich zum Wohle allen Lebens.

DIE ENTROPIE AUSGLEICHEN – DIE SONNE EINFANGEN

Um die Beziehung zwischen Mensch und Baum voll und ganz verstehen zu können, muss man eines der Schlüsselgesetze verstehen, das alle Naturwissenschaften durchdringt. Die ursprünglichen Wissenschaftler hatten ein intuitives Verständnis für dieses Gesetz – und in neuester Zeit wurde es sogar von der technologischen Wissenschaft bewiesen. Das zentrale Gesetz aller Materie hat als Gesetz der Entropie in die moderne Wissenschaft Eingang gefunden. Es leitet sich von den beiden thermodynamischen Hauptsätzen ab.

Kurz zusammengefasst, besagt der erste Hauptsatz: Materie (Energie) wird nicht erschaffen oder zerstört. Sie ändert einfach nur ihre Form.

Und der zweite Hauptsatz lautet: Alle Materie geht von einem höheren Energiestatus in einen niedrigeren über (Entropie) und gibt im Verlauf dieses Prozesses sowohl Hitze als auch Rückstände frei.

Das bedeutet für uns: Das Perpetuum mobile gibt es nicht. Diese Erkenntnis stand und steht im Zentrum aller nachhaltigen indigenen Kulturen. Materie ist eine limitierte Ressource, sie ist zyklisch, und Energie zu verbrauchen erschöpft die Ressource insofern, als eine vorhersehbare Menge an Hitze und Rückständen produziert wird. Um dies leichter nachzuvollziehen, stellen Sie sich vor, dass alle

Materie drei Wandlungsphasen durchläuft: voller Energie, Energie abgebend und ohne Energie, also leer. Dieses moderne wissenschaftliche Gesetz wurde in den indischen Veden schon vor vielen Tausend Jahren dargelegt.

Es liegt in der Natur der Materie, jedes Jahr eine gewisse Menge an Sonnenenergie einzufangen. Durch die Nutzung dieser Energie entstehen nützlicher Strom und Rückstände, die recycelt werden müssen. Der modernen Wissenschaft ist dieser Prozess bekannt, aber man hat seine Implikationen ignoriert, indem man nicht erneuerbare Energiequellen einführte. Bis jetzt hat noch niemand eine unbegrenzte Menge Energie ohne Rückstände produziert. Unser Vorrat an nicht erneuerbarer Energie ist begrenzt, und dadurch, dass wir zu viel davon zu schnell verbrannt haben, haben wir das Gleichgewicht unseres Planeten durcheinandergebracht. Da es keinen Hinweis darauf gibt, dass die fundamentalen Naturgesetze sich ändern oder ignoriert werden können, müssen wir ganz offensichtlich damit anfangen, uns für die indigenen Techniken zu interessieren. Sie bedienen sich nämlich natürlicher Zyklen.

Soweit wir wissen, sind wir die ersten Menschen auf der Erde, die den zyklischen und rhythmischen Prozess so gründlich entstellt haben. Wir sind auf dem besten Weg, sämtliche fossilen Energieressourcen des Planeten Erde anzuzapfen und zu verbrennen. Wir haben keine Lösung für dieses Problem und fühlen uns noch nicht einmal verpflichtet, es wenigstens lösen zu wollen. Gegenwärtig machen wir es wie mit unseren wirtschaftlichen Schulden: Wir hinterlassen unseren Kindern eine Schuldenlast und nicht beseitigten Müll. Indem wir uns zu weit von dem indigenen, zyklischen Lebensmodell entfernen, kommen wir der Ausbeutung des gesamten Energiekapitals unseres Planeten gefährlich nahe – eines Kapitals, das in Millionen, ja sogar Billionen Jahren angesammelt wurde. Viele Experten sagen voraus, dass die fossilen Brennstoffe bald erschöpft sein werden. Dieser eine ganze Epoche beschließende Moment ist nur fünfzig oder weniger Jahre entfernt von uns.

In *Avatar* gibt James Cameron der Energiequelle, von welcher der Heimatbaum existiert, den passenden Namen *Unobtanium*. Die Analogie zu den heutigen Zuständen ist offensichtlich: Wir haben unsere intime Beziehung mit den Bäumen, dem Zyklus der Jahreszeiten und den begrenzten Ressourcen aufgegeben. Zugunsten des naiven Glaubens, dass in letzter Minute doch noch irgendeine grenzenlose unterirdische Ressource gefunden wird, die uns vor der Rückkehr in die zyklische Realität retten könnte.

VERZWEIGUNG

Die Vision des Heimatbaums war in den indigenen Kulturen nicht nur grundlegend für das tägliche Leben, sie war auch ein Symbol für die Vermittlung des subtilen Weltwissens – anatomisch, physiologisch und metaphysisch. Unser Blutkreislauf, der seinen Weg von den großen Arterien und Venen über immer kleinere zu den Kapillaren nimmt, erinnert an einen Baum, in dem die Säfte vom Stamm in die Äste und dann in die Zweige und Blätter fließen. Auch unsere Lungen ahmen diese sich verzweigende Struktur nach. Unser Nervensystem, das im Gehirn wurzelt, verzweigt sich ebenfalls baumartig als chemisch vermitteltes Netzwerk, das den Alten seit Langem in bemerkenswerter Detailgenauigkeit bekannt war. Ein anderes baumartiges System, das parallel zum Nervensystem verläuft und durch Gleichstromsignale aus dem Hirnstamm angetrieben wird, war ebenfalls bekannt. Es wurde von unmittelbar beobachtenden, intuitiven Wissenschaftlern aufgezeichnet und als Meridiansystem bezeichnet. Energie und Signale, die den Heilungsprozess des Körpers steuern, wandern durch diese Meridiane. In neuerer Zeit gibt es elektronische Positionsanzeiger, welche die

Akupunkturpunkte auf den Meridianen mittels elektronischen Widerstands finden. Die Punkte liegen genau dort, wo die alten Wissenschaftler sie beschrieben haben.

Die keltischen Druiden verehrten die Eiche und die darauf wachsende Mistel als lebendige Symbole des miteinander verbundenen Lebens. Aus demselben Grund stellten die skandinavischen Kulturen Nordeuropas das Universum als riesigen Baum dar, den sie Yggdrasil oder Weltenbaum nannten – ein anderes Lehrstück für das Gewebe des Lebens. Der heilige Text der indigenen skandinavischen Kultur heißt *Edda*, was zweifellos ähnlich klingt wie das indische Wort *Veda*.

In den indischen Veden wird der Baum auch als Schlüsselsymbol für alles Leben dargestellt und der Wald als heilig. Weise Männer und im Wald lebende Mönche haben seit Jahrhunderten die Stille und Reinheit der tiefen Natur aufgesucht, um alle Arten von Gebet und Meditation zu praktizieren. Klöster, Ashrams und Universitäten wurden strategisch günstig in heiligen Hainen platziert. Vor allem in einem wärmeren Klima boten die Wälder während des ganzen Jahres Nahrung, und das ermöglichte eine vegetarische Existenz über lange Zeiträume.

Einer der bemerkenswertesten Bäume ist der tropische Banyan-Baum. Dieser Baum hat nicht nur massive Wurzeln, sondern auch noch riesige Äste, die bis zum Boden reichen und dort Wurzeln schlagen. Daraus entwickeln sich mit der Zeit neue Baumstämme. In gewisser Weise wächst dieser Baum über sämtliche Beschreibungen hinaus: Äste wachsen nach unten, das Zentrum ist überall, die Wurzeln sind endlos. Es gibt in Indien bekannte Banyan-Bäume, die über dreißig Meter hoch sind und eine Fläche von mehr als vierhundert Ar bedecken. Der Banyan-Baum, dessen »Wurzeln und Äste überallhin reichen«, wie der Kosmos in den Veden beschrieben wird, ist seit Urzeiten ein indisches Symbol für das Universum. Die Regenwälder am Amazonas, die teilweise in erschreckendem Maße abgeholzt werden, sind ebenfalls bekannt für solche Bäume.

In *Avatar* hat James Cameron Bilder, Weisheiten und Bräuche aus vielen alten Kulturen aufgenommen. In ähnlicher Weise ehren Praktizierende des vedischen Pfades die weisen Ältesten anderer indigener Nationen. Ich habe die Geschichte eines Ältesten und Häuptlings des Wolfclans aus dem Mohawk-Volk der Irokesen-Konföderation indigener Völker gehört, die im Osten der USA und in Kanada lebten. Er heißt Chief Jake Swamp und hat die *Tree of Peace Society* gegründet, deren Prinzip es ist, sieben Generationen weit in die Zukunft zu denken.

Nach Chief Jake führten die indigenen Völker der östlichen Regionen Nordamerikas vor etwa tausend Jahren ständig Krieg gegeneinander. Der Preis dafür war schrecklich: endloses Leid und große Angst, viele verwundet, verkrüppelt oder getötet. Weit und breit kein Frieden. Dann wurde in einem der Stämme ein besonderes Wesen geboren. Als er zum Mann herangewachsen war, war seine Persönlichkeit so unwiderstehlich, dass er schließlich Häuptling wurde. Seine Weisheit und sein starker Wunsch nach Frieden inspirierten alle Volker und Stämme. Schließlich rief er sie zusammen und erklärte ihnen seinen Plan für ein Leben in Frieden.

Er schlug vor, ein sehr tiefes Loch zu graben, in welches sie alle ihre Waffen werfen sollten. Dann ließ er eine riesige Kiefer über dem Waffengrab pflanzen. Sobald der Baum gepflanzt war, landete im Beisein aller Stämme und ihrer Anführer ein riesiger Weißkopfseeadler auf der Spitze des Baumes. Seither nannte man diesen Baum Freiheitsbaum. Der Avatar machte das Volk der Irokesen dann mit der Idee einer Repräsentantenregierung vertraut: Jedes Jahr sollten alle Stämme einen Repräsentanten an einen vorher festgelegten Ort schicken, und dann sollte per Abstimmung über eine einheitliche Lebensregel entschieden werden. Der Avatar ver-

fügte ferner, dass Frauen das Stammesoberhaupt der Irokesen aussuchen und damit Krieg verhindern sollten. Die weise
Frau des Stammes konnte dessen Anführer auswählen und
auch wieder absetzen, sofern das notwendig sein sollte.

Diese Idee einer repräsentativen Demokratie wurde natürlich bereits etwa siebenhundert Jahre vor Ankunft der
ersten Europäer auf dem amerikanischen Kontinent geboren. Gregory Schaff schreibt in seinem Buch *The U.S. Con-
stitution and the Great Law of Peace*, dass das Geheimnis
dieser »Frühgeburt« darin bestehe, dass die Demokratie und
die Repräsentantenregierung entscheidend von den Ältesten
des Irokesen-Volkes beeinflusst worden seien, auch wenn
dieses Wissen in keiner Schule der Welt gelehrt werde. Jake
erzählte mir auch, dass aus Aufzeichnungen der Irokesen
hervorgehe, wie erstaunlich ähnlich sich die Verfassung der
Irokesen und die Verfassung der USA sind. Ich erfuhr von
ihm auch, dass einen Monat vor Aufzeichnung der Verfassung der USA eine Delegation von Irokesen-Ältesten in die
Hauptstadt kam, um die Gründungsväter bei der Bildung einer Nation zu beraten.

Wir können nur hoffen, dass die nächste Phase unserer
Entwicklung durch die Neupflanzung von Bäumen und eine
harmonischere Beziehung zwischen der IQ- und der WIQ-
Lebensweise gekennzeichnet ist. Der Freiheitsbaum wurzelt
letztendlich in Harmonie und Zusammenarbeit. Der Avatar
zeigt uns, dass der Baum auf einer globalen Ebene wieder
neu gepflanzt und als Symbol unserer Wahrheit und unseres
Wohlergehens wiedereingeführt werden muss.

Kapitel 4

ENERGIE IST ALLES

NAMASTE. Ich sehe deine Lebenskraft,
die wie ein kristallklarer Strom einen Berg
hinabfließt. Die Schwingungen deines
elektrischen Körpers und deiner heilenden
Energie inspirieren und erfreuen mich.
Du wurdest niemals erschaffen und kannst
nicht zerstört werden.

INDIGENE KULTUREN begegneten der Erde mit einer Einstellung, die auf Regeneration und Transformation basierte. Ein uralter und wohlbekannter taoistischer Spruch lautet: »In dieser Welt ist der Wandel das einzig Konstante.« Unsere logische, vom IQ bestimmte, am Eigentum orientierte, technologische Welt wird hauptsächlich von der Energie des Geldes angetrieben. Die an der Wir-Intelligenz orientierten Kulturen waren der Ansicht, es sei besser, mit Mutter Natur zu kooperieren, zu borgen, aber niemals wirklich zu besitzen. Ihr Reichtum war die Energie oder Lebenskraft selbst.

Auf Sanskrit heißt die Lebenskraft *Prana*, die Chinesen nennen sie *Chi* (oder *Qi*), die Japaner *Ki*. Und ähnlich wie *Avatar* Teile alten Wissens popularisiert hat, hat sein epischer Vorgänger, *Krieg der Sterne*, die moderne Welt für die unsichtbare, aber immer präsente Kraft empfänglich gemacht. Kurz: Materie kann zwar vorübergehend in Besitz genommen werden, aber die Kraft besitzt uns – immer. Wir atmen sie nicht, sie atmet uns. Sie gehört niemandem und ist überall unmittelbar und frei verfügbar. Wie es in *Avatar* gesagt wurde: »Es gibt ein Netz aus Energie, das sich durch alle lebenden Wesen zieht. Es ist aber nur geliehen, und eines Tages musst du es zurückgeben.« Anders als der mehr greifbare Bereich der Materie – der wenigstens so scheint, als gehöre er zu uns, aber vergänglich ist –, kann Energie oder Prana nicht angefasst oder besessen werden. Diese Energie ist eine freie Ressource der Natur, buchstäblich die Lebenskraft des Körpers von Mutter Erde. Mit sehr wenig Anstrengung können wir lernen, mehr von dieser Energie anzusammeln, um damit zu heilen oder ein Ungleichgewicht zu verhindern.

Das Sanskrit-Wort *Prana* klingt auch in dem englischen Wort *animal* (Tier) an, das man als lautmalerische Version des Ein- und Ausatmungsprozesses (aah-ni-maahl) verstehen könnte. Genau wie wir hauchen sich auch die Bewohner des Tierreichs, angeführt von den Tieren des Waldes, ständig gegenseitig Leben ein. Die Gase und Energien, die aus dem Pflanzenreich kommen, unterstützen unsere Lebenskraft, die wiederum die physischen Teile unseres Körpers unterstützt. Unbehandelte Nahrungsmittel, klare Luft, sauberes Wasser und die Nähe von Pflanzen sind die Hauptquellen unserer Lebenskraft. Intensiv behandelte Lebensmittel, Wasser in Flaschen und eine verschmutzte oder nur durch Klimaanlagen belüftete Umwelt ohne Vegetation sind weitgehend frei von dieser wichtigen Lebenskraft. Was von der modernen, technologischen Medizin nicht zur Kenntnis genommen wird, ist die Erkenntnis, dass heute viele Menschen körperlich und geistig leiden, weil es ihnen an Prana-Vitalität fehlt. Wir sind buchstäblich abgeschnitten von den reinsten, grundlegenden Quellen des Lebens, die allen indigenen Kulturen bekannt waren.

Vor etwa fünfzig Jahren kam das, was man in Indien, China, Japan und Korea längst über die Lebenskraft wusste, schließlich in den westlichen Köpfen an. Der Weg war steinig.

Und die orthodoxesten Vertreter der IQ-Clique leugnen ihre Existenz noch immer. Erst in den letzten zwanzig Jahren wurde die technologische Wissenschaft subtil genug, um diese unsichtbare Kraft tatsächlich zu messen und zu »bestätigen«. Heute breiten sich die energetischen Heilkünste rasch in der ganzen Welt aus. Bereits sehr gut etabliert ist Folgendes: Parallel zum Nervensystem, das auf chemische Reize reagiert, gibt es ein elektrisches Heilsystem aus Meridianen oder *Nadis*, wie diese Leitbahnen auf Sanskrit heißen, durch welches der Körper permanent mit *Prana* oder *Chi/Qi* geflutet wird. Man kann sich das etwa so vorstellen wie das Feld eines Bauern durch ein Bewässerungssystem. Die Bewegung der Energie, Prana oder Chi/Qi, kann durch Kräuter, bestimmte Nahrungsmittel, Massagen, Akupressur und Akupunktur verändert oder optimiert werden. Dies kann aber auch durch besondere Übungen wie etwa Qigong, die den Fluss der Energie erleichtern, Energieübertragung von Körper zu Körper durch Handauflegen, eine spezielle Yogaatmung namens *Pranayama* und viele andere uralte Techniken erreicht werden.

Die entscheidenden Veränderungen, die wir gegenwärtig beobachten – Vegetarismus, biologischer Gartenbau, unbehandelte Lebensmittel, Yoga, Tai-Chi, Qigong und Kampfkünste sowie entsprechende Lebensstile –, haben letztlich alle etwas mit Energieheilung zu tun. All das verträgt sich nämlich nicht mit einem Großteil der Nahrungsmittel, Medikamente und Produkte, die von einer materiellen Wissenschaft für große Nahrungsmittel- und Pharmaproduzenten entwickelt wurden. Ihnen sind die heilenden Qualitäten der lebenskräftigenden Substanzen entweder nicht bewusst oder nicht interessant genug. Mit ihrem Widerstand muss also gerechnet werden. Indem wir uns jahrhundertelang Energie aus fossilen Rohstoffen, die Energie der Erde nutzbar gemacht haben, haben wir bemerkenswerte Produkte hervorgebracht. Aber wir haben auch unsere angeborene Verbindung zu den zyklischen Energierhythmen der Erde (und zu unseren eigenen) unterdrückt. In industrialisierten Gegenden wurden die Zyklen von Nacht und Tag, die Auswirkungen der Jahreszeiten und die lokalen Nahrungsmittelquellen größtenteils ausgeschaltet und ignoriert. Und wo diese Veränderungen unsere Lebenskraft geschädigt haben, haben nur allzu oft teure chemische Medikamente den Platz weniger teurer Heilkräuter eingenommen. Die neuerliche globale Popularität des Yoga und das Wiederaufleben der präventiven ayurvedischen Medizin aus Indien, denen es beide um das Schützen und Kultivieren der Lebenskraft geht, sind Zeichen der Ungehaltenheit über die schulmedizinischen Schnellreparaturen. In Indien, China und vielen anderen Kulturen gibt es alte Arzneimittelbücher mit Tausenden von sicheren und gut dokumentierten energiemedizinischen Rezepten, die alle vorbeugend angewandt werden können.

Leider haben die Vertreter der Schulmedizin, die Pharmakonzerne und die Nahrungsmittelproduzenten die indigene Wissenschaft vom Heilen entweder für ihre Zwecke ausgenutzt oder ignoriert. Im Gegensatz dazu betonen die alten Lehren, dass die Wissenschaft von einem gesundheitsfördernden Lebensstil, der auf Prävention abzielt, die Basis allen sozialen Wohlbefindens ist. Diesen Wissenschaften geht es vorrangig um die Steigerung und Kultivierung der Lebenskraft. Mit »vorbeugende Medizin durch bessere Nahrungsmittel, Kräuter und einen gesunden Lebensstil« wären sie am genauesten beschrieben. Die industrielle Nahrungsmittelproduktion ist zunehmend mitschuldig am Entstehen chronischer, durch einen bestimmten Lebensstil verursachter Krankheiten. Das macht auf der anderen Seite eine allgemeine Gesundheitsfürsorge finanziell fast unmöglich. Kein Land kann sie sich leisten, wenn seine Bewohner praktisch vom Fließband mit devitalisierten Nahrungsmitteln vollgestopft werden.

PATIENT, HEILE DICH SELBST

Nahrungsmittelkonzerne haben sowohl aus künstlichen Lebensmitteln als auch aus der Werbung dafür eine Wissenschaft gemacht, indem sie die Illusion erschaffen haben, in der Fabrik hergestellte, zeitsparende Fertignahrung sei besser als ihr biologisch angebautes, unbehandeltes Gegenstück. In Wahrheit konzentriert sich die Industrie darauf, multisensorische Geschmackserlebnisse zu kreieren. Dafür mischt sie einen stark bearbeiteten Lebensmittelrohstoff mit künstlichen Geschmacksstoffen und einer genau festgelegten Menge an raffiniertem Fett, Zucker und Salz. Solche Geschmackserlebnisse machen süchtig, denn sie wirken auf den Teil des Gehirns, der als mesolimbisches Belohnungssystem bekannt ist, genau wie Heroin und Kokain auf einen Drogensüchtigen wirken. Moderne Fertignahrung verändert, wenn in großen Mengen aufgenommen, buchstäblich unser Gehirn.

Die einfache Wahrheit liegt auf der Hand. Lebensmittel und Nahrungsergänzungsmittel, die aus natürlichen pflanzlichen Substanzen hergestellt, nachhaltig angebaut oder in Wäldern und auf Wiesen gefunden werden, sind die vorbeugende und heilende »Medizin«, wie grundsätzlich ein natürlicher Lebensstil. Diese ganzheitliche medizinische Sichtweise hat sich im Laufe von Tausenden von Jahren als höchst effektiv erwiesen.

Die Erkenntnis, dass Prana oder der »Energiezustand« Gesundheit definiert, verlangt, dass wir so zusammenleben, als seien wir Teile ein- und desselben Körpers. In dem Film *Avatar* hat der ganze Stamm dieselbe Weltanschauung, nämlich dass die Allmutter, Mutter Natur/Bhumi/die Erde, das bewusste, stets aktive Wesen ist, das alles Leben in sich vereint. Es ist ihre Energie, die alles Leben durchfließt, und sie kümmert sich um alles, was lebt.

Wir sind dafür bestimmt, in einer pranareichen Umgebung zu leben, berührt und massiert, bestätigt, umarmt und verehrt zu werden und mit dem Fluss der Lebensenergien verbunden zu sein. Aber in unserer modernen, zerstückelten Welt, in Städten mit Millionen Einwohnern ist Einsamkeit ein großes Problem. Viele Menschen führen ein sehr trauriges Leben. Meist unberührt, ungesehen, ungehört und ohne jemanden, der sich um sie kümmert. Das schadet ihrem Prana und begünstigt Krankheiten, indem es ihr Energieniveau senkt und ihr Immunsystem schwächt. Fürsorgliche, weibliche Qualitäten entstehen aus einer aktiven, liebenden Beziehung mit Mutter Erde. Alle indigenen Völker waren permanent in Kommunikation mit der Allmutter und ihren Helfern. Sie berührten einander sehr häufig. Indem wir diesen Kontakt und diese Verbindung verloren haben, sind wir einer Welt der trägen Materie erlegen, atmen schlechte Luft, essen Nahrungsmittel, die von Maschinen geliefert und in Fabriken hergestellt werden, ohne echten Nährwert, geschweige denn Licht oder Liebe.

In den alten Geschichten Indiens und vieler anderer Kulturen war die Erscheinung eines Avatars immer »ein Herabsteigen, um zu heilen« und die Welt von Wesen »zu erlösen«, die alles Leben in Gefahr brachten. Ähnlich wie unsere Körper ein schützendes Immunsystem haben, das von Prana gestützt wird, wird das Immunsystem von Mutter Erde von Zeit zu Zeit durch die Ankunft großer Helden geschützt. Sie bekämpfen dann alles Böse, das den Unschuldigen schaden oder die Lebenskraft verletzen könnte. Nach den alten Lehren der Avatare sind wir Zellen im Körper von Mutter Erde, und jede Zelle kann sich entscheiden, die Lösung des Problems zu sein. Der Ausgang wird von einer Zelle nach der anderen entschieden. Indem wir zuhören, können wir uns entscheiden, eine Helferzelle im Körper der Allmutter zu sein. Wenn wir zuhören, wird die Kraft mit uns sein in dieser historisch entscheidenden Zeit.

Heute sind wir in der idealen Lage, die bemerkenswerten Fortschritte der Schulmedizin und ihr physiologisches Verständnis mit der Wissenschaft des energetischen Heilens zu kombinieren. Das Dilemma ist immer menschliche Gier, die keinen Platz in einer heilenden und mitfühlenden Unternehmung wie der Medizin haben sollte. Der enorme Profit, der mit der Krankheit und dem Leid der Menschen gemacht wird, hat sich zu einer eigenen Form von sozialer Krankheit entwickelt. Die Avatare lehren, dass alle Menschen genügend nahrhafte Lebensmittel zu essen haben sollten und dass medizinische Versorgung kein Geschäft ist, sondern ein göttlicher Dienst.

Daher ist es nicht der Wettstreit zwischen unterschiedlichen Heilstilen, der uns beschäftigen sollte, sondern eher die unermüdliche Suche nach was immer dazu beiträgt, die Krankheit erst gar nicht ausbrechen zu lassen. Damit es dazu kommt, müssen die Wissenschaften von der Steigerung der Lebenskraft mit der modernen Schulmedizin und ihrem sterilen Umfeld in Einklang gebracht werden. Sowohl unsere Gesundheit als auch unsere Gesundheitssysteme sind davon abhängig. Und wenn das geschieht, werden die Zeichen offensichtlich sein: Erstens werden die Krankenhäuser gesundes, biologisches Essen servieren; die Räume werden von frischer Luft erfüllt und die Gänge eher mit Heilern als mit Chirurgen bevölkert sein. Zweitens wird es höchstwahrscheinlich weniger Bedarf an Krankenhäusern geben.

In den vedischen Lehren der Avatare ist die Rede von einer sehr hoch entwickelten Wechselbeziehung zwischen dem physischen Körper, dem Energiekörper und dem Mentalkörper. In modernen Begriffen könnte das teilweise als die Physik des Klanges beschrieben werden. Die Alten hatten intuitiv erkannt, was die moderne Technologie mittlerweile nachgewiesen hat: Das ganze Universum besteht aus Schwingung. Sowohl das Sichtbare als auch das Unsichtbare ist einfach davon abhängig, wie differenziert ein Wesen »für das Sehen ausgerüstet« ist. Und so ist es auch mit dem Hörbaren und dem Unhörbaren. Alles, was existiert, hat eine Schwingungssignatur, eine Frequenz, auf der es existiert, sendet und empfängt. Wenn das wahr ist, ergeben sich zwei Schlussfolgerungen. Erstens: Durch den Einsatz von Schwingungen können wir uns mit allem Materiellen verbinden und es beeinflussen. Zweitens: Alles, was existiert, könnte eine Übertragung sein, die von einem entfernten Ort ausgeht, der ebenfalls mithilfe von Schwingung erreicht werden kann. Muster aus Klangschwingungen wurden jahrtausendelang benutzt, um unsere drei Körper zu koordinieren und zu heilen. Im Sanskrit heißt diese Therapie mit Klangschwingung *Mantra*, und das bedeutet: »was uns über die Grenzen des denkenden Geistes hinausträgt«.

Die feuchten Gewebe unseres physischen Körpers sprechen sehr gut auf den Einfluss dieser Schwingungen an. Selbstheilung durch Klangschwingung gehört zur täglichen Praxis aller, die diese Energieheilmethode und die Geist-Körper-Verbindung verstanden haben. Viele Menschen versuchen, mehr Energie zu bekommen, indem sie schweres Essen zu sich nehmen, aber das belastet das System nur und führt zu Blockaden. Was die moderne Medizin noch nicht nachvollziehen kann, ist die Idee, dass uns am subtilen Ende des manifestierten Spektrums ganz viel freie Energie zur Verfügung steht. Mantra und Schwingung bedienen sich aus den riesigen Reserven an freier kosmischer Energie.

Und selbst ohne Mantra lässt sich die Theorie der Schwingungen auf das tägliche Leben übertragen. Die Worte, die wir sprechen, prägen unseren Geist und unseren Körper, und die Klänge, die aus unserem Mund kommen, hallen in bestimmten Realitäten nach und ziehen diese sogar an. Jeder Klang ist eine Art Mantra, und deswegen ist die Schwingungsqualität dessen, was wir in uns aufnehmen, so wichtig.

Indem wir auf liebende und wahrhaftige Weise sprechen, senden wir heilende Schwingungen direkt in unsere Zellen, die dann ebenfalls mit diesen Gefühlen schwingen.

KLANGSCHWINGUNG KOORDINIERT DIE LEBENSKRAFT

Um dieser Idee von Schwingung und Mantra sozusagen den Weg zu ebnen, hatte ich die der Sanskrit-Sprache innewohnenden, bemerkenswerten Programmiereigenschaften bereits erwähnt. Diese Präzision findet sich bereits im Sanskrit-Alphabet, das aus 14 Vokalen, 33 Konsonanten und drei speziellen Lauten (auch sekundäre Lautzeichen genannt) besteht. Jeder Buchstabe ist ein Phonem oder eine Klangeinheit, die immer auf dieselbe Weise ausgesprochen wird. Aus diesem Grund gibt es bei der Aussprache der Sanskrit-Buchstaben und -Wörter keine Abweichungen von der Regel. Während alle Sprachen mehr oder weniger Unregelmäßigkeiten in der Aussprache aufweisen, ist das im Sanskrit nicht der Fall. Englisch ist im Vergleich dazu höchst unvorhersehbar, was das Erlernen seiner Aussprache für Nicht-Muttersprachler sehr erschwert. In Wörtern wie *there* (dort) und *hair* (Haar) werden beispielsweise die Vokale genau gleich ausgesprochen. Das Wort *Sanskrit* bedeutet allerdings »die vollendete Sprache«. Diese Perfektion wirkt sich auf zwei Weisen aus. Erstens kann eine so präzise Sprache eingesetzt werden, um ganz präzise Schwingungen auszusenden. Zweitens können Informationen und Wissen in einer vollkommenen Sprache über längere Zeit ohne Verlust oder Verzerrung der Bedeutung übermittelt werden. Die Vollkommenheit des Sanskrit macht es auch möglich, die Wirkung von Klangschwingungen auf die Ganzheit von Körper und Geist zu untersuchen.

Über Symphonien eines großen Komponisten sagen Zuhörer oft, sie seien durch das Hörerlebnis auf eine andere

Ebene gehoben, verwandelt oder sogar in Trance versetzt worden. Das Wort Trance kommt von der lateinischen Wurzel *trans* und bedeutet wörtlich »hinüber«. Ein solcher Übergang kann passieren, wenn der Körper etwas hört und in Resonanz mit dem Klang oder der Klangkombination geht. Den Veden zufolge arrangieren die Melodien die Atome und Moleküle des Körpers neu, und dies bewirkt, dass die Energie innerhalb des Systems anders fließt. Würde man dies messen, schiene es, als produziere der Körper unter dem Einfluss der harmonischen Melodien andere Chemikalien. Wenn dann noch weise und schöne Worte hinzukommen, wird die Erinnerung an das größte Selbst und die höchsten Aspirationen geweckt. Das Wort *Aspiration* bedeutet übrigens nicht nur »ehrgeizige Bestrebungen, Hoffnungen«, sondern auch »Atemluft ansaugen«, also einatmen. Das ist das Prinzip hinter den vedischen Liedern und Mantras, jenen ewigen Wahrheiten, die melodisch gesungen werden.

Wie im Alten Testament heißt es auch in den viel älteren vedischen Texten: »Am Anfang war das Wort.« Christen kennen dieses Wort als *Amen*. Bei den Muslimen ist es *Salam*. Die Juden kennen es als *Shalom*.

Das ursprüngliche Sanskrit-Wort ist natürlich OM, das eigentlich falsch geschrieben ist, denn genau genommen müsste hier *A-U-ng* oder 🕉 stehen. A ist der erste Buchstabe des Sanskrit-Alphabets, *U* ist ein Vokal in der Mitte, und der letzte Buchstabe ist eben kein M, sondern ein besonderes Lautzeichen namens *Anusvara*, das etwa wie *ng* klingt, also wie ein auslautendes *n* im Französischen, zum Beispiel in *bouillon*. Der Anusvara ist der letzte Buchstabe im Sanskrit-Alphabet. A-U-ng steht für den kosmischen Anfang, die Mitte und das Ende, für das Alpha und das Omega und alles dazwischen. Diese sogenannte OM-Schwingung ist der ursprüngliche Name des Höchsten Wesens. Es ist der schwingende Avatar, aus dem alle Ewigkeit – materiell und transzendental – hervorgeht und zu dem sie auch wieder zurückkehrt. OM, Shalom, Amen, Salam sind die Quelle von allem.

MYSTISCHE BUCHSTABEN – HEILIGE KLÄNGE

Auch die Sanskrit-Schrift birgt über die Präzision und Stabilität der Buchstaben hinaus einige Geheimnisse. Die Schrift, in der das Sanskrit-Alphabet niedergelegt ist, heißt *Devanagari*, übersetzt »Stadt der Devas«. Bei den Devas handelt es sich, wie wir gesehen haben, um göttliche Wesen, Helfer der Avatare, welche *ritam*, die Naturgesetze, umsetzen. Diese Helfer sind in den Klangschwingungen der fünfzig Buchstaben des Alphabets, aus denen alles erschaffen wurde, was existiert, konkret anwesend. Das vedische »im Anfang war das Wort« bedeutet »im Anfang war die Schwingung beziehungsweise der Klang«. Und der existierte schon, bevor er Materie wurde.

Die Denker, die dieses System aufstellten, behaupten, dass ihnen diese Wahrheit übermittelt wurde, während sie sich in tiefer Meditation befanden. Andere Teile der Veden sind Lehren, welche von den Avataren, die unsere Erde besuchten, hinterlassen wurden. Sanskrit, Mantras und Gesänge sind essenziell, um den physischen, energetischen und mentalen Körper zu harmonisieren. Was die Schwingung betrifft, ist die vedische Sichtweise streng logisch. Sie geht von der Ursache hin zur Wirkung: Das, was Sie sich anhören, ist das, worüber Sie nachdenken. Das, worüber Sie nachdenken, ist das, worüber Sie sprechen. Das, worüber Sie sprechen, ist das, was Sie tun werden. Und Ihre Handlungen bestimmen, was Sie werden. Aus diesem Grund ist die Fähigkeit gut zuzuhören das, worauf man beim Erzeugen heilender Schwingungen auf höheren Bewusstseinsstufen nicht verzichten kann. Das gilt für die Veden genauso wie in Beziehungen. Im Sanskrit schließt dieses Netz der Verbundenheit *Ana* (Essen),

Prana (Energie) und *Manas* (denkender Geist) ein. Was wir essen, erzeugt unsere Energie und Lebenskraft, die dann unseren Geist beeinflusst. Die westliche Wissenschaft hat Prana einfach aus dieser Gleichung gestrichen.

Nur in den Veden erfahren wir etwas über die Rolle, die Klangschwingung spielt, um unser Sein, unsere Lebenskraft, mit den Devas und den Naturgesetzen zu verweben. So klar, wie unsere Kommunikationssysteme Signale von weit entfernten Satelliten empfangen, offenbaren die Veden, dass eine Verbindung mit den mächtigen, unsichtbaren Realitäten immer möglich ist und hergestellt werden kann. Diese unterstützen alles Leben auf göttliche Weise und vernetzen es miteinander. Die Wissenschaft hinter der Kunst des wahrhaftigen Sprechens, des genauen Hinhörens und der Mantras, die uns mit der göttlichen Realität verbinden, ist entscheidend für jene fortgeschrittene Ausbildung, welche die höchsten Avatare auf die Erde gebracht haben.

Der Osten war die Keimzelle der energetischen Wissenschaften, die erforschten, wie unsere Nahrungsmittel Energie erzeugen. Eine Energie, die wiederum unseren denkenden Geist hervorbringt. Sie studierten auch, wie umgekehrt unsere Gedanken und Emotionen, die Früchte unseres Geistes, unsere Lebenskraft und unsere Körper formen. Glücklicherweise löst sich das alte, am Profit orientierte, einseitige medizinische Paradigma allmählich auf. Anhand der gut dokumentierten Wirkungen von Yoga, Qigong, Meditation und ähnlichen energetischen Techniken wird deutlich, dass diese für die Gesundheit unbestreitbar förderlich sind. Heute gibt es weltweit über hundert Millionen Yoga-Praktizierende – mit steigender Tendenz. Und angesichts der Tatsache, dass Fettleibigkeit, Diabetes und andere Zivilisationskrankheiten überall dort epidemisch werden, wo ein »moderner« Lebensstil gepflegt wird, sind Alternativen von entscheidender Bedeutung. Die Körper-Geist-Ganzheit verlangt danach. Die

Gesundheit der globalen Gemeinde verlangt danach. Was die Avatare Tausende von Jahre lang gesagt haben, bleibt wahr: Wir sind nicht nur, was wir essen, sondern auch, was wir sagen, was wir denken, wie wir unsere Gefühle zum Ausdruck bringen und was wir beabsichtigen. Durch das Verstehen von Schwingung können wir begreifen und sogar erleben, dass wir die feinen energetischen Qualitäten von allem aufnehmen, womit wir uns verbinden. Wir sind die Lebenskraft, die durch uns hindurchfließt.

Kapitel 5

DAS WEIBLICHE EHREN

NAMASTE. Ich sehe dich als Schwester,
Mutter, Tochter, Frau und das göttliche
Weibliche. Du bist die Shakti,
die Essenz, das Herz und der Ursprung
des Lebens. Du bist in allem,
und alles ruht in dir.
Dein Lachen ist die Musik des Lebens.

WENN EINE KULTUR der Ansicht ist, dass die göttliche Realität, aus der wir alle stammen, sowohl männlich als auch weiblich ist, bekommt unsere Reinkarnation in und aus männlichen und weiblichen Körpern eine ganz neue Bedeutung. In welcher Form wir auch immer sind, sie spiegelt immer die Schönheit und die Geheimnisse einer Hälfte des Göttlichen wider. Gleichzeitig lernen wir etwas über das irdisch Männliche und das irdisch Weibliche, indem wir uns in einer Körper-Geist-Einheit eines bestimmten Geschlechts befinden und mit der Körper-Geist-Einheit des anderen Geschlechts interagieren. In einer »Ich sehe dich als Atman«-Kultur kann das zu einer viel tieferen und heiligeren Sicht des Männlichen und des Weiblichen führen.

Obwohl beide Geschlechter die Geheimnisse des Göttlichen widerspiegeln, trägt im Allgemeinen das weibliche Geschlecht mehr von seiner Schönheit an der Oberfläche. Männer auf der ganzen Welt, die nicht gelernt haben, eine Frau als Atman zu sehen, tendieren daher dazu, sich von ihrer

Schönheit blenden zu lassen. Die Fähigkeit, den Atman einer Frau zusammen mit ihrer äußeren Schönheit zu sehen, gibt eine grundlegende Sicherheit, die sowohl die Frau schützt als auch ausgleichend auf das soziale Umfeld wirkt.

Dort, wo eine solche Sichtweise oder diese grundlegende Sicherheit nicht vorhanden war, sind viele Probleme entstanden. Mit unnachgiebiger Intensität haben Europa und die ganze westliche Welt die Frauenbewegung vorangetrieben, sich aber gleichzeitig mehr und mehr darauf verlegt, weibliche Schönheit als Kaufanreiz für alle möglichen Produkte zu missbrauchen. Ihr Körper wurde eher eine öffentliche (degradierte) als eine private (heilige) Vision. Ihre Schönheit wird eingesetzt, um den Geist zu kontrollieren und aufzuregen und damit das Konsumieren auszulösen, und zwar buchstäblich durch Abhängigkeit. Man könnte sagen, dass die Ausbeutung des weiblichen Körpers als Ware parallel gelaufen ist mit der Ausbeutung der nicht erneuerbaren Energien von Mutter Erde. Es ist möglicherweise kein Zufall, dass die Entwicklung des Internets zu einem großen Teil mit Pornografie finanziert wurde, indem es zu jeder Zeit eine degradierte Vision ihrer Schönheit zugänglich gemacht hat. Die große Hoffnung auf internationale Kommunikation ist sozusagen aus dem Schoß der Frauen hervorgegangen, aber leider nicht in einer bewussten oder eleganten Weise.

Es ist James Camerons Geschick als Filmemacher zu verdanken, dass er es geschafft hat, mit den Na'vi, die in *Avatar* zwar nur leicht bekleidet sind, Wesen zu erschaffen, die eine offene, sichere und natürliche Beziehung zu ihrem Körper haben. Sie strahlen auch eine bemerkenswerte Selbstachtung und würdige Geisteshaltung aus, in denen sich die Leichtigkeit widerspiegelt, mit der die indigenen Kulturen ihre Körperlichkeit annehmen. In dem Film sind die Na'vi-Frauen beeindruckend unabhängig und werden dennoch für Fähigkeiten respektiert, die sie einzigartig machen, sowohl als Individuen als auch als Vertreterinnen ihres Geschlechts. Bei der Ermittlung des WIQ geht es um Intuition und direkte Wahrnehmung, und es ist offensichtlich, dass viele Frauen von Natur aus besser mit diesen einfühlsamen, gefühlsbetonten Fähigkeiten ausgerüstet sind. Ebenjene sind für eine nachhaltige Beziehung zur Erde so wichtig. Außerdem kam in dem Film ein tiefer Sinn sowohl für das weibliche Mysterium als auch für dessen Verbindung mit der Allmutter zum Ausdruck. In der traditionellen indischen Kultur, wie sie in den beiden Avatar-Epen *Ramayana* und *Mahabharata* exemplarisch dargestellt wird, spürte man diese Verbindung so deutlich, dass die Menschen sich verhielten, als seien die Verehrung, der Schutz und die Stärkung von Frauen gleichbedeutend mit dem Verehren und Schützen von Mata Bhumi. Sie sahen, wie der Film *Avatar* ebenfalls angedeutet hat, die weibliche Energie als Mutter Natur.

Der Sanskrit-Name für diese weibliche Energie ist *Shakti*. Im Judentum gibt es ein ähnliches Wort für die weibliche Gnade Gottes, die am Vorabend des Sabbats (also am Freitagabend) in jeden jüdischen Haushalt hinabsteigt. Sie heißt auf Hebräisch *Shekkinah* und manifestiert sich, während die Frauen des Haushalts die sieben heiligen Kerzen auf der Menora, dem siebenarmigen Leuchter, entzünden. Mutter Natur wird auch als *Shakti Ma*, die Mutter aller Energie, bezeichnet. Nach den Lehren der Avatare hat alles, was in der Natur existiert, einen männlichen und einen weiblichen Aspekt der Shakti, die in Wirklichkeit niemals getrennt sind. Dies wissend, kommen ein menschlicher Mann und eine menschliche Frau nicht nur wegen der sexuellen Vereinigung zusammen, zum Vergnügen und/oder um sich fortzupflanzen. Sie sind auch ein Ausdruck der beiden fundamentalen Naturprinzipien, die ganz bewusst mit der Liebe zusammenarbeiten, um alles Leben zu ermöglichen. Von den beiden Geschlechtern – und darin sind sich mehr oder weniger alle indigenen Kulturen einig – ist die Energie des weiblichen die bemerkenswertere. Ihr als dem Tor des Lebens muss der größte Respekt, der beste Schutz und das meiste Verständnis entgegengebracht werden.

In den Veden steht, dass Brahma, der Schöpfergott, sich zu Beginn dieses Universums an den ursprünglichen Mann und die ursprüngliche Frau wandte und fragte: »Wer möchte die Meditation durchführen, um das Leben hervorzubringen?« Die Frau erklärte sich bereit und setzte sich in die Mitte des Kreises. Als der Mann das sah, schwor er, diesen Kreis mit der Frau darin zu beschützen, und koste es sein eigenes Leben. Weil eine Frau leichter verletzt werden kann und weil ihr durch die Fortpflanzung anfälliger Körper die direkte Verbindung zur Allmutter ist, ist dieser weibliche Körper heilig. Es ist die Pflicht eines jeden ehrenhaften Mannes, eine Frau zu beschützen und nicht auszubeuten. Die schlimmste Ausbeutung haben wir in Form von Vergewaltigung als Mittel der Kriegführung erlebt. Und was den Frauen angetan wird, wird Mutter Erde angetan. Das Weibliche ist direkt mit ihrem Herzen verbunden und handelt zum Schutz allen Lebens, wann immer dies möglich ist.

WIE OBEN, SO UNTEN

Die Veden sagen uns mehrfach, dass die männlichen und die weiblichen Formen, die wir überall um uns herum sehen – und die auch in jedem von uns verkörpert sind –, buchstäblich nach dem Bild der ursprünglichen höchsten männlichen und weiblichen Wesen gemacht sind. Diese ursprünglichen höchsten Wesen sind die Prototypen, ein Herr und eine Frau Göttlich sozusagen, die für alle Ewigkeit im transzendentalen Bereich leben. All das bedeutet jedoch nicht, dass das männliche und das weibliche Göttliche zwei verschiedene Wesen sind. Das sind sie nämlich nicht. Vielleicht wollen Sie die letzten beiden Sätze noch einmal lesen. In ihnen liegt ein großes Geheimnis der Avatare. Sie sind zwei Aspekte desselben Wesens – und den Veden zufolge sind diese auf ewig verliebt und werden der Gesellschaft des anderen nie überdrüssig. Unfassbar, gleichzeitig, eins und zwei.

Diese männlich göttlichen und weiblich göttlichen Formen finden ihre Kopie in allem, was aus ihnen geschaffen wird. Wenn Menschen ein Baby machen, dann hat dieses Kind das genetische Material von beiden Eltern. Es ist ein Prozess, der schrittweise in die Materie führt. Wenn die ursprünglichen Emanationen der höchsten männlichen und weiblichen Formen auf der obersten Stufe in die Materie eintreten, werden sie Mutter und Vater Natur. Vater Natur übernimmt die Rolle einer Verlängerung/eines Senders und Mutter Natur die eines Empfängers. Auf der kosmischen Ebene, sagen die Veden, gibt es eine Mutter, welche die Summe aller Materie ist. Das bedeutet, dass all die unzähligen Universen Teil ihres Körpers sind.

Wenn wir auf der Stufenleiter der Schöpfung weiter abwärtssteigen, ist ein einzelnes Universum auch ein Organismus aus einer Mutter und einem Vater Natur, eng umschlungen, sich umarmend und tanzend – kosmisch genetisches Material, das sich entfaltet. Ein Universum entsteht, wenn Vater und Mutter Natur sich umarmen und ineinander verschlungen bleiben.

Die ganze Natur wird also von der Verbindung des Männlichen und des Weiblichen zusammengehalten. Die moderne Wissenschaft bezeichnet dies als positiv und negativ oder Elektronen und Protonen. Aber aus Sicht der uralten Weisheit ist die Natur nicht unpersönlich. Sie ist vielmehr ausgesprochen persönlich. Die Sonne, zum Beispiel, gilt als männlich, der Sonnenschein hingegen als weiblich. Zusammen umfassen sie unsere Erfahrung der Sonne. Genau wie wir sagen, menschliche Ehepaare seien »ein Fleisch«, sind auch die Sonne und der Sonnenschein verheiratet, Herr und

Frau Sonne sozusagen. Ein anderes Beispiel ist die Rose und ihr Duft. Die Struktur der Rose ist männlich, ihr Duft ist die Shakti, und zusammen sind sie die Rose. Wenn sich die beiden trennen, gibt es keine Rose mehr. Wenn sich Sonne und Sonnenschein trennen, gibt es kein Leben mehr.

Und schließlich, um dies weiterzuverfolgen, sind auch die Planeten Mütter mit »Familien« aus erstaunlichen Wesenheiten, die auf ihrem Körper leben. Dies ist die Erde, Mata Bhumi. Gehen wir noch weiter nach unten. Auch wenn Atman weder weiblich noch männlich ist, sind unsere Körper als Mütter, Väter und Kinder heilige Gefäße, die aus den herabsteigenden Emanationen der ursprünglichen höchsten Wesen, männlich und weiblich, gemacht sind.

Während wir lernen, alle Wesen als göttlich anzusehen, soll diese Avatar-Lektion den Prozess noch vertiefen. Wenn wir das Weibliche richtig verstehen und achten wollen, sollten unsere Absicht und unsere Aufmerksamkeit auf der höchsten Ebene der Schöpfung innerhalb der Materie beginnen. Wenn wir »Namaste – Ich sehe das wahre Du« sagen, können wir uns jetzt bewusst werden, dass wir nicht nur sagen »Ich sehe dich als Atman«, sondern auch: »Ich sehe deinen strahlenden Atman und deinen Körper als heiliges Abbild des transzendentalen Göttlichen.« Auf diese Weise entsteht eine tiefe Verehrung des Weiblichen und auch des Männlichen. Sie hilft uns, ihre endlose Schönheit nicht länger zu objektivieren, weil es uns einfach an Verständnis dafür mangelt.

Starhawk, eine Lehrerin, die in der keltischen und heidnischen Tradition steht, sagt: »Die Göttin beherrscht die Welt nicht. Sie ist die Welt. Und weil sie in uns allen manifest ist, kann sie in all ihrer prachtvollen Vielfalt im Innern eines jeden Individuums erkannt werden.«

Auf der Erde, das können wir alle nachvollziehen, ist die Frau diejenige, die Leben gibt, das Tor der Geburt (und das ist ein wahres Opfer). Die Genialität, mit der Frauen auf unzählige Arten kreativ sind, offenbart sich fast jedem, der Augen hat zu sehen: Die Frau ist wie die Erde eine endlos Gebende und verdient daher größte Verehrung, Liebe und Schutz. Wenn das nicht mehr funktioniert, beginnen die Avatare, Pläne zu machen.

Jedes weibliche Wesen ist also die Shakti eines bestimmten Aspekts der Allmutter. In gewisser Hinsicht enthält sie alle Aspekte von Mutter Natur, aber sie ist auch auf besondere Weise ermächtigt. Das gilt im Großen und Ganzen auch für eine Kultur. Die Frauen einer Kultur sind ihre Shakti, sind demnach die Schatztruhe all ihrer Bräuche und feinen gesellschaftlichen Nuancen. Die Frauen sind die Bibliothekarinnen und die Bibliotheken gleichzeitig. Deswegen ist »Fräulein Benimm« niemals »Herr Benimm«. Die Shakti ist die verlässliche und stets präsente Führerin zu unseren Ahnen, denn sie trägt sie in ihrem Schoß. Nicht nur um ein neues Wesen hervorzubringen, sondern auch, um die Geschichte und das Erbe der Ahnen und ihre Kultur fortzuführen. Aus diesem Grund haben Feldherren und Könige oft eine strategische Allianz mit den von ihnen eroberten oder den ihnen benachbarten Ländern angestrebt, indem sie deren Prinzessinnen heirateten. Das waren keine Heiraten aus Liebe und Leidenschaft, denn so mächtige und reiche Könige konnten ohnehin so viel Sex haben, wie sie wollten. Die jeweilige Prinzessin war vielmehr ihr »Fräulein Benimm«. Sie sollte nicht nur die Machtposition des Königs stärken, sondern ihn auch in Sachen »sozial und politisch korrektes Benehmen« beraten.

Diese weibliche Weisheit, die für den Handlungsverlauf der beiden Avatar-Epen *Ramayana* und *Mahabharata* eine zentrale Rolle spielt, ist die Priesterin, die in unserer gegenwärtigen globalen Kultur fehlt. Ihre Präsenz in Camerons Films *Avatar* erinnert auf brillante und zeitgemäße Weise an das, was wir vergessen haben.

Wo man die Stellvertreter von Mutter Erde in den Gremien und Versammlungen nicht konsultiert, hört, achtet und ihre Anliegen hinauszögert, sind wir, die wir die ursprüngliche Stimme von Bhumi repräsentieren, besorgt, traurig und beleidigt. Es handelt sich hier immerhin um die Shakti, die ehrenvoll behandelt und geschützt werden muss, wenn wir das menschliche Leben in Mitgefühl und Integrität aufrechterhalten wollen.

In *Avatar* gibt es sowohl männliche als auch weibliche Anführer, jeder mit einzigartigen Kräften und einer besonderen Würde ausgestattet. Sie arbeiten zu ihrem gegenseitigen Wohl und zum Wohle aller zusammen. Damit dies geschehen kann, müssen wir zunächst eine Geschichte von der Schönheit und dem Wert beider Geschlechter erzählen. Sie müssen gleichermaßen für ihre Stärken und Fähigkeiten wertgeschätzt werden. Für Männer, unsere Krieger, bedeutet dies, dass sie ihre physische Kraft für den Schutz der Unschuldigen einsetzen sollten, für den Schutz der Frauen, der Kinder und der Alten aller Kulturen. Das ist beispielsweise der Weg des Samurai. Der »Feind« ist niemals eine Frau, ein Kind oder ein alter Mensch. Dies war das Ethos der besten indigenen Kulturen. In den beiden großen indischen Epen oder den Avatar-Geschichten, geht es um das Herabsteigen des göttlichen Wesens, um die Unwissenheit und das Böse zu bekämpfen, das Mutter Erde bedroht, die Frauen erniedrigt und die Unschuldigen verletzt.

Trotz der Entwürdigung, die das Weibliche gegenwärtig erfährt – als Produkt im Internet oder unter der Knute fundamentalistischer Religionen –, war im Laufe der letzten hundert Jahre eine sehr hoffnungsvolle Entwicklung zu beobachten. So wie vor Tausenden von Jahren die spirituellen und intuitiven Künste in Indien und anderen Kulturen eine hohe Stufe der Perfektion erreichten, hat die technologische Phase der evolutionären Entwicklung heute ihren kritischen

Punkt erreicht. Wir haben Massenvernichtungswaffen, die alles Leben von einem Moment auf den anderen zerstören können, aber bisher wagen wir sie nicht einzusetzen. Gleichzeitig mischen wir uns in die genetische Basis allen Lebens ein und geben unsere Zukunft in die Hände rein profitorientierter Wissenschaftler und Konzerne. Andererseits hat ein recht großer Teil der Welt Internetanschluss und Handy-Empfang und kann stets mit Freunden, Kollegen und Geliebten in jedem Land der Welt in Kontakt sein. Filme von *Avatar* sind Kinohits auf der ganzen Welt. Mitten in der IQ-Krise, und obwohl Frauen in manchen Teilen der Welt grauenhaft behandelt werden, gewinnen Millionen Frauen in vielen Ländern eine neue Art von Macht, Einfluss und Freiheit.

Die Yoga-Bewegung ist nur ein Beispiel für diese Transformation. Anders als Religionen, die mit Zwang oder Bekehrung arbeiten und die Heiden mithilfe von Millionenbudgets zur Konvertierung bewegen wollen, hat sich Yoga ganz still verbreitet, ohne den Einsatz von Gewalt, Geld oder großem Trara. Yoga und die vedische Weltanschauung, aus der er hervorgegangen ist, vertragen sich per definitionem nicht mit aggressiver Mitgliederwerbung, geschweige denn, dass sie eine einseitige religiöse Orientierung verlangen würden. Yoga braucht auch keinen irdischen Vermittler. Er hat viele Formen und beginnt mit unserem Körper beziehungsweise damit, wie wir auf der Erde leben. Er fördert eine gesunde Lebensweise mit gesundem Essen, am besten als Vegetarier oder zumindest so weit am unteren Ende der Nahrungskette wie möglich. Auf der einfachsten Yoga-Ebene, nämlich in den *Asanas* (Positionen des Hatha-Yoga), die von Millionen Menschen rund um den Globus jeden Morgen durchgeführt werden, geht es um inneres Gleichgewicht, Harmonie sowie um Kooperation mit der Natur und den Mitmenschen. Yoga fördert die sogenannten moralischen Werte: Praktizierende beschränken sich freiwillig und halten bestimmte Regeln ein, um sowohl die eigene Gesundheit als auch die friedliche Interaktion mit anderen zu fördern. Das sind Ideen, die von allen Religionen in ihrer besten Ausprägung hochgehalten werden. Das Credo des Yoga, wenn es so etwas überhaupt gibt, legt nahe, dass wir unsere wahre Natur entdecken und ihr entsprechend leben, indem wir allen Wesen ganz bewusst möglichst wenig Leid zufügen. Dieses Prinzip heißt im Sanskrit *Ahimsa*. Yoga hilft uns, durch unser persönliches Vorbild andere zu belehren, statt Phrasen zu dreschen. Um es mit den Worten eines Yogis namens Mahatma Gandhi zu sagen, der einst die Weisheit der Avatare zum Ausdruck gebracht hatte: »Sei selbst die Veränderung, die du dir für die Welt wünschst.« Yoga hält vom Gebrauch berauschender Getränke und schädlicher Nahrungsmittel ab. Yoga rät zu einer Sexualität, die gesund, integer, einvernehmlich und heilig sein und ebenfalls keinen Schaden anrichten sollte. Gebete in welcher Form auch immer, einschließlich derer, die von vielen Glaubensrichtungen auf der ganzen Welt empfohlen werden, werden neben den vielen vedischen Pfaden befürwortet, aber niemals verlangt.

Es verwundert daher nicht, dass Schätzungen zufolge mindestens 80 Prozent der Yoga-Praktizierenden auf der ganzen Welt Frauen sind. Weltweit gibt es etwa dreißig Millionen Inder, die außerhalb von Indien leben. In Indien allerdings sieht man weder heute noch sah man in der Vergangenheit Millionen von Frauen Yoga-Übungen machen, denn Hatha-Yoga ist traditionell eine männliche Übungspraxis. Für den Yogi stellt sich in diesem Zusammenhang eine interessante Frage: Ist es möglich, dass diese Millionen Yoginis, also weibliche Yogis, die in aller Stille die Welt verändern, indem sie Yoga praktizieren, alle in einem früheren Leben Yogis in Indien waren? Übrigens geben ebenjene Yoginis ihr Geld aus, um ein ausgeglichenes Leben in einer unausgeglichenen Welt zu führen. Vielleicht sind sie die unentbehrlichen Helferzellen im Immunsystem von Mutter Erde. Die zugrunde liegende Sichtweise ist, dass wir eine ausgewogenere, flexiblere, gesündere und weniger destruktive Weise finden müssen, um auf Mata Bhumi zu leben. Viele benennen diese Suche nicht so, oder ihnen ist sie noch nicht einmal bewusst, aber schon allein in dem Wunsch, Yoga zu praktizieren, wird sie deutlich. Das ist auch die Botschaft der Avatare, die auf die Erde gekommen sind und immer noch kommen, um das Gleichgewicht der Welt wiederherzustellen. Das Weibliche in seiner aktuellen Kraft und mit der sich entwickelnden Wir-Intelligenz spricht nun mit der individuell männlichen Intelligenz über eine neue Art von Beziehung. Vermittelt wird sie von der besonderen Wahrnehmungsfähigkeit des Dritten Auges und unterstützt von Vater als auch von Mutter Natur.

SICH VOR DER WEISHEIT VERBEUGEN

Unser gesunder Menschenverstand sollte uns sagen, dass Frauen, die dafür gemacht sind, Babys auszutragen, zu schützen und zu ernähren, auch eine Art eingebaute Intelligenz haben sollten, um das Leben zu erhalten. Natürlich verfügen Frauen über eine solche Intelligenz. Und wenn wir uns heute die Umwelt oder zahllose Kulturen anschauen, ist es auch nur allzu offensichtlich, dass die Genialität dieser Leben spendenden Stimme nicht genügend gewürdigt wird. Wir befinden uns an einem historisch bedeutsamen Punkt, wo wir, wenn wir Ohren haben zu hören, klar gesagt bekommen, dass wir das Weibliche ehren, sein Geschenk schützen und es bitten sollen, uns mehr zu sagen. Für Frauen sollte dies keine weitere Aufgabe auf einer ohnehin unglaublich langen Liste sein. Es geht vielmehr um das, was wir brauchen, um hören zu lernen. Und um sagen zu können: »Ich sehe dich, die Leben gibt, Großzügigkeit und Schönheit.«

In den Veden heißt der Erhalter von allem Vishnu, und

seine Shakti (die weibliche Energie), sprich sein weibliches Gegenstück, heißt Lakshmi – die auf Englisch auch Lady Luck heißt (von *lak*). Dies legt nahe, dass das alte Geheimnis darin besteht, die Lebensspenderinnen entscheiden zu lassen, wie wir leben, was wir essen und sogar, wie viel Geld wir ausgeben sollten. In armen Ländern zeigt sich immer wieder, dass vor allem Männer, wenn sie unter Druck stehen oder sich machtlos fühlen, das Geld aus dem Fenster werfen. Aus diesem Grund werden etwa 98 Prozent aller Mikrokredite aus den Töpfen entsprechender Organisationen an Frauen vergeben: Frauen gehen unter Druck besser mit Geld um. Egal, ob wir das in den reichen Ländern so sehen oder nicht, diese Welt steht unter Druck.

Wir können jeden Tag, jeder für sich eine bewusste Anstrengung unternehmen, um vom Weiblichen zu erfahren, wie wir auf diesem Planeten weiterleben sollen. Das ist ein Anfang. Und fragen Sie auch anderswo danach. Es ist kein Zufall, dass Mutter Erde weiblich ist. Wundert es einen da, dass die Allmutter leichter durch Frauen spricht? Natürlich nicht. In einer ausgeglichenen Welt sind Mitgefühl und die Sorge um das Wohl aller natürlicherweise eher Sache der Frauen. Ausnahmen bestätigen die Regel. Die Avatar-Lehre lautet, dass wir als Männer sehr genau auf die Stimme der Weisheit hören sollen, die vom heiligen Weiblichen kommt. Zu diesem sehr kritischen Zeitpunkt ist dies die Botschaft der herabsteigenden Avatare, sie spricht von der Rückkehr der Großen Mutter.

Kapitel 6

VON DER KORPORATION ZUR KOOPERATION

NAMASTE. Ich sehe deine Kraft, mit der du alle beschützt und für alle sorgst. Du inspirierst uns, wenn deine zärtliche Fürsorge für alles Leben deine globalen Visionen prägt. So stark wie ein Donnerkeil und so sanft wie eine Rose erntest und verwaltest du die Geschenke des Wohlstands.

JEDE KULTUR hat ihre eigenen noblen Eigenschaften. Die Ansichten und Gepflogenheiten einer jeden Kultur sind geprägt vom Klima, von der Topografie, von den Flüssen und den landwirtschaftlich nutzbaren Flächen der Gegend, in welcher sie entstanden ist. Obwohl das heutige Indien in vieler Hinsicht zersplittert ist, ist es die uralte Heimat der profunden vedischen Weisheit und der Lehren der höchsten Avatare, die dort immer noch sehr lebendig sind. Diese Lehren wurden als universale Ermächtigung und tiefes Wissen an alle Menschen weitergegeben, nicht nur an die in Indien lebenden. Was zählt, ist eine allgemeingültige Wahrheit, die alle Kulturen betrifft, und ob diese Wahrheit die Welt wieder ins Gleichgewicht bringen kann. Das wesentliche Mittel zur Verbreitung dieser allgemeingültigen Wahrheit ist die Sprache.

Das Paradoxe an der Sprache ist nun, dass sie sowohl verwendet werden kann, um die Wahrheit zu enthüllen, als auch, um sie zu verschleiern. Um aus Sicht eines Avatars über Dilemma und Potenzial heutiger Unternehmen beziehungsweise Korporationen sprechen zu können, müssen zunächst ein paar Sanskrit-Begriffe und ihre Bedeutungen erklärt werden.

In den vorangegangenen Kapiteln haben wir über die unsichtbaren Gesetze von Mutter Natur gesprochen, zum Beispiel Gravitation, die auf Sanskrit *Ritam* heißen. Etymologisch mit diesem Wort verwandt ist ein anderer, im Westen besser bekannter Begriff: *Karma*, der etwa »das unausweichliche Gesetz von Ursache und Wirkung« bedeutet. Karma ist nicht komplizierter als Ritam, außer dass es alle Ursachen und Wirkungen einschließt – auch die moralischen Konsequenzen unserer Handlungen und Gedanken, welche die Naturwissenschaft in ihrer Ursache-Wirkung-Gleichung selten berücksichtigt. Interessanterweise wurde die moderne wissenschaftliche Idee, dass jede Aktion eine gleiche und eine gegenteilige Reaktion hervorruft, zum ersten Mal in den vedischen Texten beschrieben. Das deutsche Wort *Kreativität* hat übrigens denselben Wortstamm wie das Wort *Karma*, nämlich *kri* (tun).

Ein drittes, sehr wichtiges Wort ist *Dharma* mit dem Wortstamm *dhri* (halten, enthalten, tragen), das man mit »die wahre Natur von etwas, das, wenn diese wahre Natur entfernt wird, nicht länger es selbst ist« übersetzen könnte. Entfernt man beispielsweise das Flüssige aus dem Wasser, dann ist es kein Wasser mehr. Um diese Idee noch besser zu erfassen, könnte man auch sagen: Hätte man William Shakespeare die Kreativität ausgetrieben – seine wahre Natur –, wäre er nicht William Shakespeare gewesen.

Dharma kann sich auch auf die wahre Natur eines Landes, eines Systems, eines landwirtschaftlichen Betriebs oder eines individuellen Atman beziehen und bedeutet dann: die beste und harmonischste Weise, seine wahre Natur zum Ausdruck zu bringen, um am wenigsten Schaden anzurichten und zum besten Wohl aller zu handeln. Sobald Sie Ihr Dharma kennen, gründen Ihre Pflichten in diesem Wissen.

MIT DEN ENGELN (DEVAS) SPRECHEN

Die beiden wichtigen Unterschiede zwischen dem Tierreich (dessen Bewohner ihrem Dharma instinktiv folgen), den Devas (den personifizierten Naturgesetzen, die als göttliche Helfer fungieren) und uns Menschen ist, dass sich nur Menschen extrem gegen die Naturgesetze wenden können. Die Devas sind sowohl die Naturgesetze als auch ihre Vollstrecker. Tiere sind so angelegt und von ihrem Instinkt gesteuert, dass sie praktisch gezwungen sind, ihrer Natur zu folgen, und dies auch fast ausnahmslos tun. Wenn wir sagen »Das ist ein Hundeleben«, fragt sich niemand, was für ein Leben das wohl ist, am allerwenigsten der Hund. Nur wir Menschen können unseren freien Willen einsetzen, um uns Mutter Natur zu widersetzen.

Der Campus für die Lehren der Avatare – die Matrix der unwiderlegbaren Naturgesetze – ist nicht zufällig gewählt. Wir sind nicht aus Versehen an dieser Universität gelandet, und all unsere Aktionen werden irgendwann in der Zukunft Konsequenzen haben. Die Tatsache, dass wir frei sind, bedeutet nicht, dass wir von den Folgen befreit sind, welche eine Verletzung der Campus-Regeln hat. Diese Regeln sind nicht willkürlicher als die Gesetze der Physik. Angesichts dieser Wahrheit bedeutet das Befolgen der universalen menschlichen Verhaltensregeln, welche mit den Naturgesetzen konform gehen, dass man zum Wohl des Ganzen handelt. Das wird Dharma oder Wahrheit genannt.

DIE REGELN BRECHEN

In dem Film *Avatar* kommen die Besucher des Planeten Pandora als Bergbauexpedition der übelsten Sorte mit einer geldgierigen Armee im Schlepptau »von einem sterbenden Planeten«. Die Parallelen zum heutigen Afghanistan, dem Irak und anderen Orten, wo sich Ausbeutung der Menschenrechte bemächtigt und das Gleichgewicht der Umwelt stört, sind offensichtlich. Das letztlich sinnlose Ergebnis solch zerstörerischer Unternehmungen kommt verdichtet in dem Namen des Minerals zum Ausdruck, nach dem sie suchen: *Unobtanium*. Vielleicht will Herr Cameron damit auf das alte vedische Konzept *Maya* verweisen. Es bezieht sich darauf, dass die Welt der Materie wie eine Fata Morgana ist, die wir in der Wüste des Weltraums verfolgen, wo das dauerhafte Glück aber nicht zu finden ist. Ist materielles Glück eine Art *Unobtanium*? Deshalb ermahnen uns die Veden, die Natur nicht nur um unserer vergänglicher Vergnügen willen zu zerstören.

Ein großes Unternehmen mit einem Geschäftsführer oder Konzernchef an der Spitze hat nur eingeschränkte Möglichkeiten, etwas für das »Wohl des Ganzen« zu tun, was immer seine Absichten auch sein mögen. Die gesetzlichen Verpflichtungen eines solchen Unternehmens bestehen vor allem darin, den Gewinn der Anteilseigner zu maximieren, Steuern zu zahlen und schließlich im Einklang mit den Gesetzen des jeweiligen Landes zu arbeiten. Wenn einer der letzten beiden Punkte sich als zu einengend erweist, beschließen die Entscheidungsträger im Unternehmen häufig, den Firmensitz in ein Land zu verlegen, wo Steuer- und andere Gesetze weniger restriktiv sind. Das stellt eine große Herausforderung dar. Es gibt in der Welt der modernen Korporationen keine einheitlichen Richtlinien, wie Geschäfte so gemacht werden können, dass das Streben nach Gewinn und gleichzeitig nach dem Wohl des Ganzen – über gerechte Arbeitsbedingungen und Löhne der Mitarbeiter – Gemeinschaft und Umwelt einen. Obwohl solche Richtlinien nicht existieren, gibt es doch erstaunlich visionäre Firmenchefs, die viel tun, um diese

Ausgewogenheit zu erreichen, aber es ist nicht leicht. In *Avatar* wählt James Cameron einen fremden Planeten als Handlungsort, aber er hat ganz klar versucht, die habgierige Seite des Korporationsmodells darzustellen. Es spricht Bände, dass viele von uns dieses Modell wahrscheinlich für die Norm halten. Was Menschenrechte und Umweltschutz angeht, sind die Daten, die wir aus Ressourcen entnehmenden Unternehmen bekommen, nur allzu oft abgründig und entmutigend. Und die Tatsache, dass die nicht gewählten Mitglieder von Firmenleitungen enorm viel Macht und Kontrolle über eine Regierung ausüben können, und das alles innerhalb einer Demokratie, ist eine stets gegenwärtige Ironie. Sie bedroht aber auch unser modernes politisches System. Unternehmen, die einzig und allein am Gewinn orientiert sind und keinen Gedanken an das sogenannte Gemeinwohl verschwenden, bekommen erstaunlich viel staatliche Unterstützung. Die Schere zwischen Ausbeutung und Zusammenarbeit zu schließen ist einer der nächsten Entwicklungsschritte, die in unserer modernen Welt gegangen werden müssen. Die alten Avatare bezeichneten dies als einen der Schlüssel für ein ehrenhaftes Leben auf Mutter Erde.

Der berühmte Ökonom Milton Friedman drückte es einmal so aus: »Die Wirtschaft hat eine und nur eine soziale Verantwortung – ihre Ressourcen zu nutzen und sich in Tätigkeitsfeldern zu engagieren, die darauf ausgelegt sind, den Profit so lange zu steigern, wie dies die Regeln des Spiels zulassen. Also so lange, wie sie sich ohne Betrug oder Täuschung in einem offenen und freien Wettbewerb engagiert.«

Nun, da Profit die Antriebskraft der freien Wirtschaft ist und Betrug und Täuschung in den Ländern der Dritten Welt noch schwerer zu kontrollieren sind, sollten wir uns die indigene Weltsicht als Quelle allgemeingültiger Werte etwas genauer anschauen. Denn sie können dazu beizutragen, den Dharma des Planeten aufrechtzuerhalten.

GESCHICHTE MACHEN

Zunächst müssen wir verstehen, wie unvereinbar das Motiv, möglichst viel Profit zu machen, mit den meisten indigenen Kulturen ist, ganz zu schweigen von ihrer Beziehung zu Ressourcen. Die den indigenen Kulturen inhärente Weltsicht besagt, dass niemand die Ressourcen der Erde wirklich besitzen kann. Sie gehören der Großen Mutter, und das Land ist heilig. Mitte des 19. Jahrhunderts, als das Land im US-amerikanischen Westen in kürzester Zeit regelrecht überrannt wurde, soll Chief Seattle in der ihm zugeschriebenen Rede gesagt haben: »Wie kann man den Himmel kaufen oder verkaufen – oder die Wärme der Erde? Diese Vorstellung ist uns fremd. Wenn wir die Frische der Luft und das Glitzern des Wassers nicht besitzen ...«

Dennoch könnte man sich in den Jagdgesellschaften eines Stammes, die zusammenarbeiten, um Wild für die ganze Stammesgemeinschaft zu jagen, so etwas wie eine prototypische Unternehmensstruktur vorstellen. Der Vorgesetzte ist der Anführer der Jagdgesellschaft, die Handelsvertreter sind die Treiber, die Marketingabteilung ist zuständig für das Schnitzen der Pfeile, und in der Abteilung Rechnungswesen wird die Beute aufgeteilt. Was könnte menschlicher sein, als einen Gewinn (Beute als Ergebnis der Nahrungssuche) zu machen, der das Überleben der Gemeinschaft sichert? Viele kleine Unternehmen oder Geschäfte funktionieren so. Es sind die harmlosen Jäger-und-Sammler-Gruppen, obwohl auch sie durch den Einsatz bestimmter Technologien einen schädlichen Einfluss auf die Umwelt haben können.

WEISE WERDEN

Vom Standpunkt der Avatare und aus Sicht von Mutter Erde gibt es keine Menschen und keine Kreaturen auf diesem Planeten, die nicht wertvoll, einzigartig und eines würdigen Lebens wert wären. Menschen zu versklaven,

Arten, Ozeane und Wälder auszulöschen und Völker zu dezimieren, um die Taschen Weniger zu füllen, widerspricht dem Dharma, der Wahrheit und jeder Religion. Jeder fühlende Mensch wird einsehen, dass Mutter Erde oder die Allmutter mit diesem traurigen Stand der Dinge nicht glücklich sein kann. Alles, was wir von Mutter Erde nehmen, hat seinen schwer bestimmbaren, aber unbestreitbaren ökologischen Preis.

Die Lösung besteht weder in staatlichen Verordnungen noch in unkontrolliertem unternehmerischem Eifer. Der Hunger in der Welt ist das Ergebnis eines Schismas, eines Mangels an Beziehung und Bewusstheit, der sowohl in unseren Institutionen als auch in unseren Köpfen herrscht. Wir brauchen einen prozentualen Anteil Land, das treuhänderisch verwaltet wird und allen gemeinsam gehört. Wir benötigen eine Möglichkeit, Ressourcen vernünftig zu fördern und zu nutzen. Die Macht unserer Technologie hat dieses Problem immer größer und seine Lösung immer dringlicher gemacht.

Die Weisheit der Avatare besagt, dass weise und dharmische Führer sowie ein Ethos der Kooperation die wahre Lösung sind. Unsere individuell-intelligenten und unsere wirintelligenten Geister müssen bewusst genug werden, um ihre jeweilige Andersartigkeit zu akzeptieren und ihre Stärken einzubringen. Gelingt uns dies, werden wir besser zusammenarbeiten und zu einer größeren Vision unserer Beziehung zueinander und zu allem Leben gelangen – um das uns innewohnende Gemeinsame zu erkennen.

Dharmische Unternehmen mit universalen Werten, die sich für das Wohl des Ganzen verantwortlich fühlen, während sie vernünftige Gewinne machen, müssen unsere Vorbilder für neue Korporationen werden. Als jemand, der nach dem Spirituellen strebt, sollte es immer Ihr Ziel sein, Ihr Leben ins Gleichgewicht zu bringen, zurück zum Dharma.

Marian Wright Edelman, die Präsidentin des US-Kinderschutzbundes *Children's Defense Fund*, lässt die Lehren der Avatare, die vor vielen Tausend Jahren in Indien verkündet wurden, widerhallen, wenn sie sagt: »Sei stark und mutig und überlass die Ergebnisse Gott ... Hab keine Angst, der Rufer in der Wüste für die Kinder und die Armen zu sein. Es ist moralisch und vernünftig, so zu handeln.«

Es gibt also einige Antworten und immer Raum für nicht nachlassenden Optimismus. Den Veden zufolge können wir nicht vollständigen heilen, solange wir noch in der materiellen Welt sind. Aber dennoch sollen wir nicht aufhören, nach mehr Gleichgewicht und Harmonie zu streben.

DIE GUTEN, DIE SCHLECHTEN UND
DIE HOFFNUNGSVOLLEN

In einem Spektrum, das vom Licht zum Dunkel reicht, sprechen die Veden von einer Sorte Mensch, der sich für den Profit entscheidet, egal, was diese Entscheidung an Leid für viele bedeutet. Sie beschreiben aber auch eine andere Art Mensch, der das Leid aller Wesen fühlt und sich daher für ein möglichst nachhaltiges Leben einsetzt – zum Wohl des Ganzen. Jene Seelen, die anderen einfach um ihres eigenen selbstsüchtigen Gewinns willen Schaden zufügen, heißen *Asuras,* und ihr Benehmen wird als *tamasisch* beschrieben, was »im Unwissen gefangen« bedeutet. Das sind die Studenten der Universität, welche die großen Weisheitslehren ignorieren und absichtlich oder unbewusst den Campus zerstören. Dann kommt der Avatar immer aus den höheren Gefilden, um sie daran zu hindern.

Jene Menschen, die voll Mitgefühl sind und im Gleichgewicht mit Ritam, den Gesetzen von Mutter Natur, leben, werden als *sattvisch* bezeichnet, was »in Harmonie mit Ritam und den Devas« bedeutet. Die letztgenannte Gruppe ist erleuchtet, die andere »verdunkelt«. In der vedischen Kultur hofft man immer, die Studenten mögen sich dafür entscheiden, »im Licht zu arbeiten« und den Dharma so gut wie möglich zu unterstützen. Die meisten Menschen befinden sich irgendwo zwischen sattvisch und tamasisch in einer dritten Kategorie, die oft vergesslich, selbstbezogen oder vom Ego gesteuert ist. Diese dritte Gruppe wird als *rajasisch* bezeichnet. Die selbstsüchtige Einstellung dieser Menschen verursacht Probleme und Ungleichgewichte, obwohl das gar nicht von ihnen beabsichtigt sein mag. Je mehr Menschen eine sattvische Lebensweise pflegen, desto besser – für die Menschen und die Umwelt. Diese sattvische Lebensweise ist eine der wichtigsten Lehren der großen Epen, *Ramayana* und *Mahabharata*. Sie führt zu einer vernünftigen Einstellung zum Eigentum und basiert auf Kooperation.

ROLLENBESETZUNG – DER DHARMA IN GESELLSCHAFTEN

Wenn es der vedischen Kultur also eigen ist, den Dharma zu unterstützen und zum Wohle aller nach Gleichgewicht zu streben, denken Sie jetzt vielleicht: Und warum hat dann ausgerechnet Indien das Kastensystem hervorgebracht, das Menschen von Geburt an einer bestimmten Klasse zuordnet?

Die Geschichte des Kastensystems ist bemerkenswert komplex. Aber es gibt einen wichtigen Grund für seine Errichtung: Die Veden, die ursprünglichen Lehren Indiens, trieben etwas voran, was genauer als Klassensystem bezeichnet werden sollte, und zwar auf der Basis angeborener Fähigkeiten oder Talente. Es wurde deutlich, dass die meisten Menschen aufgrund ihrer Anlagen in eine von vier Arbeits- (oder Fähigkeits-)Kategorien fielen: *Brahmanen, Kschatrijas, Vaischjas* und *Schudras*.

Zu einer Gruppe gehörten überwiegend Denker – Intellektuelle, Wissenschaftler, spirituelle Führer –, mit anderen Worten, jene, deren Arbeit sorgfältiges Nachdenken, Geduld, Gewaltlosigkeit und die Fähigkeit, Wissen zu bewahren, erforderte. Jemand mit solchen Fähigkeiten wurde *Brahmane* genannt.

Diejenigen aus der zweiten Gruppe wurden vor allem als furchtlos, kraftvoll, mutig, unempfindlich gegen Schmerzen, handlungsorientiert und geborene Anführer wahrgenommen. Sie wurden zu Kriegern, Beschützern und Verwaltern ausgebildet und *Kschatrijas* genannt.

Die Angehörigen der dritten Gruppe neigten hauptsächlich dazu, Reichtum, Nahrung und anderes Wertvolles zu produzieren. Sie hatten unternehmerisches Talent und wurden *Vaischjas* genannt.

Zur vierten Gruppe, *Schudras* genannt, gehörten diejenigen, die vor allem eine Neigung zum Dienen hatten oder Handwerker, Kunsthandwerker und gelernte oder ungelernte Arbeiter waren. Indem sie ihrer Neigung folgten, hielten sie die Gesellschaft zum größeren Nutzen aller zusammen. Es erfordert Bescheidenheit, Ausdauer und Mut, Arbeiten zu verrichten, die getan werden müssen und die nur wenige tun wollen oder überhaupt tun können.

In den Veden werden diese vier Gruppen als Teile des gesamten sozialen Körpers beschrieben. Die Denker sind der Kopf, die Beschützer die Arme, die Versorger der Bauch und die Dienenden die Beine und Füße. Jede Gruppe wird als unverzichtbar betrachtet, so wie jeder vernünftige Mensch seinen Kopf, seine Arme, seinen Bauch und seine Beine als bewundernswert und unverzichtbar schätzen würde. Das ist das Wesen des ursprünglichen »Kastensystems«: Vier Klassen von Menschen verrichten Arbeiten, die mit ihren innewohnenden Fähigkeiten übereinstimmen. In einer weniger komplexen Welt würde jeweils eine dieser vier Gruppen eindeutig, natürlich und einfach als der spezielle Dharma des betreffenden Menschen angesehen. Jemandes Dharma oder wahre Natur wird *Sva-Dharma* genannt. Heute würden wir von den natürlichen Fähigkeiten eines Menschen sprechen. Dem eigenen Wesen entsprechend zu handeln sorgt für weniger Spannung im Körper der Gesellschaft und führt zu einer besseren Zusammenarbeit mit anderen.

Wir alle können die Qualen nachvollziehen, die dadurch verursacht werden, dass man ein Kind oder einen jungen Erwachsenen zwingt, beispielsweise Rechtsanwalt, Arzt oder Ingenieur zu werden. Insbesondere wenn die Person viel lieber Künstler oder Musiker werden möchte und dies auch mehr ihrem wahren Wesen entspräche. Es ist schmerzlich für einen Künstler, wenn er Rechtsanwalt werden muss oder umgekehrt. Die betreffende Person ist dann nicht mehr im Einklang mit ihrem *Sva-Dharma*, ihrem eigenen wahren Wesen.

Hinter jedem beruflichen Dharma steht eine Reihe von Regeln und Pflichten, die das Verhalten bestimmen, genau wie wir Berufskodizes für moderne Beschäftigungen haben. Die Polizei oder die Armee ist für ihren Verhaltenskodex bekannt; ähnlich ist es auch bei Lehrern, Ärzten, Handwerkern und in anderen Berufen.

Diese intelligente Methode, die berufliche Laufbahn eher nach den tatsächlichen Fähigkeiten als nach der Geburt zu bestimmen, prägte das ursprüngliche vedische Gesellschaftssystem. Die Zuweisung einer Kaste durch Geburt ist eine Pervertierung dieser Suche nach den besten Fähigkeiten eines Menschen. Es ist offensichtlich, dass der Sohn oder die Tochter eines Professors beziehungsweise eines Brahmanen nicht automatisch auch dessen intellektuelle Fähigkeiten hat. Den eigenen, wahren *Sva-Dharma* zu kennen ist einer der großartigsten Schlüssel zu einem erfüllenden, ausgeglichenen und produktiven Leben. Er ermöglicht uns, unserem eigenen Wesen entsprechend zu leben.

BHUMI DHARMA – UNSERE VERANTWORTUNG GEGENÜBER MUTTER ERDE

Aus dharmischer Sicht werden unsere modernen Demokratien größtenteils von nicht gewählten Institutionen als »vom nötigen Kleingeld abhängige Sozialsysteme« betrieben. Das ist kein Kastensystem, sondern ein Cash-System. Diejenigen, die das Geld haben, sind die neuen Royals der westlichen Welt: unabhängig vom Dharma oder dem Mangel daran; unabhängig davon, wie man an sein Geld gekommen ist; und unabhängig davon, wer dabei Schaden genommen hat oder was dabei zerstört wurde.

Wir haben noch keinen modernen, globalen Dharma gefunden, der sicherstellt, dass unsere körperschaftlichen Aktionen zum optimalen Nutzen der meisten Menschen sind. Das hat sicherlich nichts mit Sozialismus zu tun. Es bedeutet vielmehr, Mitgefühl zu entwickeln und die Möglichkeit zu schaffen, visionäre Denker in Führungspositionen zu haben – Menschen, die ihren *Sva-Dharma* ebenso verstehen wie unseren kollektiven *Bhumi-Dharma*, unsere Verantwortung gegenüber Mutter Erde. Das kann nur in einer Kultur geschehen, in der jeder Beruf einen wahren Ehren- und Verhaltenskodex hat, der nicht mit Geld korrumpiert werden kann. Wir sitzen alle im selben Boot. Wir sind alle Kinder, die von den selbstlosen Geschenken der Allmutter leben.

Wir müssen die Wahrheit der Bäume wiedererlangen, denn sie ist der wahre Reichtum. Heute ist Geld längst kein Schuldschein mehr, der für einen wahren Wert steht, sondern ein weitgehend degradiertes Versprechen – die große Lüge, die behauptet, wenn das *Unobtanium* erst gefunden und zutage gefördert sei, werde alles gut.

Wir brauchen weniger Kastendenken, weniger Klirren und Säbelrasseln, weniger Klassendenken, weniger Geldkraft und mehr Dharma. Wir brauchen Bhumi-Dharma, sprich Millionen von Atmans, welche die unendliche Großzügigkeit von Mutter Erde erkennen ebenso wie die Göttlichkeit in jedem Einzelnen von uns, die wir zusammenarbeiten, um das Netz der Natur neu zu weben. Wir brauchen eine neue Art von Vorgesetzten. Wir brauchen einen »Obersten Bewusstseinsbeauftragten«, der das Verhältnis eines jeden Unternehmens zu allen Aspekten der Gesellschaft ebenso überwacht wie seine Beziehung zu der großzügigen, unauslöschlichen Liebe von Mutter Natur. Denn sie trägt uns alle und stellt so sicher, dass in der Brust des Unternehmenskriegers ein Herz schlägt. Das ist die Hoffnung in der Büchse der Pandora. Das ist die Lehre der Avatare. Wir müssen sie in uns selbst erkennen. Wir müssen sie tief in unserem Innern sein. Wir müssen sie im jeweils anderen sehen.

Kapitel 7

ZWEIMALGEBORENE UND DIE RITEN DES ÜBERGANGS

*NAMASTE. Ich sehe dich auf einer
großen Reise, und in dir trägst du
die Weisheit und Kreativität aller Orte
und Kulturen und vieler Lebenszeiten
des Lernens. Du bist ein mutiger
Reisender, der immer wieder aufsteht,
um sich der nächsten Herausforderung
zu stellen, die das Leben ihm bietet.*

MITTEN IN EINER geschäftigen, oft verrückten und sogar gewalttätigen Welt eine Namaste-Sicht aufrechtzuerhalten, erfordert ständige Übung. Es ist schwer genug, einen Freund oder geliebten Menschen auf diese Weise zu sehen. Und noch viel schwerer ist es, den Atman in jemandem zu sehen, der gegen einen ist oder einem schaden will. Alle Wesen als Atman zu sehen, bedeutet indes keinesfalls, der Passivität anheimzufallen oder die Verteidigungsmechanismen zu ignorieren, die nötig sind, wenn man gegen jene angehen will, die einem selbst und anderen Schaden zufügen. Die Tatsache, dass alle Wesen auf diesem Campus Atmans sind, entschuldigt ihre unwissenden oder destruktiven Handlungen nicht. Der Klassentyrann – in jeder Ausprägung – braucht immer jemanden, der ihm Paroli bietet.

Wir erleben täglich, dass die meisten Menschen ihr göttliches Wesen vergessen. Hier wie an jeder anderen Universität arbeiten nur wenige auf ihre Doktorprüfung hin. Das würde nämlich bedeuten, alle Menschen als göttlich anzusehen. Die meisten Studenten sind jedoch in den unteren Semestern und längst noch nicht bereit, jeden als irgendwie göttlich wahrzunehmen. Der übliche Namaste-Gruß in Indien macht deutlich, dass zumindest der Versuch, den Atman in jedem zu sehen, eine Art nationaler Zeitvertreib ist. Wenn wir uns dieser Dimension nicht bewusst werden, wird selbst eine solche Geste zum leeren Ritual und bedeutet einfach nur »Hallo«.

Weil der Atman im Laufe vieler Leben von Körper zu Körper wandert, bekommen wir bei jeder Geburt das gesammelte Wissen aus früheren Leben mit. Wir bekommen aber auch eine Aufzeichnung darüber mit, welche karmischen Verpflichtungen sich gegenüber anderen ergeben. Sie resultieren für uns aus den Taten und Vereinbarungen jener früheren Leben.

DIE KÖRPERENERGIE TRÄUMEN

Den Veden zufolge haben alle menschlichen Wesen drei Körper: einer ist Atman, der spirituelle Körper oder das wahre Selbst, dessen Bewusstsein die nächsten beiden Körper antreibt. Wie eine Nuss, umgeben von Haut und Schale, bildet dieser spirituelle Körper den Kern eines jeden Wesens. Der zweite Körper, die Haut um die Nuss, heißt feinstofflicher Körper oder Mentalkörper. Er wird auch als Traumkörper bezeichnet. Wenn wir nachts träumen oder sogar, wenn wir tagträumen, sind wir außerhalb unseres physischen Körpers in diesem Traumkörper unterwegs. Die dichteste und offensichtlichste Hülle ist unser dritter Körper, der physische. Wie die Kleidung, die wir an- und ausziehen können, ist unser dichter physischer Körper am weitesten von unserem wahren Selbst entfernt. Und das ist eine der wichtigsten Lehren der Avatare: Wir sind nicht unser physischer Körper und auch nicht unser Traumkörper.

Träumen ist eine Art außerkörperliche Erfahrung, bei der wir etwas sehen und fühlen, was im Moment ebenso real zu sein scheint wie ein körperliches Erlebnis. Einen Film zu sehen ist eine Variante des Traumkörper-Erlebnisses. Bevor Filme und die Videotechnologie entstanden, gab es die Veden und ähnliche Geschichten in anderen Kulturen, mit denen uns die Ältesten Visionen unseres wahren Kerns zeigten. Lieder mit Worten und Musik haben eine ähnliche Wirkung. Sie projizieren Visionen auf den Bildschirm unseres Geistes und stimmen uns damit auf ein fernes Erlebnis ein. Diese auditiven und visuellen Technologien wurden von den Ältesten der indigenen Kulturen seit Anbeginn der Zeit genutzt, um bestimmte Bilder in die jungen Köpfe einzuprägen und so bestimmte Inhalte zu vermitteln.

Der Film *Avatar* beteiligt sich an diesem Gespräch über außerkörperliche Erfahrungen. Er erforscht ebenso philosophisch wie die Veden, wie wir auf unserer Entdeckungsreise zu der Person, die wir wirklich sind – und die wir nicht sind –, von einem Körper zum anderen wandern. Aus dieser Perspektive gibt es so etwas wie Tod nicht. Die Avatare lehren uns immer wieder: Sterben ist nur ein Häutungsprozess wie das Wechseln eines Hemdes oder als schauten Sie zu, wie Ihr Auto abgewrackt wird. Wir können diesen Wandel sogar in unserem eigenen Leben beobachten, wenn wir vom Baby zum Kind, später Erwachsenen bis schließlich zum Greis werden. Es ist eine Zeit, in der in unseren feinstofflichen Körpern etwas stirbt, und das tragen wir dann zu dem Ort, an dem unsere nächsten Körper entstehen als Ergebnis unserer früheren Taten und Sehnsüchte. Wir werden immer wieder neu geboren, in immer neuen Fahrzeugen, die wir mit unseren früheren Taten »erworben« haben.

Anders ausgedrückt: Wenn ein Baby geboren wird, ist sein frischer, neuer Körper nach außen hin sozusagen eine leere CD, die nur darauf wartet, mit neuen Eindrücken bespielt zu werden. Doch im Innern, im feinstofflichen Körper des Babys, sind Unmengen von Wissen und Erfahrung gespeichert, die es aus Hunderten von früheren Leben mitgebracht hat. Wir wissen nie wirklich, wer das neu angekommene Baby in einem früheren Leben war: ein König oder eine Königin, ein Heiliger, die eigene Mutter oder der Vater, ein Feind oder ein völlig Fremder – vielleicht ein Wunderkind.

In Kulturen, in denen diese Kontinuität von Geburt zu Geburt selbstverständlich ist, führen die Ältesten bewusstseinserweckende Rituale für den neu angekommenen Atman durch, welche die Entwicklung seines Wesens bis zur Reife begleiten sollen. Bis zum heutigen Tag kennen die Ältesten Indiens die sechzehn *Samskaras*, die »Verfeinerungen«, »Perfektionierungen« oder Übergangsriten, von denen es mehrere speziell für Kinder gibt. Selbst wenn man nicht ganz so deutlich erkennt, dass der Atman ein transzendentales Wesen ist, veranlasst die organische, zyklische Sicht des Lebens alle indigenen Völker, das sich entwickelnde menschliche Wesen mit besonderen und der jeweiligen Entwicklungsstufe angemessenen Übergangsriten zu stärken und ihm eine entsprechende Orientierung zu geben. Die Ähnlichkeit mit Pflanzen und Bäumen ist deutlich. Gärtner wissen, dass die Pflanze in allen Stadien, vom Setzling bis zur Reife, von bestimmten Handlungen profitiert, die ihr helfen, ihr volles Potenzial zu erreichen. Alle diese Lehren gehören zum Dharma eines Ältesten oder eines Elternteils. Und selbst wenn sie das Konzept des Atman überhaupt nicht in Erwägung ziehen oder akzeptieren, werden bewusste Eltern mit guten Instinkten einsehen, dass es wichtig ist, die Entwicklungsstadien eines Kindes vom Baby bis zum jungen Erwachsenen entsprechend zu würdigen. Vor vielen Tausend Jahren warnten die Avatare vor einer Zersplitterung der Gesellschaft, wenn unsere Dharmas nicht aufrechterhalten und für die Kinder nicht gesorgt werde. Keine entwickelte indigene Person konnte mit Menschen, die Kinder haben, in Beziehung treten, ohne sich aktiv an ihrem Großziehen zu beteiligen.

In *Avatar* konstruiert James Cameron sehr kraftvoll die Transformation von Jake Sulley, im Film zunächst ein »leerer Jarhead (Marinesoldat, wörtlich: »Krugkopf«) ohne jedes Wissen, aber mit einem guten Gehirn«. Er ist querschnittsgelähmt, und der Funktionsverlust seiner Beine ist ganz klar eine Metapher für Menschen, die allmählich die Verbindung zu Mutter Erde verlieren. Er hat seine »Beine« verloren, so die Vermutung, als er dafür kämpfte, dass natürliche Ressourcen im Interesse des Staates oder großer Firmen abgebaut werden konnten – aber seine eigene Kultur konnte ihm seine Beine nicht zurückgeben. Sein Zwillingsbruder, ein Doktor der Philosophie, war wegen eines »kleinen Stück Papiers« getötet worden, und so fand sich Jake schließlich auf einer sechsjährigen Reise durch den Weltraum wieder, weil »es nichts Besseres gab, was er mit seinem sinnlosen Leben hätte anfangen können«. Im Zen-Buddhismus gibt es die berühmte Geschichte des Professors, der einen Zen-Meister besucht. Der Meister kocht Tee und schüttet diesen dann so lange in die Tasse, bis sie voll ist und der Tee überfließt. Der Tee fließt in die Untertasse und von dort über den ganzen Tisch. Da schreit der Professor: »Sehen Sie denn nicht, dass die Tasse voll ist?« Und der Meister antwortet: »Ja, das sehe ich, und wenn Sie sie nicht leeren, kann ich Ihnen nichts beibringen.«

DAS WAHRE SELBST ZUR WELT BRINGEN

Die von uns, die Gurus besucht haben oder es mit entsprechenden Respektspersonen aus Indien oder anderen alten Übertragungslinien zu tun hatten, kennen diesen Moment sehr gut. Aus persönlicher Erfahrung kann ich Ihnen sagen, dass mich meine Erziehung ohne jeden Übergangsritus zu einem »leeren Jarhead ohne jedes Wissen, aber mit einem guten Gehirn« gemacht hat. Kombiniert mit dem ehrlichen Wunsch zu lernen, wurde ich zu einem idealen Kandidaten für eine »neue Geburt«. Das Sanskrit-Wort für »neu geboren« oder »zum zweiten Mal geboren« ist *Dvija*. *Dvi* bedeutet »andere« oder »zweite«, und *ja* heißt »Geburt« und kommt von *jan*, geboren werden. *Jan* wiederum ist mit der lateinischen Wurzel *gen* verwandt, die zum Beispiel in dem Wort *Genetik* vorkommt. Trotz guter Absichten haben Eltern oft beschränkte Ansichten über pränatale Vorsorge, natürliche Geburt, das Stillen, die Wirkung homogenisierter Flaschenmilch und behandelter fester Nahrung. Außerdem sind sie sich nicht darüber bewusst, was für einen bestimmten Körpertyp am besten ist. Viele Lehrpläne sind nicht auf die Schüler abgestimmt, und das sexuelle Erwachen geschieht mehr oder weniger planlos und ohne jeden Hinweis auf die männlichen und weiblichen Gottheiten. Es wird oft kaum oder gar nicht auf die Ehe vorbereitet. Wir lernen wenig oder gar nichts über Kinderpflege und Kindererziehung und schließlich, im Moment am wichtigsten für alle: über den Tod. Da sehen wir vor allem Verwirrung, Drama und Angst.

In *Avatar* denken die Na'vi über Jake Sully, er sei »wie ein Kind, ein Schwachkopf ohne gesunden Menschenverstand«. Doch durch seine Bereitschaft, auf inbrünstige Weise zuzuhören – soweit dies in dem Film gezeigt werden kann – wird Jake in ein respektables Mitglied ihrer Kultur verwandelt und befähigt »zu sprechen«.

Die Ältesten Indiens erklären diesen Prozess der Neugeburt auf ähnliche Weise. Denken Sie sich die Materie um uns herum als eine Matrix des materiellen Lebens. Diese gesamte Matrix ist der Körper der Großen Mutter. Sie ist sich jedes materiellen Teils der Natur bewusst. Im Gegensatz dazu erfüllt das Bewusstsein kleinerer Wesen, etwa unseres, nur den eigenen Körper und Geist. Aus diesem Grund kann uns die unbewusste, träge Materie vollkommen einwickeln und vergessen lassen, wer wir wirklich sind.

Das Sanskrit-Wort für Materie ist *Gu*, dem englischen Wort *goo* (»Schmiere, Glibber«) erstaunlich ähnlich: eine klebrige Substanz, in der man stecken bleiben kann. Wenn wir geboren werden, sind wir von dieser Schmiere – »Käseschmiere« heißt sie bei Neugeborenen – bedeckt. Uns ist nicht bewusst, wer wir sind: Atman, der vollständig eintaucht in die Körperlichkeit der physischen Entwicklung. Das ist natürlich und unvermeidbar. Ich habe einmal ein T-Shirt für Babys gesehen mit der Aufschrift: »Ich pinkle, ich pupse, ich trinke meine Milch. Das mache ich, weil ich ein Baby bin.« Den Veden zufolge waren wir alle schon viele Male hier. In diesem physischen Stadium der Evolution sind wir alle von etwas umschlossen, das im Sanskrit *Ahamkara* heißt, die Egoschale oder das Ich-Bewusstsein. Ahamkara bedeutet: »Ich bin Materie. Ich bin die Schmiere.« Kurzum, wir haben völlig vergessen, wer wir sind. In unserer frühen Entwicklungsphase fungiert dieses Ich-Bewusstsein als Schutzhülle. Interessanterweise bedeutet das Wort *dvija* – zweimal geboren – auch »aus dem Ei geboren« wie ein Vogel, der tatsächlich zweimal geboren ist: das erste Mal mit einer Schale und das zweite Mal, wenn er diese Schale, das Ego, durchbricht und so sein wahres Selbst zur Welt bringt. Nach den Lehren der Avatare schützt dieser Prozess, als Atman wiedergeboren zu werden, gegen die Gefahren des exzessiven Egokonflikts in der Gesellschaft.

Das Stadium in der Egoschale ähnelt dem Radfahrtraining mit Stützrädern. Die Schale beschützt uns zwar, verhindert aber auch, dass wir die Dinge so sehen und hören, wie sie wirklich sind. Und genau wie die Stützräder muss auch die Schale in einem bestimmten Alter weg, aber sie verschwindet nicht von allein. Das Problem mit einer größtenteils IQ-orientierten Erziehung ist, dass sie das mentale Ego so weit verstärken und verdicken kann, dass es irgendwann so undurchdringlich ist wie die physische Egoschale. Dann sind da zwei harte Schalen, die einen schlafenden Atman verdecken. Die Avatar-Lehren würden sagen, dass Naturwissenschaftler oft von dieser Egoschale eingeschränkt werden, die sie veranlasst, ihre geistige Brillanz einzusetzen, um Mutter Natur zu dominieren, statt mit ihr zu kooperieren. In Jakes Fall war die Tatsache, dass er keine IQ-orientierte Erziehung genossen hatte, ein Vorteil für seine indigene Wiedergeburt.

ERWACHSENENBILDUNG

Bevor Indien kolonialisiert wurde, war sein ursprüngliches Bildungssystem noch intakt. Durch eine Vielzahl von uralten Meditationen und ein angeleitetes Studienprogramm lernten die Studenten nach und nach ihr wahres Wesen, Atman, kennen. Mitsamt entsprechenden Übergangsriten gehörte diese Praxis zum indischen Alltagsleben. Die Schulen wurden in der Regel von einem Ehepaar geleitet. Sie hießen *Gurukulas*, und die individuelle Intelligenz (IQ) wurde dort ebenso gefördert wie die Wir-Intelligenz und das Lernen über das Dritte Auge. All das gipfelte in der Vermittlung der notwendigen Fähigkeiten für den Beruf, der am besten zum Wesen des jeweiligen Individuums passte. Das Wort *Guru* in *Gurukula* wird aus nahe liegenden Gründen oft fälschlicherweise mit einem charismatischen Sektenführer in fließenden Gewändern in Verbindung gebracht, der Kontrolle über seine Jünger ausübt. Es gibt ein paar von der Sorte, aber eigentlich setzt sich *Guru* aus *Gu* (»Materie«) und *ru* (»Beseitiger«) zusammen. Ein Guru ist also ein weiser Ältester, der uns hilft, ein Nur-Ego-Konzept des Selbst, wie etwa das materielle Geist-Körper-Konzept, durch eine umfassendere Auffassung von uns zu ersetzen. Er begleitet uns zu der Erkenntnis, dass wir alle ewige Atmans sind, die sich in einem großen universalen Prozess entwickeln. Jemand, der dies mithilfe eines Gurus erkennt oder von ihm entsprechend initiiert wurde, wird als Zweimalgeborener betrachtet. Dieser Prozess hilft dem Eingeweihten, alle lebenden Wesen als Mitstudenten zu sehen (Namaste), als göttliche Besucher aus dem transzendentalen Bereich, die hier sind, um zu lernen, indem sie Erfahrungen sammeln. Bis sie schließlich ihren Abschluss machen. Mit dieser Lehre ist die Erkenntnis verbunden, dass der Schutz und die Erhaltung von Mata Bhumi, Mutter Erde, bei allem, was wir tun, bedacht werden muss.

Wenn wir dieses subtile Verständnis unserer wahren Natur wirklich erlangt haben, wird unser Dharma, unsere Wahrheit, auf drei Arten ausgelebt. Sie erweisen sich als die Schlüsselthemen des menschlichen Lebens.

Da ist zunächst, wie bereits erwähnt, Bhumi-Dharma oder die Frage: »Was schulde ich der Erde?« Weil wir hier sind, Raum einnehmen, lernen und die Ressourcen des Campus nutzen, sind wir nach den Avatar-Lehren unserer Mutter gegenüber verpflichtet, ihren Körper so perfekt wie möglich wiederherzustellen und zu erhalten, und zwar für all ihre anderen Atmans. Wir alle schulden Mutter Erde so viel Respekt, dass wir zumindest unseren eigenen Dreck wegräumen, bevor wir wieder gehen. Hier geht es einfach nur darum, respektvoll zu Vater und Mutter Natur zu sein. Immerhin ernähren sie uns, kleiden uns und geben uns alle Ressourcen, die wir brauchen. Unsere Dankbarkeit ist das Mindeste, was wir ihr zeigen können, indem wir wieder instand setzen, was wir benutzt haben.

Der zweite Dharma ist Sva-Dharma oder die Frage: »Wie kann ich mir selbst gegenüber ehrlich sein, solange ich in diesem Körper bin?« Dazu müssen wir die Natur der Körper-Geist-Einheit verstehen, die wir in diesem Leben erlangt haben, und entsprechend handeln. Soweit als möglich sollten wir versuchen, einen Beruf zu finden, der zu unserem physischen und mentalen Wesen passt. Das wird uns körperlich und geistig glücklich machen. Wir sollten nicht zulassen, dass uns das »Kastensystem« oder die »Geldkraft« in den falschen Beruf zwingen. Wir haben das Recht, uns nicht ein Leben lang abmühen zu müssen, wirklich wir selbst zu sein. Das schulden wir unserem spirituellen Forschritt und unserer körperlichen wie geistigen Gesundheit.

Die dritte und letzte Dharma-Frage lautet: »Wer bin ich in Ewigkeit, und wie rette ich meine transzendentale Natur, selbst mitten in dem Stress und im Chaos des materiellen Lebens?« Transzendental, Sie erinnern sich, bedeutet: der Teil von mir, der nicht von hier ist, der ich aber wirklich bin, und zwar für die Ewigkeit und nicht nur für dieses Leben. In diesem Dharma bin ich kein Mensch, der ein spirituelles Erlebnis hat, sondern ein Atman, der ein materielles Erlebnis hat. Sich seines Atman zu vergegenwärtigen heißt im Sanskrit *Sanatana-Dharma* oder auch »sich an seine wahre transzendentale, ewige Natur erinnern«. Durch die hilfreichen Riten unseres Übergangs von einem Lebensstadium zum nächsten und durch das Erwachen, das bei unserer zweiten Geburt stattfindet, können wir besser mit Mutter Erde zusammenarbeiten. Wir sind dann in der Lage, unser wahres Selbst in unserem Körper zu sein und uns stets an unsere ewige Natur und unser höchstes Ziel auf diesem Planeten zu erinnern.

Eine Kultur mit einem System von Übergangsriten für ein Leben von der Wiege bis zur Bahre setzt ihre weisen Ältesten ein, damit dieses System integriert bleibt. Wir sind organische Wesen, deren endliche Erfahrung des Lebens sich in aufeinanderfolgenden Stadien entfaltet. Wenn wir wissen, wie wir harmonisch mit den zyklischen Veränderungen unseres Lebens arbeiten können, zeigt das zugleich an, dass wir auf Mutter Natur und die Devas hören.

Mit dem Fehlen von Übergangsriten und Ritualen rund um die zweite Geburt riskieren wir eine Gesellschaft, welche die Bedeutung ihres gegenwärtigen Entwicklungsstands nicht kennt. Indem wir die Riten der Übergänge ignorieren, vertreten wir eine Kultur der »ewigen Jugend«, statt die natürlichen Entwicklungsstadien des Lebens zu feiern. Es stimmt zwar, dass der Atman ewig jung ist, aber es ist ebenso wahr, alle Entwicklungsstadien des Lebens gleichwertig zu ehren, während wir in einem physischen Körper leben.

Kapitel 8

AHNEN UND ÄLTESTE

*NAMASTE. Ich sehe, wie du ein weiser
Ältester wirst, der alte Geschichten
erzählt, geduldig die Wahrheit spricht
und die Kinder auf Visionssuche führt.
Menschen wie du sind die Wurzeln
unseres Baumes. In deinen sanften
Augen leuchtet das Licht der Inspiration
und berührt die nächste Generation.*

HÄTTE ISAAC NEWTON vor ein paar Hundert Jahren über
einige unserer Produkte zur drahtlosen Kommunikation –
Handys, Internet, selbst das Fernsehen – geschrieben, hätte
man ihn für einen abergläubischen Narren gehalten. Für einen, der mit fragwürdigem Wissen darüber, wie die Welt
wirklich funktioniert, hausieren geht. Heute sind solche
drahtlosen Geräte allgegenwärtig. Bemerkenswerterweise
können Maschinen, die noch nicht einmal Westentaschen-
format haben, in Nullkommanichts Texte, Ton, Bilder und
sogar Filme herunterladen und anzeigen. Auf geniale Weise
haben die IQ-Wissenschaftler demonstriert, was WIQ-Den-
ker schon immer wussten: Das Universum, alles, was Mutter
Natur und darüber hinaus ausmacht, kann grundsätzlich immer drahtlose Signale aussenden und empfangen. Menschen,
Vögel, Pflanzen und Tiere können es – und ich denke mal,
Wissenschaftler auch. Und wenn unsere Wissenschaftler es
können, warum sollte die Höchste Intelligenz nicht dazu in

der Lage sein? Tatsächlich haben Wissenschaftler dies herausgefunden, weil es das Wesen der Intelligenz ist.

FERNGESPRÄCHE FÜHREN

So, wie unser Planet gegenwärtig von unzähligen Kanälen und Frequenzen umgeben ist, die Megamengen von Informationen transportieren, führt auch das Universum seine Geschäfte mit den Mitteln der drahtlosen Kommunikation. Unsere Ururahnen erkannten, dass Menschen einen eingebauten Sender-Empfänger-Mechanismus haben, der nur aktiviert werden muss. So, wie wir jetzt Handys haben, sind unsere eigenen Zellen auch so etwas wie ein Telefon. Auch wir können zahllose Arten von Signalen und Übermittlungen senden und empfangen. So, wie Menschen das Internet als schwingenden Träger einer kulturspezifischen Kommunikation entwickelt haben, hatte die Natur immer ein »inneres Netz«, aus dem Menschen lernen konnten, indem sie buchstäblich »Downloads« empfingen. Die »Technologie«, die es braucht, um eine Verbindung mit diesem Netz herzustellen, heißt *Yoga* – die Kunst und Wissenschaft, sich »drahtlos« mit einer anderen Realität zu verbinden. Eine Verbindung, die letztlich in unserer ursprünglichen Quelle gipfelt.

Die Ältesten, die ihr Leben lang »angeschlossen« waren, liefern die technische Unterstützung und die Festplatte oder Speicherkarte für das lebende Wissen einer Kultur. Den Avataren zufolge sind die auf der Festplatte gespeicherten Worte jedoch kein Ersatz für ihre direkte Übermittlung durch ein erleuchtetes menschliches Wesen. In der Kabbala, der mystischen Tradition des Judentums, werden die hebräischen Texte ohne Vokale geschrieben, nur mit Konsonanten. Damit der Schüler die Worte richtig aussprechen lernt, werden sie ihm von einem Ältesten ins Ohr geflüstert. Ein kabbalistischer Spruch lautet: »In der Thora gibt es zwei Arten von Buchstaben, die weißen und die schwarzen. Man erkennt die schwarzen Buchstaben jedoch nicht, bevor man die weißen gesehen hat.« Traditionell haben alte Kulturen ihr Wissen absichtlich von besonders ausgebildeten Ältesten übermitteln lassen. Wenn die Wahrheit durch sie hindurchfließt, fungieren sie sozusagen als die Wurzeln des Heimatbaums und des Ahnenbaums.

GESUCHT: WEISE ÄLTESTE

Unter dem Eindruck massiver Veränderungen und als Nebenprodukt einer sich exponenziell entwickelnden Technologie hat unsere moderne Welt keine heiligen Übergangsriten mehr und auch nichts, was einem Prozess namens »zweite Geburt« vergleichbar wäre. Elektrizität und elektrisches Licht, unbestreitbar großartige Entdeckungen, haben gleichwohl unsere Verbindung mit den natürlichen Zyklen des Lebens verzerrt – die Zyklen der Tage, der Wochen, der Jahre und den Zyklus vom Beginn bis zum Ende unseres Lebens. Wie viele Menschen wissen heute noch, in welcher Mondphase sie sich an einem bestimmten Tag befinden? Das Fernsehen hat die Ahnenfeuer ersetzt. Was dort gesendet wird, soll kommerzielle Sehnsüchte wecken und nicht die universale Weisheit verbreiten. Von Kindheit an werden wir regelrecht zu Konsumenten erzogen. Es heißt, dass der durchschnittliche Nordamerikaner, bis er sechzig Jahre alt ist, fünfzehn Jahre lang ferngesehen hat und dabei Hunderte, ja Tausende von Werbespots angeschaut hat. Ich bin sicher, dass dies eine weltweite Statistik werden wird. So, wie sich auf unseren ständig größer werdenden Mülldeponien noch mehr unnötige Wegwerfprodukte ansammeln, die einst so lebensnotwendig schienen, werden unsere Ältesten ins Altersheim verfrachtet. Dort können sie das Ende ihre Tage abwarten.

Aber gibt es überhaupt weise Älteste? Ein griechisches Sprichwort sagt: »Graues Haar steht nicht für Weisheit, sondern einfach für Alter.« Und wenn die Alten nicht weise sind, sondern einfach nur antiquiert und keine nützlichen Konsumenten mehr, welchen Zweck erfüllen sie dann auf einem jugendorientierten Planeten, wo Popkultur und Wegwerfmentalität die Welt regieren? Sind die Alten die neuen Parias der »Geld ist Macht«-Gesellschaft? Was, wenn die technologische Medizin irgendwann in der Lage sein wird, die durchschnittliche Lebensdauer auf hundert Jahre hochzutreiben, während die Welt uns nach sechzig oder sogar fünfzig bereits für überflüssig hält? Die Kombination aus erbarmungslosem Konsumismus und blinder Technologie nimmt in unserem modernen Leben erschreckende Ausmaße an.

Jahrtausendelang war die Großfamilie das soziale Sicherungssystem auf diesem Planeten. Großfamilien waren beispielsweise in der Landwirtschaft unverzichtbar, denn wo viele Hände mit anfassen, wird die Arbeit leichter. Die Eltern haben unsere Windeln gewechselt und für uns gesorgt, bis wir erwachsen waren. Umgekehrt haben wir uns um sie gekümmert, wenn sie alt waren. Gegen Ende ihres Lebens haben wir uns revanchiert und ihre Windeln gewechselt, bis ihre Zeit gekommen war und wir ihnen halfen, ihren Körper auf würdige Weise zu verlassen. Auch dieser Zyklus war offenkundig. Und die Enkel schauten zu und lernten, wie es gemacht wird. Dann, in relativ naher Vergangenheit, entwickelte sich die Kleinfamilie mit nur einem Ernährer. Heute arbeiten aus wirtschaftlichen Gründen und aufgrund der veränderten Möglichkeiten und Normen beide Eltern, und die Kinder werden in den Hort geschickt, während die Alten in Altenheimen untergebracht werden – beschönigende Umschreibungen für »als überflüssig aus dem Weg geräumt«.

Mein Herz schreit, dass wir dringend mehr weise Älteste brauchen und dass wir denen zuhören müssen, die wir haben. Es gibt keine leichte oder auf der Hand liegende Lösung. Aber angesichts der Ausbeutung und des Verfalls, die unsere indigenen Ahnen durch die Konfrontation mit der

»Moderne« erlebt haben, sollten wir wenigstens demütig sein und uns dafür entschuldigen, dass wir sie primitiv genannt haben.

Wir müssen uns unsere Fehler anschauen, unsere Arroganz und unsere Probleme. Wir müssen verstehen, dass äußere Probleme oft unseren Geist widerspiegeln, unsere inneren Welten und den Mangel, der dort herrscht. Wenn es wahr ist, dass eingeborene Kulturen aufgrund eines zu hohen WIQ »primitiv« geblieben sind, dann ist gleichermaßen wahr, dass unsere moderne IQ-Kultur mittlerweile ökologisch und spirituell verwüstet ist. Grund dafür ist ihre Sucht nach einem »Fortschritt«, der nicht das Wohl des Ganzen fördert. Wir brauchen mehr weise Älteste, um den Jahrzehnten, die einem Menschen nach dem freiwilligen oder erzwungenen Ausscheiden aus dem Berufsleben noch bleiben, wieder einen Wert zu geben. Wir benötigen mehr alte Menschen, die von Weisheit und Gerechtigkeit motiviert sind. Die weltweit interkulturell und jenseits aller Ideologien arbeiten, um neue, nachhaltige Möglichkeiten der Koexistenz auf unserem Planeten anzuregen. Wenn sich das beste alte Wissen mit der besten modernen Wissenschaft abstimmte, könnten wir ohne Zweifel einen nachhaltigeren, ganzheitlicheren und erfreulicheren Lebensstil für die meisten Menschen erschaffen.

Was bleibt, ist ein großes Potenzial, und Hoffnungsschimmer gibt es überall. Vielleicht leuchten sie in einem Heim, in dem der Großvater einem Kind den Wert der Zusammenarbeit erklärt oder über den heiligen Charakter des Landes spricht. Vielleicht erinnert er es einfach immer wieder daran, dass das Leben nicht ganz so ist, wie es einem manchmal vorkommt. Kürzlich fand in Vancouver, Kanada, ein Ältestentreffen statt, das von Dr. David Suzuki, der weltweit anerkannten Leitfigur der Nachhaltigkeitsökologie, anberaumt worden war. Das Treffen wollte ergründen, wie die Ältesten auftreten und bei Themen, die für die Nachhaltigkeit dieses Planeten von entscheidender Bedeutung sind, etwas bewirken könnten. Und im Jahr 2004 bildeten dreizehn Großmütter aus Mexiko, Nepal, Brasilien, Tibet, Gabun und den USA das *International Council of Thirteen Indigenous Grandmothers*, also den »Internationalen Rat der dreizehn indigenen Großmütter«. Ihr Ziel ist es, die Lehren ihrer Ahnen zu bewahren, den Gebrauch traditioneller Medikamente zu befürworten und ihre Mutter Erde zu schützen.

Und wer sind Wangari Maathai, die Aktivistin und Baumpflanzerin aus Kenia, der Autor, Bauer und Dichter Wendell Berry und die weltbekannte Umweltaktivistin Vandana Shiva, wenn nicht die Weisesten der Alten?

DANKE DEN STERNEN AM HIMMEL
Eine der Wissenschaften, die mit den Ältesten in Verbindung gebracht werden, war eine Kombination aus Astronomie und Astrologie. Die Ältesten verbrachten ihr Leben lang jede Nacht in Betrachtung des Himmels. Stellen Sie sich vor, welche Wirkung das auf den Geist und die Seele hat: ein Leben lang die Natur zu beobachten, so, wie wir fernsehen. Probieren Sie es aus. Fangen Sie heute damit an. Die alten Wissenschaften Astronomie und Astrologie sind Lichtjahre von jener Astrologie der Zeitungshoroskope entfernt, die uns wenig mehr lehrt, als verzweifelt nach Führung zu suchen. Sie dient vor allem der Unterhaltung und wird verständlicherweise von der Wissenschaft nicht ernst genommen. Die Ältesten hatten die Erkenntnis gewonnen, dass das Wesen der Zeit zyklisch ist und dass, »was geht, auch wiederkommt«. Die Zeit wird nach dem Lauf und der Ordnung der Sterne und Planeten gemessen, zu denen auch die Erde gehört. Den Himmel beobachteten die Ältesten so lange, bis er die komplexen mathematischen Zusammenhänge seines inneren Wirkens preisgab. Ihnen wurde klar, dass bestimmte

Ereignisse auf der Erde auf geheimnisvolle Weise mit den Planetenbewegungen zusammenhingen ebenso wie subtile saisonale Veränderungen, von denen beispielsweise die Landwirtschaft abhängig war. Bei anderen Bewegungen stellte sich heraus, dass sie irgendwie mit besonderen menschlichen Ereignissen verknüpft waren. All das gipfelte in der Erkenntnis, dass der Zeitpunkt der Geburt ein Muster aus Ursache und Wirkung enthüllt, das sich mit jeder Seele auf die Reise macht.

Der berühmte Psychologe Carl Gustav Jung drückte es so aus: »Ich bin Wissenschaftler und kann daher nur sagen, dass ich einen Zusammenhang zwischen der Bewegung der Planeten und Sterne und dem Verhalten der Menschen auf der Erde beobachtet habe. Allerdings kann ich Ihnen nicht genau erklären, warum das so ist. Deshalb nenne ich es ›akausale Synchronizität‹.«

Die weisesten Ältesten aller Kulturen sind zu ähnlichen Schlüssen gelangt. Indien zum Beispiel hat eine bemerkenswerte Tradition vedischer Astrologen und Seher. Ihre in den großen Epen beschriebenen Beobachtungen können heute mit Computern verifiziert werden. Sie sind von verblüffender Genauigkeit. Der Wissenschaftler Carl Sagan schreibt in seinem Buch *Cosmos*, wie genau die bemerkenswerten Lehren der vedischen Ältesten mit der Kosmologie der Naturwissenschaft übereinstimmen: »(Es) ist die einzige der großen Weltreligionen, welche die Idee vertritt, dass der Kosmos selbst eine immense, ja sogar unendliche Anzahl von Toden und Geburten durchmacht (...) Seine Zyklen bewegen sich von unserem gewöhnlichen Tag und der dazugehörigen Nacht zu einem Brahma-Tag und einer Brahma-Nacht, die 8,64 Billionen Jahre dauert – das Alter des Universums. Das ist länger, als die Erde oder die Sonne alt sind. Es entspricht etwa der Hälfte der Zeit, die seit dem Urknall vergangen ist. Und es gibt sogar noch längere Zeitskalen.«

Wie konnten sie solche Dinge gewusst haben? Den Veden zufolge stammte dieses Wissen von den Avataren.

In dem Film *Avatar* enthält der Seelenbaum die Stimmen der Ahnen, ihre Geschichten und ihr gesammeltes Wissen. Wenn sich jemand »anschloss« – eine fast körperliche Darstellung des Yoga –, konnte er die Stimmen der Ahnen tatsächlich hören. Die Alten sagen uns, dass dies möglich ist. Unter jenem heiligen Baum vereinigen sich Jake und Neytri, vermischen damit ihre Kulturen und schaffen so ihre Verbindung als Mann und Frau. Zwei Kulturen sind sich begegnet, haben aufeinander gehört, und das Ergebnis ist mehr Weisheit und Verständnis. Die Lehren der Avatare besagen, dass die indigenen Kulturen unserer Ahnen immer noch in uns aktiv sind. Wir teilen diesen Planeten mit ihnen. Wir haben dasselbe genetische Material wie sie. Wir teilen unser Zellgedächtnis mit ihnen. Wir teilen Erwartungen, Hoffnungen und Sehnsüchte mit ihnen.

Die gehörlose und blinde Schriftstellerin Helen Keller, die von den Umständen gezwungen worden war, sich eine großartigere innere Welt zu erschließen, schrieb einmal: »Ich glaube an die Unsterblichkeit der Seele, weil ich meine unsterblichen Sehnsüchte in mir trage.« Auf ähnliche Weise, selbst durch die Feinheiten der Evolution, formt uns der Zustand von Mutter Erde heute, damit wir uns an eine andere Beziehung mit ihr erinnern und diese regelrecht kultivieren. Wie die Europäer einst die Neue Welt »entdeckten«, »entdecken« wir heute unser altes Wissen. Die Zyklen setzen sich fort.

EINSTIMMEN

Die IQ-Kultur schränkt sich durch das Paradigma »sehen ist glauben« selbst ein. Den Alten war es durch genaues Hinhören möglich, Kontakt mit subtilen Wirklichkeiten aufzunehmen, die zwar präsent, aber nicht direkt sichtbar waren. Diese Hörfähigkeiten nehmen bei zweimal geborenen Ältesten noch zu. Während ihre körperlichen Sinne schwinden und ihre Augen allmählich schwächer werden, »sehen« ihre Ohren immer besser. Die Schalen unserer physischen Körper, die uns zunächst von der unsichtbaren Wirklichkeit und der Wahrheit isolieren, lösen sich allmählich auf. Unsere Ältesten dabei zu beobachten, wie sie im Moment ihres Heimgangs ihren Körper verlassen, ist eine notwendige Medizin gegen die menschliche Furcht vor dem Tod und die Trauer, wenn er eingetreten ist. Die letzte Botschaft der Ältesten ist, dass wir nicht sterben – wir ziehen nur um. Es gibt keinen Tod, nur eine andere Form des Lebens.

Doch wer wird den Kindern diese Wahrheit erzählen?

Im nordamerikanischen *Lakota Sioux First Nations*-Stamm gibt es das Sprichwort: »Großeltern und Enkel sind natürliche Freunde, denn sie haben denselben gemeinsamen Feind.« Wenn wir Kinder im Hort und einsame Alte im Altenheim haben, warum bringen wir sie dann nicht zusammen und lassen die Alten tagsüber auf die Kinder aufpassen? Wie wäre es mit einem Hort, in dem die Kinder von Leihopas und Leihomas betreut würden? Oder warum pflanzen Alte und Junge keine Bäume und Blumen, wo immer das möglich ist? Babys und Alte müssen die Verbindung des Lebens vollenden, indem sie sich umarmen.

Die vedischen Geschichten besagen, dass die Avatare hierherkommen, um Mutter Erde gegen die unausgewogenen und destruktiven Handlungen grausamer und selbstsüchtiger Menschen zu verteidigen. Zwangsläufig sind es die Unschuldigen, die Kinder, die Frauen und die Älteren, die unter ihren Ausbeutern am meisten leiden müssen. Der Avatar, der alle Wesen ganz bewusst durchdringt, spürt ihr Leid und schützt sie um jeden Preis. Wir müssen versuchen, wie die Avatare zu sein und es ihnen gleichzutun. Sobald wir uns erlauben, den Schmerz der Unschuldigen zu fühlen, finden wir unsere Kraft, unsere Wahrheit, unseren Dharma. Und fühlen wir diesen Schmerz, beginnen wir, die Stimme der göttlichen Mutter zu hören.

Ein zeitgenössischer und sehr bekannter indischer Guru ist berühmt dafür, seinen reichen Schülern, die sich bei ihm über ihr »leidvolles« persönliches Leben beklagen, den Rat zu erteilen, sich nicht zu beschweren, sondern nach draußen zu gehen und die zu bedienen, die wirklich leiden. Und wenn sie seinem Rat folgen, fühlen sie sich zu ihrer Überraschung gleich viel besser. Wir kreisen die meiste Zeit um uns selbst und schauen nicht, wie wir alle anderen bedienen, beschützen und lieben können. Damit wir zu unserer Stärke finden, jener reinen Kraft der Liebe, der Wahrheit und des Dharma, müssen wir uns selbst erlauben, das Leid der Unschuldigen zu fühlen.

Die großen Epen erzählen oder versuchen uns beizubringen, dass sich, wenn im alten Indien Krieg unvermeidlich war, nur ausgebildete Krieger auf einem eigens dafür hergerichteten Feld versammelten. Die Bauern konnten gleich daneben weiter ihre Felder pflügen und waren in Sicherheit. Die Krieger kämpften gegen ihresgleichen auf dem Schlachtfeld, und eine Seite gewann. Dann gab es möglicherweise einen Wechsel in der Regierung, aber die unschuldigen Zivilisten sollten immer geschützt sein.

Mittlerweile findet überall auf der Welt eine massive Urbanisierung statt. In den letzten zehn Jahren und zum ersten Mal in der Geschichte der Menschheit war die Zahl der Menschen, die in Städten leben, höher als die Zahl der Bewohner ländlicher Gegenden. Nun, nachdem Billionen von wirtschaftlich entrechteten Menschen gezwungen sind, in den ständig expandierenden Slums der Städte zu leben, ohne sanitäre Anlagen, geschweige denn eine echte Chance, werden die horrenden Zahlen der in Kriegen getöteten Zivilisten immer schwieriger zu senken sein.

Die Avatare beschwören uns, gegen soziale Ungerechtigkeit unsere Stimmen zu erheben. Sie bitten uns, das Leid der Schutzlosen zu fühlen und dabei ihren Schutz einzufordern. Das Militär muss die Zivilisten – Frauen, Kinder und Alte – wieder schützen. Den Epen zufolge aßen die großen Könige und Königinnen im alten Indien nichts, bevor nicht alle anderen etwas zu essen bekommen hatten. Diejenigen, die vom Glück begünstigt sind, sollten ihre Weisheit, ihre Kraft und ihre Ressourcen nutzen, um die am meisten Benachteiligten zu schützen.

Unsere weisen Ältesten müssen unseren Enkeln dieselben Dinge beibringen: die Unschuldigen zu schützen; die Umwelt zu schützen; das Heilige zu schützen. Was wir brauchen sind Älteste, die wahr sprechen. Die nicht auf irgendeiner Gehaltsliste stehen und sich nicht von Popularitätswerten, Geld oder den Werbeabsichten irgendeiner Firma beeinflussen lassen. Ihre Enkel, die nächsten sieben Generationen nach ihnen und noch einige darüber hinaus brauchen das. Mit der Weitergabe dieser Weisheit entsteht die reale Möglichkeit, ein wirklich nachhaltiges soziales Netz zu knüpfen.

Kapitel 9

FREIHEIT, INDIVIDUALITÄT UND BEFREIUNG

NAMASTE. Ich sehe, wie du jeden in die ewige Freiheit führst. Du feierst die Unterschiede, die uns zu dem machen, was wir sind. Du schützt die leisen Stimmen, die auch gehört werden möchten. Du weißt, dass der Sinn des Menschseins darin besteht, in Menschen zu investieren, und dass wahre Humanität den Schutz allen Lebens einschließt.

JEMAND HAT EINMAL gesagt, wenn es keine Menschen unter vierundzwanzig gäbe, würde die Wahrheit wohl nie ausgesprochen. Ich finde, dass dieser Satz universell gültig ist, denn junge Menschen haben eine Frische und einen Enthusiasmus, die man nur haben kann, wenn man noch nicht vom Leben gebrochen oder enttäuscht wurde. Die vedische Kultur Indiens sah für Jugendliche in diesem Alter, in dem man noch so offen die Wahrheit sagt, vor, sich mit den weisen Ältesten zu treffen. Jene waren ab fünfundsiebzig als spirituelle Lehrer tätig und verfolgten kein anderes Ziel mehr, als die höchste Wahrheit zu sprechen und die nächste Generation anzuleiten. In einer Kultur, in der solche Ältesten eine junge Zuhörerschaft in ihren Bann ziehen können, sind ihre Stimmen der Wahrheit das lebendige Gegengewicht zu den unvermeidbar parteiischen Stimmen jener, die alles an einem bestimmten, von materiellem Profit motivierten Ergebnis festmachen. Nach dieser alten Tradition steht die unparteiische Wahrheitsverkündung der Ältesten ganz im Dienst des letzten Ziels der kosmischen Universität: der Abschlussprüfung – in Indien als *Moksha* oder Befreiung bekannt.

In der Zwischenzeit geht es an dieser Universität darum, Kurse zu belegen – sprich, Lebenserfahrung zu sammeln – und daraus Wissen zu ziehen. Die Regel, die für alle Studenten gilt, ist Bhumi-Dharma: die Erhaltung des Campus. Welche Kurse belegt werden müssen, ergibt sich aus dem Sva-Dharma, dem besonderen Wesen des eigenen Körper-Geist-Komplexes. Das letzte Ziel all dieser Bemühungen ist es, die Essenz der eigenen ewigen Natur hervorzulocken, also die Vollkommenheit des individuellen Atman oder des wahren Selbst zu erkennen. Das dritte Dharma stellt uns die größte Frage von allen: »Was ist dein wahres Wesen, nachdem du deinen Abschluss (Moksha) an der Universität der materiellen Erfahrungen gemacht hast – und was steht dann für dich an?« Das wird, wie bereits erwähnt, *Sanatana-Dharma* genannt, das eigene wahre Wesen, nicht nur in diesem Körper, sondern in Ewigkeit. Das Gesetz von Moksha besagt, dass der Zweck des Lebens auf dieser Erde darin besteht, die Atmans zu vervollkommnen und sie immer weiter in die Freiheit zu führen, bis zur vollkommenen Befreiung. Dieser Prozess ist auch bekannt als die letztendliche Freiheit, die Befreiung von allen Bindungen, das Gehens ins Jenseits und so weiter. Die Avatare zeigen uns auch viele Wege, die uns in die Freiheit und zur Befreiung führen, während wir noch auf der Erde leben.

In einer Kultur, die von der modernen, materialistischen und produktorientierten Wissenschaft geprägt ist, und in einem Leben, in dem wir uns zunehmend darauf konzentrieren, unsere Beziehung zur Materie zu perfektionieren, scheint der Gedanke an eine Befreiung von der Materie wenig eingängig.

Von Autos bis zu Computern, Fernsehern, Radios, Handys und einer Menge anderer Geräte formen und bestimmen alle möglichen Hilfsmittel unser Leben. Wir geben Trillionen von Dollars aus, um in den Weltraum zu fliegen, ohne jeden wissenschaftlichen Beweis dafür, dass es dort irgendwo einen bewohnbaren Ort gibt, und obwohl wir ganz genau wissen, dass ohnehin nur ein paar Menschen pro Jahr dorthin gelangen können. Wir sollten uns daran erinnern, dass wir nicht jedwede wissenschaftliche Herausforderung annehmen sollten, nur weil wir es können. Sie muss noch lange nicht gut für uns sein. Die Frage lautet: »Besteht der Sinn des Lebens darin, die Materie zu verändern, oder eher darin, uns selbst zu verändern?« Papst Pius XI. bemerkte einmal: »Tote Materie geht in die Fabrik und kommt veredelt heraus. Menschen gehen in die Fabrik und kommen entwürdigt heraus.«

Bleibt zu fragen: Was hat die Wissenschaft hinsichtlich des Ziels aller lebenden Wesen, einschließlich der Menschen, anzubieten? Wer sind wir wirklich, und was ist unser letztes evolutionäres Ziel? Was hilft uns, dieses Ziel zu erreichen? Was hindert uns daran? Wer gibt letztlich bestimmten Firmen oder bedarfsorientierten Wissenschaftlern oder überhaupt jemandem die Erlaubnis, Mutter Natur auf so drastische und manchmal gefährliche Weise zu verändern? Diese Fragen werden allerdings selten gestellt.

Wie ist es also? Sind wir hier, um die Materie zu veredeln, oder sind wir hier, um uns selbst zu veredeln? Die Lehren der Avatare sagen uns seit Tausenden von Jahren, dass wir, um eines von beiden veredeln zu können, beide verstehen müssen. Doch am Ende sind wir nicht hier, um die Materie zu veredeln. Wir sind hier, um unsere wahre Natur zu verstehen. Zu verstehen, dass sie ewig, transzendental, freudvoll und immer zum Wohle aller ist.

WIE FREI IST FREI?

Stellen Sie sich diese beiden Szenen vor: Eine voll besetzte Boing 747 mitten in der Luft. Ein Passagier in Ihrer Nähe trägt Kopfhörer und schaut sich auf seinem eigenen Bildschirm einen Film an, den Sie nicht mögen. Sollten Sie seinen Laptop konfiszieren, ihn töten, kolonisieren, seinen Sitz beanspruchen, ihn anschreien oder sich um Ihre eigenen Angelegenheiten kümmern und sich einen Film anschauen, den Sie mögen?

Szene zwei: Sie sitzen im selben Flugzeug in 13 000 Meter Höhe. Ein Passagier packt einen kleinen Grill aus, füllt ihn mit Holzkohle, spritzt flüssigen Anzünder darüber und zieht eine Schachtel Streichhölzer aus der Tasche. Sollten Sie ihn fragen, was er zu grillen gedenkt, ihn so schnell wie möglich zu Boden werfen, weil er das Leben aller riskiert, oder ihn tun lassen, was er will, weil er ja für seinen Sitzplatz bezahlt hat?

Die übergeordneten Fragen lauten: Dürfen wir Menschen einfach angreifen, weil uns nicht gefällt, was sie tun? Oder müssen wir sie in Ruhe lassen, weil sie frei sind zu tun, was sie wollen, solange sie anderen damit keinen Schaden zufügen?

Das ist ein Paradox: Wahre Freiheit ist beschränkt. Wahre Freiheit muss definiert werden und ist mit Verantwortung gepaart.

Was also ist Freiheit? Was heißt es, frei zu sein? Welchen Beschränkungen unterliegt die Freiheit? Warum soll die Freiheit überhaupt beschränkt werden? Was an der Freiheit ist grenzenlos? Alles?

Aus Sicht der Avatare sind wir, bis wir das Wesen der Freiheit für uns selbst ergründet haben, dazu verurteilt, von der innewohnenden Entropie der natürlichen Welt und den Launen der Wesen, die hier leben, mitgeschleift zu werden. Wie also finden wir heraus, wer wir sind, was wir wollen und was das Wesen der Freiheit ist?

Die Antwort auf diese Frage hat etwas mit unserem freien Willen zu tun, aber die Avatare wählen den größtmöglichen Blickwinkel mit einigen Regeln, die zum Nachdenken anregen. Der Campus, auf dem wir leben – die Stadt des Universums – wurde mit einer bestimmten Absicht geschaffen. Er wird nicht von einer grausamen, tyrannischen Gottheit regiert. Weil wir ewig sind, müssen wir nicht in einer Lebenszeit alles richtig machen. Es gibt keine ewige Verdammnis. Wir sind weder schlecht noch böse geboren. Alle lebenden Wesen sind Schüler oder Studenten, die dasselbe Recht haben, hier zu sein. Bewusst oder unbewusst betrachten wir diese Welt im Hinblick auf die Zeit nach dem Abschlussexamen. Dann gehen wir in einen Zustand der letztendlichen Freiheit, der Freude und der höchsten Bewusstheit über. Während wir uns hier aufhalten, sollten wir uns so frei wie möglich bewegen können, solange wir dieses Vorrecht nicht missbrauchen und dem Campus Schaden zufügen. Wir sollten frei sein, auf jede Art, die uns gefällt, zu denken, zu sprechen und zu meditieren. Die Natur und ihre erneuerbaren Ressourcen sind selbstverständliche Geschenke und nicht das Eigentum irgendeines Menschen. Dieser Campus ist in Wirklichkeit der Körper von Mutter Natur und gehört nicht irgendeiner Gruppe von Studenten. Die Devas oder Naturgesetze sind auch Atmans, die als Personal oder göttliche Helfer fungieren, um den Campus zu unterstützen. Daraus folgt, dass Luft, Wasser, ein Ort zum Leben sowie der Zugang zu den heilenden Quellen der Kräutermedizin und der im Wald wachsenden Nahrung zu den Grundrechten aller Wesen auf diesem Campus gehören. Jene, denen es, warum auch immer, materiell gut geht, sind verpflichtet, für alle Lebewesen den Zugang zu nicht verseuchten Nahrungsmitteln, Wasser, Heilmitteln und Unterkünften zu suchen, zu finden und allen zu bieten. Sobald man Campus-Ressourcen privat nutzt, trägt man für diese die Verantwortung. Die Pflicht zur Nachhaltigkeit zieht eine entsprechende Verwaltung mit sich, wie auch die Zusicherung, dass die Ressourcen zum Wohle aller Wesen verwendet werden. All diese Regeln können als Bhumi-Dharma eingestuft werden.

Mit den hier dargestellten Ideen soll keine naive oder schwärmerische Vorstellung von indigener Kultur gefördert werden. Wir sind nämlich auf zahllosen Ebenen weit von der Einfachheit einer natürlichen indigenen Umgebung entfernt. Die Umsetzung dieser Ideen erfordert eine Hybridkultur – von der Idee her einem Hybridauto nicht unähnlich –, während wir den Übergang zu nachhaltigeren Lebensformen vollziehen. Nichtsdestoweniger ist die grundlegende Voraussetzung für eine neue Lebensform, sich selbst dafür frei zu entscheiden.

Und angesichts der Notlage, in der sich unsere Umwelt befindet, gibt es ein paar Stellen, an denen sofort begonnen werden muss. Die erste akute Stelle ist die Nahrung, die wir essen. Manche unserer Probleme sind bemerkenswert offensichtlich. Unsere industriellen Viehzuchtbetriebe und die Futterbeschickung bis hin zum Schlachthof sind so signifikant qualvoll für die Tiere und verheerend für die Umwelt. Unsere Nahrungsmittel sind so stark bearbeitet, dass viele davon überhaupt keine Nährstoffe mehr enthalten, wodurch zum ersten Mal in der Geschichte die Zahl der Menschen steigt, die fettleibig und unterernährt zugleich sind. Neueste Statistiken machen deutlich, dass 40 000 Lebensmittel in einem großen nordamerikanischen Supermarkt aus Maisderivaten hergestellt sind. Dahinter steht nicht der Drang, das menschliche Wohlergehen oder die Gesundheit unserer Kinder zu fördern, sondern die aggressive Vermarktung von Maiserzeugnissen. Auch in der eigentlichen Nahrungsmittelproduktion ist jeder Schritt von begrenzten und abnehmenden fossilen Brennstoffen abhängig, weil die entsprechenden Maschinen damit angetrieben werden: das Anbauen, das

Ernten, das Verpacken, der Export. Das System ist derart ineffizient, dass die Agrarindustrie, welche an die Stelle des unabhängigen Familienbauernhofs getreten ist, eine Unmenge von Subventionierungen braucht, um überhaupt überleben zu können. Aus Überlebenstrieb propagiert die Agrarindustrie, dass wir Menschen dreitausend Kalorien am Tag konsumieren sollten, wo wir doch durchschnittlich eher zweitausend Kalorien pro Person und Tag benötigen.

AUCH TIERE HABEN EINEN ATMAN

Ein damit verwandtes, aber viel ernsteres Thema ist Fleisch. Wer hier einen Vortrag über Vegetarismus erwartet, wird jedoch enttäuscht werden. Die vedische Kultur ist sich darüber im Klaren, dass sich Essgewohnheiten sowohl geografisch als auch von Mensch zu Mensch unterschiedlich entwickelt haben. Auf dem Campus finden zu allen Zeiten alle Arten und Abstufungen des Lernens statt, und zwar abhängig von oder in Reaktion auf unendlich viele Umstände. Die eine einfache Ideologie oder das Benehmen, das für alle richtig ist, gibt es nicht. Wenn die eigene Natur und die Geografie des Wohnorts es begünstigen, ist die ideale vedische Diät vegetarisch. Aber es ist sinnlos, zu versuchen, aus den walfleischessenden Inuit Vegetarier zu machen. Auch der Dalai Lama versuchte verzweifelt, nachdem er die karge Landschaft Tibets verlassen hatte, ein hundertprozentiger Vegetarier zu werden. Doch sein Erbgut, das ihn mit Tausenden von Jahren des Lebens von begrenzten Ressourcen in den asiatischen Steppen verband, ließ dies nicht zu. Seine Gesundheit litt so sehr, dass er sich gezwungen sah, wenigstens ab und zu Fleisch zu essen. Das viel interessantere Thema ist jedoch der Prozess, den das betreffende Tier durchlaufen muss, bis es schließlich als Fleisch auf unseren Tellern landet.

Der entsetzlichste Weg ist vermutlich der über den industriellen Viehzuchtbetrieb und den multinationalen Schlachthof, den ich vorher angesprochen habe. Es heißt, wenn Schlachthöfe Glaswände hätten, würden alle Vegetarier werden oder zumindest über die Auswirkungen ihrer Fleischessgewohnheiten nachdenken. In Mastbetrieben gehaltene Tiere vegetieren auf eine Weise dahin, die uns zum Weinen und zum Protestieren veranlassen würde, wenn beispielsweise unsere Haustiere auch nur annähernd solchen Bedingungen ausgesetzt wären. Den Avataren zufolge ist jedes Tier davon ein Atman, der hier ist, um das Leben zu erfahren.

Es ist wichtig, dass wir die Verbindung zwischen Haus- und Nutztieren sehen, denn sie liegt auf der Hand. Schweine, Kühe und Schafe, die ihr ganzes Leben lang leiden, sind genauso intelligent und verletzlich wie Hunde und Katzen. Sie wollen genauso leben und nicht leiden. Und sie wollen ihrem wahren Wesen folgen – ihrem individuellen Dharma. Die Avatare beschwören uns, dass wir uns für den Schutz der Unschuldigen einsetzen. Wir sollten wenigstens damit beginnen, uns daran zu erinnern, dass es – egal, wie die Umstände auch sein mögen – immer falsch ist, ein anderes Wesen zu vernachlässigen, das durch Verzweiflung und Verletzung zerstört ist; das nicht beachtet und geliebt wird und das die Erfahrung eines freien und natürlichen Lebens nie machen wird und auch nicht darauf hoffen kann.

Albert Schweitzer, der berühmte humanitäre Arzt, bittet uns, »ab und zu an das Leid zu denken, dessen Anblick Sie sich ersparen«.

Es wurde oft gesagt, dass wir so lange keinen Frieden auf diesem Planeten haben können, bis wir unsere Mitlebewesen mit genau der Würde und dem Mitgefühl behandeln, nach denen wir uns selbst sehnen. Das gilt auch für die Lebewesen, die irgendwann geschlachtet und zu Fleisch verarbeitet werden. Wer kann sich ausmalen, wie friedlich Mutter Erde sein könnte, während buchstäblich Billionen ihrer Kinder so unmenschlich behandelt werden? Ist die ganze Gewalt eines im Käfig eingesperrten Lebens, eines Lebens voller Vernachlässigung, Verletzung, Krankheiten, Angst und Brutalität wirklich notwendig, um Essen auf unseren Tisch zu bringen?

In dem Film *Avatar* ist Neytri bestürzt über den unnötigen, durch Jake Sullys Dummheit verursachten Tod der im Wald lebenden Tiere. Im Laufe der Zeit und im Laufe seiner indigenen Ausbildung lernt er, »sauber zu töten« – den Atman eines getöteten oder erjagten Tieres ganz bewusst zur Allmutter zurückzusenden und dem Tier für seinen Körper zu danken. Alle indigenen Völker, und ganz besonders die im Wald lebenden Jäger und Sammler, erkannten, welch große Verantwortung es bedeutet, Leben zu nehmen, um selbst leben zu können. Die tägliche Erfahrung mit diesem Energiezyklus und die Tiefe des Respekts gegenüber jedem verspeisten Tier waren ganz konkret spürbar. Folglich orientierte sich der Genuss von Fleisch am Angebot der Tiere und wurde entsprechend beschränkt. Moderne Menschen haben pikanterweise keinen entsprechenden Warnhinweis auf der Kühlschranktür.

Was kann über die gefürchteten *abattoirs*, ein französisches, fast schon elegant klingendes Wort für »Schlachthaus«, gesagt werden? Weitgehend unkontrolliert und unter verheerend grausamen Bedingungen schlachten Menschen Billionen ihrer unglücklichen, hilflosen Opfer. Meist wird diese Tätigkeit von schlecht bezahlten, eingewanderten Arbeitskräften verrichtet, die stundenlang unter brutalen Bedingungen arbeiten müssen. In Schlachthäusern sind die Mitarbeiterfluktuation, die Verletzungsrate, der Alkoholismus und der Drogenmissbrauch statistisch sehr hoch, alles aus augenscheinlichen Gründen.

DIE HEILIGKEIT ALLEN LEBENS ERKENNEN

Als ich in den 1970er-Jahren Geschichte und Vergleichende Religionswissenschaft studierte, leitete einer meiner exzentrischen, aber klarsehenden Professoren ein Seminar über Judentum, Christentum und Islam. Eines Tages machten wir eine überraschende Exkursion zu einem nahe gelegenen Berg. Der Professor ging mit einer Ziege am Strick voraus, und eine verwirrte Gruppe von Studenten folgte ihm. Auf dem Berg angekommen, zückte er ein Messer, opferte die Ziege in einer Zeremonie Jahwe, Jesus und Allah und machte sich dann daran, das Tier zu häuten und auszunehmen, um es zum Grillen vorzubereiten. Die Proteste ließen nicht lange auf sich warten. Die *Society for the Prevention of Cruelty to Animals*, der US-amerikanische Tierschutzverein, wurde gerufen, und Zeigefinger wurden erhoben. Der Professor nahm seine Kritiker mit in die Cafeteria des Studentenbunds, zeigte auf die Speisekarte, auf der es Rindfleisch, Schweinefleisch, Huhn, Fisch und so weiter gab, und fragte, ob irgendjemand etwas gegen die Schlachtung dieser Tiere zu tun gedenke.

Genau wie ich alle Vegetarier ermutige, sich wenigstens ab und zu die Hände mit Erde dreckig zu machen, empfehle ich allen Fleischessern das regelmäßige Schlachten eines Tieres, das sie gern essen. Nur um in Kontakt mit dem Prozess der Fleischherstellung zu bleiben und zu erkennen, was es braucht, um das Fleisch von Tieren zu essen. Der Schlüssel zur eigenen Integrität ist, zu verstehen, wie das Tier lebt und stirbt. Und dann auf diese Information entsprechend zu reagieren. Immerhin erfordert alles Überleben irgendeine Art von Tötung. Dieser Prozess muss heiliger werden. Er wird dann mehr Mitgefühl, mehr Nachhaltigkeit und mehr Dankbarkeit zur Folge haben.

Das wichtigste Freiheitsthema für Tiere ist einfach. Es ergibt sich aus der Beobachtung ihres Empfindungsvermögens: Sie sollten ein wirkliches und freudvolles Leben haben. Wenn ihr Leben irgendwann geopfert wird, damit wir Fleisch zu essen haben, sollte dies mit Integrität geschehen und mit einem Verständnis dafür, was es heißt, ein anderes

Lebewesen zu essen, um das eigene Leben zu erhalten. Manche Traditionen glauben, dass Tiere noch nicht einmal eine Seele oder einen Atman haben. Doch wie auch immer, sie spüren den Schmerz, die Angst und die Vernachlässigung – und sie leiden. Darüber, wie eine Person oder sogar eine Nation mit diesem Problem umgehen sollte, sprechen die größten Geister seit Jahrhunderten. Jesus sagte: »Was ihr den Geringsten von ihnen antut, das tut ihr mir an.« Thomas Edison, der große amerikanische Erfinder, drückte es so aus: »Bis wir aufhören, alle anderen lebenden Wesen zu verletzen, sind wir immer noch Wilde.« Und schließlich Mahatma Gandhi: »Die Größe einer Nation und ihr moralischer Fortschritt können danach beurteilt werden, wie mit den Tieren umgegangen wird.«

DIE HEILIGE KUH

Die Vorstellung, dass die Kuh in Indien »heilig« ist und von vedischen Praktizierenden angebetet wird, ist falsch. Die Kuh ist sehr wohl ein Symbol für göttlichen Überfluss, Gnade und Liebe. Der Stier und die Kuh wurden für die unendlich vielen Geschenke verehrt, die sie machten, vor allem in Form von Kalorien und Arbeit. Bevor es Traktoren gab, war der Stier das beste Pflugtier. Von der Kuh auf der Weide kamen Milch, Käse, Sahne, Butter, Joghurt und Ghee. Der Stier ist wegen seiner Kraft, seiner Ausdauer und seiner Fruchtbarkeit auch ein Symbol für den Dharma, während die Kuh Mutter Erde symbolisiert, die uns Energie gibt.

Es ist wichtig, die Nahrungsmittelkette zu verstehen sowie das Prinzip der Nachhaltigkeit und Tiere heiligzuhalten. Sich dessen bewusst zu sein macht den Erwerb von Nahrung zu einem heiligen und politischen Akt, während wir mit unserem Geld abstimmen.

Namaste wendet sich an alle Wesen in der Hoffnung, dass wir jetzt anfangen, alle als Atmans zu sehen, einschließlich der Tiere, die sich abmühen, ihren Weg durch dieses schwierige Universum zu finden. Barmherzigkeit, Liebe, Mitgefühl und vor allem der Fortschritt eines jeden Atman sollte alles motivieren, was wir tun – wann immer uns das möglich ist. Wir sind in jedem Moment von Atmans umgeben, oft in Körpern, die wir nicht erkennen, oder in anderen, die wir überhaupt nicht sehen können. Soweit wir wissen, sind manche die Eltern, Liebsten oder Kinder, denen wir in einem früheren Leben geschworen haben, sie immer zu lieben. Von einer höheren Warte aus sollte unser gesamtes Handeln dem Wohle aller Wesen dienen, ungeachtet ihrer Hautfarbe, ihrer Ansichten, ihrer gegenwärtigen Taten, Illusionen oder ihrer Verwirrung. Wir sollten ihnen, wann immer möglich, helfen vorwärtszukommen. Es wird sowohl in den Veden als auch in dem Film *Avatar* gesagt: »Unsere große Mutter Eywa ist nicht parteiisch, Jake, sie schützt lediglich das Gleichgewicht des Lebens.« Wir können das Abschlussexamen an der Universität erst ablegen, wenn wir jedes lebende Wesen als im Kern göttlich erkannt haben und es auch so behandeln. Das Wohl aller Atmans im Herzen zu tragen macht einen Menschen zum Mahatma *(Mahaatman)*, einer »großen Seele«. Eine der großen Hoffnungen in Pandoras Büchse ist, dass wir, eben weil wir ewig sind, das Leben immer und immer wiederholen können, bis wir bereit sind für Moksha, für den Tag, an dem wir unser Diplom erhalten. Das erfüllt nicht nur das Leben mit Hoffnung, sondern lässt auch auf das ultimative olympische Ereignis hoffen. Und es überhaupt bis zur Olympiade zu schaffen ist bereits ein Wunder.

Wir müssen uns durch Zynismus, Grausamkeit und Unsicherheit kämpfen, um so stark und aufrecht zu sein wie ein Baum, damit wir allen Wesen ein wahres Namaste anbieten können. Während die Ressourcen und die Geduld der Welt strapaziert werden, müssen wir uns bemühen, fürsorglicher, scharfsinniger, altruistischer und großzügiger zu werden. Denn, um es noch einmal mit den Worten Mahatma Gandhis zu sagen: »Das Höchste bietet genug für jedermanns Bedürfnisse, aber nicht für jedermanns Gier.«

Kapitel 10

YOGA — DIE VERBINDUNG, DIE VERPFLICHTUNG, DIE EINHEIT

*NAMASTE. Ich sehe dich als göttlich
mit allem verbunden, vereinigt mit allem
und angeschlossen an alles.
Mit deiner Ausgeglichenheit und deiner
Integrität bist du ein leuchtendes Beispiel
für die ewigen Wahrheiten, die du
verkörperst. Du bist von deiner Essenz
her identisch mit den strahlenden
Gottheiten, deren heilige Gestalten du
in mystischer Meditation verehrst.*

IN EINER BEKANNTEN Geschichte aus Indien werden sechs blinde Männer gebeten, einen Elefanten zu untersuchen und dann zu berichten, was sie über ihn herausgefunden haben. Einer von ihnen untersucht die Flanke des Elefanten und sagt, er sei eine Wand. Ein anderer erwischt ein Bein und berichtet, der Elefant sei eine Säule. Der nächste blinde Mann bekommt den Schwanz zu fassen und verkündet, der Elefant sei ein Besen. Noch ein anderer, der den Rüssel des Elefanten untersucht hatte, erzählt, es handle sich um eine Schlange. Der fünfte Blinde ergreift den Stoßzahn und erklärt den Elefanten zu einer mächtigen Waffe. Der sechste blinde Mann fühlt die Haare auf seiner Haut und schließt daraus, der Elefant sei ein Teppich. Und hier die ewige Frage: Wer hat recht? Die Antwort lautet: Alle und keiner. Je-

der Prophet hat teilweise recht, was oft noch weiter verein-
facht wird zu: »Es ist alles eins«, oder: »Wir sind alle eins«,
oder: »Alle Wege führen zum selben Ziel«, was auch wieder
nur halbwahr ist.

Es ist sehr wichtig, die negativen Konsequenzen solcher
Meinungsverschiedenheiten über die »Wahrheit« im Auge
zu behalten. Würden die sechs anfangen, über das zu strei-
ten, was sie herausgefunden haben, wäre es sinnvoll, sie
daran zu erinnern, dass das Thema sehr umfangreich ist. Sie
sollten sich vergegenwärtigen, dass wir immer nur einen
Teil der Antwort sehen und dass wir uns unsere Schlüsse daher friedlich mitteilen sollten, ohne einander wegen unserer
Verschiedenheiten zu verletzen. »Es gibt nur eine Wahrheit,
aber viele Vorstellungen davon«, ist eine andere Art, dies
auszudrücken. Das ist der bekannte Slogan *Einheit in der
Verschiedenheit*, für den Indien mit Recht so bekannt ist.
Aber wer ist hier wirklich im Recht? Alle. Und wer ist im
Unrecht? Alle.

Aha, dann ist also alles dasselbe? Nein – aber alles ist mit
allem verbunden.

Oh, dann ist alles eins? Ja, in gewissem Sinne, doch jedes
Teil unterscheidet sich gleichzeitig vom anderen. Das ist die
kosmische Version von: »Ich sehe dich – Namaste.« Und nun
heiße ich Sie willkommen zum Doktorandenseminar, wo wir
wachsen, indem wir uns mit dem Paradoxen auseinanderset-
zen und mit den großen Fragen der menschlichen Existenz
beschäftigen.

GLAUBEN IST SEHEN

Die Bibliothek des vedischen Wissens wurde über viele Tausend Jahre auf diese Weise zusammengestellt und immer weiter verfeinert, und zwar als systematisches Curriculum mit
dem Ziel, Studenten mit der Fähigkeit »zu sehen« auszustat-
ten. In den Veden gibt es sechs Fächer für die Atmans – sechs

Perspektiven für den Blick auf »die Wahrheit«. Sie heißen *Darshanas* oder Sichtweisen. Auch die sechs Schulen der vedischen Philosophie sind als Darshanas bekannt:

1. SANKHYA: ALLGEMEINE WISSENSCHAFT – das Studium der Materie mit all ihren Kategorien, einschließlich ihrer männlichen und weiblichen Charakteristika.
2. NYAYA: LOGIK – das Studium der Logik und des korrekten Denkens.
3. VAISHESHIKA: ATOMPHYSIK – das Untersuchen der Atome und der molekularen Struktur aller Materie.
4. YOGA: TECHNIKEN DER MEDITATION – das Herstellen einer Verbindung, die es uns erlaubt, mit allen Dingen in Beziehung zu treten und ihr wahres Wesen zu verstehen, gipfelnd in der Wiederherstellung unserer Verbindung zum Transzendentalen.
5. PURVA MIMAMSA: RITUALE – der Einsatz von Ritualen und Mantras als direkter Link zu den Devas, um das Handeln in dieser Welt zu perfektionieren und sich mit den unsichtbaren Realitäten direkt zu verbinden.
6. UTTARA MIMAMSA: VEDANTA – das Ende oder Ziel des vedischen Wissens. Der Vedanta endet damit, dass er die letzte transzendentale Realität beschreibt.

Über jeden der sechs Darshanas könnte man ein ganzes Buch schreiben, aber ich will sie hier für Sie nur kurz zusammenfassen. Der erste ist das Studium der Materie in all ihren Formen. Der zweite umfasst Logik und bestimmte Regeln und Fertigkeiten des Denkens. Der dritte ist ein atomarer und molekularer Weg, die Dinge zu betrachten. Indische Denker haben die Vorstellung von ganz kleinen Partikeln schon seit Langem in ihr Verständnis dieser materiellen Welt einbezogen. Yoga ist die vierte Stufe, auf der wir lernen, das Wesen von allem zu verstehen – nicht nur in der Theorie, sondern auch, indem wir uns direkt damit verknüpfen. Im Yoga geht es vor allem darum, Individuen mit der Fähigkeit auszurüsten, durch die unmittelbare Erfahrung eine Verbindung zwischen sich selbst und allem herzustellen, womit sie in Kontakt sind. Yoga ist das Stadium des Sehens. Dabei lernt jeder Student, während er sich allmählich von den physischen zu den unsichtbaren diesseitigen und jenseitigen Bereichen bewegt, ein direktes Erlebnis mit dem wahren Wesen von allem zu haben, womit er in Berührung kommt. Yoga ist nicht nur die Kunst, eine Verbindung zwischen uns und dem Objekt unserer Konzentration herzustellen, sondern auch die Brücke, um die ersten drei Darshanas, die hauptsächlich unsere Beziehung zur Materie beschreiben, miteinander zu vernetzen. Die fünfte und die sechste Sichtweise informieren uns über die höheren Wesen und die transzendentale Realität, die hier nicht direkt sichtbar sind.

In dem Film *Avatar* wird die Vorstellung vom Verbinden und Verknüpfen provokant und unmittelbar visuell präsentiert. Die vorrangige Präsentation ist gleichzeitig auch die Basis der Yoga-Praxis. Die Idee des Verlinkens, Verbindens, Angeschlossen- und In-Beziehung-Seins drückt sich auch in diversen Bedeutungen des Sanskrit-Wortes *Yoga* aus, dessen Wurzel *yug* ist, was wörtlich übersetzt *Joch* bedeutet. In dem Film leben die Eingeborenen von Pandora in bewusster und konzentrierter Verbindung mit allem, was sie umgibt. Wenn man von so vielen komplexen lebenden Wesen umgeben ist, hat man täglich die Chance, auf sie zu hören und zu einem entgegenkommenden Verstehen zu gelangen. Das ist Herausforderung und Überlebenskunst zugleich. Wir postindustriellen Menschen leben oft in einem unorganischen städtischen Umfeld, in dem die Notwendigkeit, auf lebendige Verbindungen zu achten, weniger offensichtlich ist. In einer großen Stadt haben die meisten einen kleinen Freundeskreis, ein paar Kollegen und vielleicht ein Haustier – und ignorie-

ren die Millionen anderer Menschen um sich herum gezielt.
Manche Leute kennen noch nicht einmal ihre direkten Nachbarn. Die meisten Stadtbewohner wären, würde man sie aus
ihrem Betondschungel holen und direkt in einem Pandora-
ähnlichen Wald aussetzen, genauso »dumm« wie der unbe-
holfene Jake Sully. Plötzlich ist er von einer Vielzahl von Wesen und Dingen umgeben, mit denen er sich verbinden muss,
statt sie zu ignorieren. Ist es Jakes Ignoranz, sein Nicht-Wis-
sen, die ihn – und uns – anscheinend so ignorant für die
Wege des Herzens und der Natur machen? Um des reinen
Überlebens willen bekommen Eingeborene schon von Kind
an eine Ausbildung, in der die Wir-Intelligenz gefördert
wird. Sie lernen, ein Yogi zu sein und sich mit allem um sich
herum zu verbinden.

DEN GEIST DEHNEN

Manche Menschen denken, Yoga habe nur etwas mit Kör-
perhaltungen, Flexibilität und vielleicht noch mit Atmung zu
tun. Das ist verständlich, weil es dem entspricht, was uns im
Allgemeinen in westlichen Yoga-Studios präsentiert wird.
Aber Yoga hat eine große universale Bedeutung. Als Jake in
Avatar zum ersten Mal aus seinem gelähmten menschlichen
Körper in seinen kraftvollen, vitalen Pandora-Körper trans-
feriert wird, rennt er vor Freude herum, bohrt seine Zehen in
den Boden und verbindet sich auf diese Weise ganz mit seinem neuen Körper und dem Erdboden unter seinen Füßen.
Diese Szene ist absichtlich metaphorisch inszeniert. Vor diesem Zeitpunkt war Jake nämlich von derselben Epidemie be-
troffen wie viele moderne Menschen, die sich als zunehmend
von ihrem Körper getrennt erleben. Menschen verbringen ihre Tage und oft auch ihre Nächte damit, auf einen Compu-
ter- oder Fernsehbildschirm zu starren.

Der Philosoph René Descartes sagte: »Ich denke, also bin
ich.« Hat er unwissentlich dazu beigetragen, dass wir uns

jetzt in diesem entkörperlichten Zustand befinden, in dem es normal scheint, indirekt zu leben, nämlich durch Figuren auf einem Bildschirm? Haben die Bewohner von Pandora die menschlichen Eindringlinge deshalb als »Traumwandler« bezeichnet? Der Punkt ist: Yoga beginnt nicht mit Denken, sondern damit, dass Individuen lernen, in ihrem eigenen Körper voll und ganz präsent zu sein.

Weil wir ewige Atmans sind, die von Körper zu Körper wandeln, von Leben zu Leben, können wir diese Erfahrung mit dem Verkauf eines alten Autos und dem Kauf eines neuen vergleichen. Ich nenne das »Re-in-*car*-nation« (*car* = Auto). Und wenn Sie sich ein neues Auto gekauft hätten, ein wirklich tolles, sagen wir mal einen Ferrari, was wäre dann das Erste, was Sie tun würden?

Ich hoffe, die Antwort lautet: die Betriebsanleitung lesen. Es wäre doch eine Schande, wenn Sie das schöne Auto ruinieren würden, nur weil Sie nichts über seine Bedürfnisse und Besonderheiten wissen. Deshalb ist es so ungemein wichtig, die eigene wahre Natur (Sva) und das eigene »Betriebssystem« (Dharma) zu kennen. Sva-Dharma ist eine der drei Lehren, die wir den Avataren zufolge brauchen, um im Leben erfolgreich zu sein. Leider geben wir in unserer modernen Kultur oft sehr derbe und potenziell gefährliche Sportarten weiter. Manchmal treiben wir unsere Kinder zu sehr zu Höchstleistungen an und bringen sie dazu, ihre Körperfahrzeuge viel zu schnell zu fahren. Dabei vergessen wir, sie in langfristiger »Systemwartung« auszubilden. Wer hilft ihnen, ihre »Gebrauchsanweisung« zu finden und ihren »Körpertyp« zu verstehen? Ayurvedische Medizin ist die Wissenschaft, die alle Körpertypen genau identifiziert und ihre besonderen Gebrauchsanweisungen bereithält.

Im Yoga und in der ihn begleitenden ayurvedischen Medizin lernt man seine Verkörperung als Mittel zur Identifizierung des eigenen, speziellen Körpertyps kennen (denn jeder

Körper ist anders). Oder, anders ausgedrückt: Man lernt, bequem in seinem Auto zu sitzen.

Yoga ist eine Wissenschaft mit acht Disziplinen, die uns lehren, wie wir uns mit allem verbinden können. Das letzte Ziel des Yoga ist, sich mit dem zu verbinden, was wir nicht mehr sehen können. Doch das Verbinden beginnt dort, wo wir gerade sind – unterwegs in einem bestimmten Fahrzeugmodell von einem bestimmten Hersteller.

EINE STUFE NACH DER ANDEREN

Diese acht Aspekte des Yoga werden »Glieder« oder »Stufen« genannt, und das erste Glied heißt *Asana*. Damit Sie Ihr Auto starten können, müssen Sie sich zunächst in genau der richtigen Körperhaltung auf den Fahrersitz setzen. Die verschiedenen Posen oder Haltungen des Yoga sorgen für das Gleichgewicht Ihres Fahrzeugs (Körpertyps). Sie stellen sicher, dass alle Systeme im Fluss und integriert sind. Sobald dieses Gleichgewicht hergestellt ist und alle Systeme startklar sind, sitzen Sie während einer ganzen, langen Reise bequem auf Ihrem Fahrersitz. Dieser endgültige, stabile »Sitz« ist die ultimative Körperhaltung oder der Asana. In dieser perfekten Haltung kann man beispielsweise lange Zeit bequem sitzen und meditieren.

Jeder, der regelmäßig Pferde geritten hat, weiß Jakes Reitunterricht in *Avatar* zu würdigen – die Na'vi nennen es »das Band knüpfen«. Ich habe in meinem Leben schon viele Pferde geritten und ausgebildet und kann daher mit einer gewissen Autorität sagen: Wenn Sie ohne eine Verbindung, also ohne vorher »das Band« geknüpft zu haben, auf den Rücken eines starken Pferdes zu steigen versuchen, werden Sie bald auf Ihrem eigenen Rücken liegen und sich das Pferd von unten anschauen können. Amateurreiter reden oft in menschlicher Sprache mit ihren Pferden und sagen zum Beispiel: »Braves Pferd, ganz ruhig jetzt.« Aber Pferde sprechen Energie. Sie fühlen, was der Reiter will. Sie hören seine Gefühle und spüren Ängste oder Wünsche. Kenntnisreiche Reiter »sprechen« über ihr Prana oder ihre Lebenskraft mit dem Pferd. Oder wie es in *Krieg der Sterne* heißt: »Nutze die Kraft, Luke.« In *Krieg der Sterne* wurde jedoch vergessen zu erzählen, dass Prana vom Atem kontrolliert wird – also davon, wie wir atmen. Das Sanskrit-Wort für »Kontrolle« ist *Yama*, und das zweite Glied des Yoga heißt *Pranayama*: »Atemkontrolle der Lebenskraft.«

Bei Pferden besteht das Geheimnis darin, mit ihnen zu atmen, ihnen mit langen, tiefen, langsamen Atemzügen zu »sagen«, dass alles in Ordnung ist. Pferde hören oder fühlen das als: »Bleib locker, ganz ruhig, alles ist gut.« Und wenn sie diesen Gedanken hören, entspannen sie sich und merken, dass sie ebenso sicher sind wie ihr Reiter. Dann geben sie die Kontrolle an den Reiter ab. Indem sie sich entspannen, verschmelzen sie ihre Energie mit seiner. Das ist das Band oder die Verbindung. Wenn man das einmal erlernt hat, kann das Knüpfen dieses Bandes ganz bewusst mit jedem anderen »luftatmenden Wesen« oder Jiva-Atman fortgesetzt werden. Das ist es, was Jake Sully lernt – und was wir alle lernen können –, als ihm ein wenig mehr indigener »Pferdeverstand« direkt aus dem Maul des Pferdes verabreicht wird.

Binden wir dies mit einer Metapher aus den Veden zusammen. Das Beispiel stammt aus den *Upanishaden*, den philosophischen »Waldlehren« der Avatare. Demnach ist der Körper wie ein Wagen (Auto); die Sinne (Riechen, Schmecken, Tasten, Sehen und Hören) sind wie Pferde (die Pferdestärke ist unser Motor); der Geist ist wie die Zügel (Lenkrad, das uns mit unserem Pferdeverstand verbindet); der Fahrer ist unser Urteilsvermögen (der Chauffeur und das Navigationssystem); und wir, die Atmans, sind die Fahrgäste (wieder einmal reinkarniert).

Als wir Kinder waren, sagten unsere Eltern vielleicht manchmal: »Immer langsam mit den jungen Pferden!« Der Yogi lernt, dass der Körper (die Pferde/die fünf Sinne) nervös und unsicher ist. Er wartet auf das Zeichen vom Fahrer und vom Fahrgast, also Ihnen, das ihm sagt, dass alles in Ordnung ist. Die moderne Wissenschaft bezeichnet dies als »Kampf-oder-Flucht-Syndrom«. Prana oder der Atem ist das Geheimnis, um unseren Körper wie auch unseren Geist zu beruhigen.

Die nächsten beiden Glieder des Yoga sind entscheidend. Sie heißen *Yama* und *Niyama*. Ihr Ziel besteht darin, so wenig Leid wie möglich zu verursachen. Reinheit, Zufriedenheit, das Aussprechen der Wahrheit, Mäßigung und so weiter gehören ebenso zu Yama und Niyama. Merken Sie sich diese Glieder des Yoga einerseits als die Ge- und Verbote für Ihren Wagen (Ihren Körper) und andererseits als die Straßenverkehrsordnung, sprich die Regeln, die auf der Straße gelten. Als Mensch, der mit Ritam, den Naturgesetzen, arbeiten will, möchten Sie sicher nicht, dass die Himmelspatrouille (Devas oder Naturgesetze) Sie wegen Verletzung der Naturgesetze von der Straße holt. Wir müssen auch den richtigen Treibstoff tanken. Fleisch, Alkohol, Drogen und viele andere chemische Substanzen, die das System durcheinanderbringen, sind allgemein nicht zu empfehlen. Auch ist es von entscheidender Bedeutung, das eigene Fahrzeug korrekt zu warten (Körperpflege). Andernfalls wird es vermutlich liegen bleiben, bevor die »menschliche Rasse« am Ende ist. Yama und Niyama sind die Regeln der Straße und die Vorgaben für Ihren Körper.

FREIHEIT 101

Ich sehe Sie, Ihren ewigen Atman, der in Ihrem Körper sitzt und sich fragt: Warum erheben wir uns nicht einfach in die Lüfte und fliegen, wohin wir wollen? Wenn die Flugszenen in *Avatar* Ihre erste offizielle, wache »außerkörperliche Erfahrung« waren, sollten Sie eine E-Mail an James Cameron schicken und ihm dafür danken, dass er moderne Spezialeffekte auf so verlockende Weise eingesetzt hat. Vielleicht haben Sie im Traum schon einmal eine außerkörperliche Reise unternommen oder an einem Frühlingstag, während Sie den wilden Flug eines Falken oder Adlers beobachteten. Wie auch immer, wer würde nicht gern auf einem von Pandoras Vögeln durch die Lüfte reiten? Alle erfahrenen Yogis kennen diese »außerkörperlichen Flüge«, und soweit ich weiß, hat noch niemand das Gefühl des Fliegens so gut in einem Film eingefangen wie James Cameron.

Doch schauen wir mal, ob ich diesen Prozess so einfach erklären kann, dass man versteht, was er bedeutet. Im Augenblick des Todes müssen wir unseren Körper verlassen, ob wir wollen oder nicht. Wenn Ihr Auto also abgeschleppt wird und auf dem Schrottplatz landet, ist es immer gut, noch einen Plan B zu haben. Das ist der Tod. Wenn wir in dem Bild bleiben, dass wir eine Universität besuchen, dann sagen die Yogis: »Das Leben ist wie ein Kurs«, und der Tod ist das Abschlussexamen.«

Sinn und Zweck des Yoga ist, sein Leben so zu führen, dass man in dem Moment, in dem der eigene Körper zur Wiederaufbereitung bereit und klar ist, sich selbst durch diesen Prozess leiten kann. Das bedarf Übung. Sagen wir einfach: Ihr Atman kann fliegen, hat aber vergessen, es zu können. Unsere Flügel verkümmern, weil wir zu lange in einem Auto gefahren sind. Und selbst wenn die Reise erfreulich ist, bleibt die Frage: Wohin geht es als Nächstes?

Die ersten vier Glieder des Yoga sollen uns lehren, wie wir möglichst kooperativ leben können, solange wir hier auf der Erde und mit Mutter Natur verbunden sind. Die nächsten vier Glieder lehren uns, wie wir fliegen können, und zwar nicht nur im Geist, sondern auch, um die Richtung für unsere nächste Geburt festzulegen. Entweder wollen wir wieder an der Universität der Materie landen oder sogar das letzte Abschlussexamen machen und daraufhin ganz aus der materiellen Welt wegfliegen. Was, wenn Sie nach dieser Geburt und diesen Leben in einem fortgeschrittenen menschlichen Leben wählen könnten, wohin Sie als Nächstes gehen? Was würden Sie dann bevorzugen: Ihren eigenen Urlaubsort (spirituelle Richtung) wählen zu können; nicht fähig zu sein, überhaupt zu wählen; oder irgendwo zu landen, wo es Ihnen nicht einmal gefällt? Es ist eine Frage Ihres Bewusstseins. Im Yoga heißt es: Wir können lernen zu fliegen und unseren eigenen Weg zu wählen, unsere eigene Richtung. Mit einem Reiseführer erhöht sich jedoch die Chance, einen großartigen Urlaub zu haben, deutlich. Wenn Sie bereit sind, Ihr Denken auszudehnen, ist dies »Gurus Flugschule«. Es macht überhaupt nichts, wenn Sie ein paar Crashs bauen. Sie können sogar fast davon ausgehen, dass dies passieren wird. Aber wir sind ewig und können nicht sterben. Also, wir sehen uns. Namaste – willkommen an Bord. Es ist Zeit, metaphysisch fliegen zu lernen.

Die äußeren und die inneren Räume unseres Erlebens bilden keine Gegensätze, sondern ergänzen einander. Es sind die beiden Seiten derselben Medaille. Vor Tausenden von Jahren beherrschte man in Indien das Reisen in den inneren Raum genauso sicher, wie wir heute in den Weltraum reisen. Für Schamanen und Yogis ist das innere Fliegen genauso real und zugänglich wie das Fliegen in einem Flugzeug. Und ich spreche hier nicht von Yogis, die Levitation beherrschen. Ich spreche vom Fliegen in andere Räume und Dimensionen. Den Veden zufolge gibt es vierzehn Dimensionen der materiellen Welt. Die Stringtheorie der modernen Physik vermutet elf. Selbst wenn sich Yogis und Physiker in diesem Punkt nicht unbedingt einig sind, stimmen sie doch darin überein, dass das Universum viele Dimensionen hat.

Als *Darshana* oder Sichtweise erfüllt Yoga die Funktion, unseren Blick nach innen zu wenden. Dafür müssen wir lernen, unsere Sinne von der süchtig machenden, schönen und verlockenden äußeren Welt abzuziehen und unsere Aufmerksamkeit ganz auf den inneren Erlebnisraum zu richten. Um nach innen gehen zu können, müssen wir Scheuklappen anlegen, unsere Pferde in den Stall stellen – und sie ganz vergessen. Keine Angst, sie sind noch da, wenn wir zurückkommen.

Das fünfte Glied des Yoga heißt *Pratyahara*: »das Abziehen der Sinne von den äußeren Objekten, um sie nach innen zu richten«. Das wird auch als die »Kraft der Schildkröte« bezeichnet. Eine Schildkröte kann ihren Kopf, den Schwanz und die Glieder in ihre Schale ziehen. Genauso lernt der Yogi, seine Aufmerksamkeit aus der äußeren Welt der Sinneswahrnehmungen und des Erlebens abzuziehen und in die inneren Dimensionen der Wirklichkeit umzulenken. Unbewusst tun wir jede Nacht etwas Ähnliches, wenn der Schlaf uns übermannt und die obligatorische Aufrechterhaltung unseres »Fahrzeugs« übernimmt. Während der Körper sozusagen »geparkt« ist, sind wir zeitweilig frei, um die Straßen und Schleichwege unseres inneren Raumes zu durchstreifen – und das tun wir dann auch.

DAS INNERE NACH AUSSEN

Die meisten Leute denken, die physische, äußere Welt des Erlebens sei real und die innere nicht. Yogis sagen, dass beide real sind und dass beide mit höheren Realitätsebenen in Verbindung stehen. Yoga beschäftigt sich mit diesen höheren Ebenen wie auch mit der Freiheit, die aus ihrer Entdeckung erwächst. Das passt vielleicht überhaupt nicht zu den herrschenden Ansichten über Yoga, ist aber eine großartige Sache. Denn auf dem Weg zu spirituellem Wachstum gibt es nichts Besseres als eine kleine Dehnübung für den Geist.

Das sechste Glied des Yoga kann man beschreiben als etwas, das wir alle jeden Tag tun. Es heißt *Dharana* oder »Einspitzigkeit des Geistes«. In der äußeren Welt ist es offensichtlich, dass Erfolg in den meisten Unternehmungen einen klaren Fokus erfordert. Vorstellungen wie eine klare Absicht zu haben, auf ein Ziel gerichtet zu sein und die Konzentration zu halten, sind alle dazu geeignet, *Dharana* im Innern zu erreichen. Wir wissen alle, wie schwer es ist, in der äußeren Welt mit ihren endlosen Ablenkungen fokussiert zu bleiben. Nach innen zu gehen und einen Gedanken oder Konzentrationspunkt zu halten ist die schwierigste Form der Einspitzigkeit. Auf gewisse Weise kann Schlaf diesen Fokus in Gestalt von Träumen bieten. Doch nach innen zu gehen und sich tief zu konzentrieren, ohne zu schlafen, bedeutet, sein Bewusstsein auf ähnliche Weise zu verlagern und dabei sogar noch wacher zu sein als zu irgendeiner anderen Zeit.

Yogis wissen: Wenn wir unseren Körper zum Zeitpunkt des Todes verlassen, macht das Chaos des körperlichen Zerfalls es extrem schwer und unwahrscheinlich, einen Fokus zu halten. Und wenn der Körper erst abgelegt ist, sind wir allein im Innern des Geistes – einem »Spiegelsaal«, wo ein einspitziger, zielgerichteter Fokus überwältigend schwer zu erreichen, geschweige denn, über längere Zeit zu halten ist. Ohne vorhergehendes langfristiges Konzentrationstraining verlässt das feinstoffliche Flugzeug selten den Hangar, schon gar nicht, um wegzufliegen.

Dharana ist vermutlich ein entspannter Zustand, aber eben einer, in dem man immer noch ganz konzentriert ist. Im Yoga wird diese ungeteilte Aufmerksamkeit als das absolute Halten eines Fokus ohne Anspannung beschrieben. Sie wird mit einem Damm verglichen, der das Wasser ohne Druck oder Anstrengung hält. All die ersten Glieder und die anstrengungslose innere Fokus-Aufmerksamkeit sind Voraussetzungen, um das siebte Glied des Yoga wirklich praktizieren zu können. Die ersten sechs Glieder müssen also zunächst verwirklicht werden.

Der Sanskrit-Name des siebten Gliedes des Yoga ist *Dhyana*. Zusammen mit buddhistischen Gedanken, die im nördlichen Indien aufkeimten und von dort in den Osten wanderten, gelangte dieses Wort nach China und wurde dort zu Chan, und nach Japan, wo es zu Zen wurde. Es wird oft mit »Meditation« übersetzt. Das ist mittlerweile auch eine freie und recht legere Definition des Wortes *Dhyana*. Das Wort »Meditation« bedeutet oft »den Geist von alltäglichen Gedanken befreien« oder »inneres Gewahrwerden« oder »Konzentration auf das Licht« und so weiter. Doch wenn man die traditionell yogische Bedeutung des Wortes zugrunde legt, wird nichts davon als *Dhyana* betrachtet.

Diese Glieder oder Stufen des Yoga werden in dem knappsten und praktischsten Handbuch der Yoga-Prinzipien erklärt, den *Yoga-Sutras* des Patanjali. In diesen Yoga-Sutras werden unter anderem die drei Ziele oder Prozesse des Yoga beschrieben. Der erste ist *Tapasya* mit der Bedeutung: »Du musst etwas über längere Zeit mit großer Intensität tun.« *Tapas* bedeutet: »Hitze (Ergebnisse), die durch extrem fokussiertes Verhalten hervorgerufen wird«. Es ist dann, als wären unsere Knochen aus Eisen gemacht, das geschmiedet wird. Im Yoga sagt man, dass Tapasya den Praktizierenden so stark aufheizen kann, dass er neu geformt wird und über seine früheren Begrenzungen hinauswachsen kann.

Der zweite Prozess des Yoga ist *Svadhyaya*. Wie in Sva-Dharma bedeutet *sva* »eigen« oder »selbst«. In diesem Fall fragt Yoga nicht nach der Marke oder dem Modell Ihres Autos, sondern die Frage geht tiefer: »Wer bist du in Ewigkeit, wenn du nicht mehr von einem materiellen Geist oder Körper verdeckt wirst?« Mit anderen Worten: Wer sind wir unter all der Schmiere, unter dem dunklen Belag aus Materie? Wer ist das wahre Ich? Der Prozess, in dem wir das eigene, unter allen Umständen wahre Selbst kennenlernen, heißt *Svadhyaya*.

Der dritte Prozess des Yoga heißt *Ishvara-Pranidhana*. *Isha* bedeutet »jene göttlichen Wesen, die größer sind als man selbst«. *Pranidhana* bedeutet »Anerkennung, Verehrung, respektvolles Benehmen in gebührendem Umfang«. Das führt uns zu dem am meisten missverstandenen Thema in Indien und in fast allen indigenen Kulturen: die Devas oder Ishas. Sie werden von Nicht-Praktizierenden und anderen religiösen Gruppen als »viele Götter« bezeichnet. Diese »vielen Götter« werden angeblich von den Heiden »angebetet«, statt dem »wahren Gott« Verehrung und Hingabe entgegenzubringen. Vertreter der drei großen abrahamitischen Religionen des Mittleren Ostens – Judentum und besonders Christentum wie Islam – waren sich sicher, dass die Hindus in Indien viele Götter anbeten. Als Ältester des vedischen Dharma muss ich Ihnen sagen, dass dies nicht ganz stimmt. Während ich das dritte Ziel des Yoga beschreibe, werde ich erklären, warum. Ich möchte damit beitragen, die Dinge ins rechte Licht zu rücken. Es ist dann an Ihnen, sich ein eigenes Bild über die unterschiedlichen Meinungen und Ansichten zu machen.

Zunächst – und das ist entscheidend: Die Devas sind weder Götter noch konkurrierende Götter. Auch wenn selbst manche hinduistische/vedische Gelehrte *Deva* mit »Halbgott« übersetzt haben, ist das nicht richtig. Die Devas sind göttliche Helfer, die im Auftrag des Höchsten Wesens und im Auftrag aller Wesen hier arbeiten. Sie sind, bildlich gesprochen, die Professoren und Mitarbeiter an der Universität der Materie. Die Professoren der Universität sollten nicht mit deren Präsidenten verwechselt werden, und man sollte von ihnen auch nicht annehmen, dass sie mit dem Präsidenten konkurrieren.

Es steht außer Frage, dass Indien Tausende von Namen für das Höchste Wesen hat, aber jene, die in den Dharma eingeweiht sind, erkennen, dass alle Devas sowohl uns als letztlich auch dem Höchsten Wesen dienen. Außerdem sind Devas Atmans, genau wie wir. Die Devas sind göttliche Arbeiter, die unseren Respekt, unsere Anerkennung und unsere Mitarbeit verdienen, aber nicht unsere Anbetung, wie wir sie etwa der letzten und höchsten Quelle von allem entgegenbringen.

Wie ich bereits erwähnte, verkörpern die Devas die Gesetze der Natur. Wenn man alles nur aus der IQ-Perspektive sieht, erscheinen sie als Mathematik, als Ritam. Wenn wir jedoch die Sicht unseres Dritten Auges nutzen, während wir ihnen von Angesicht zu Angesicht begegnen, können wir mit unserem menschlichen Verstand ihre Erscheinung womöglich nicht so leicht erfassen. Der Prozess, in dem man die Devas, jene *Ishas* oder Herren der Natur, »kennen und angemessen respektieren lernt«, heißt *Ishvara-Pranidhana*.

Der Unterschied zwischen der Sichtweise der individuellen Intelligenz, der Wir-Intelligenz und der des Dritten Auges ist ähnlich evident, wie wenn wir von Mensch zu Mensch miteinander in Beziehung treten. Bei der ersten Begegnung zeigen Ihnen äußere Eigenschaften etwas darüber, wer andere sind. Sobald Sie deren innere Person kennenlernen, vertieft sich die Intimität, und es wird deutlicher, wer die anderen wirklich sind. Anders ausgedrückt: Der Schein trügt. Den Veden zufolge sind die äußeren Naturgesetze sozusagen »der Schein« oder der Schleier über einem ganzen Bewusstseinsbereich. Es sind liebende Wesen, die für das Höchste Wesen arbeiten und nicht mit ihm konkurrieren.

Die Unterschiede zwischen diesen extrem bedeutsamen Wesen hervorzuheben ist genau der Grund, warum Yogis ein sehr detailliertes Mantra-Studium durchlaufen. Für den Yogi ist jedes Mantra mit dem mentalen Bild eines Deva verbunden (bis hinauf zum Höchsten Wesen) sowie mit einer Erklärung der Kräfte, Gesetze und Taten des betreffenden

Deva. Ein Mantra führt uns durch die Kraft seiner Schwingung und der speziellen Worte zu einem ganz bestimmten Wesen. Dieser Vorgang ähnelt dem Anklicken eines Icons auf dem Computerbildschirm, das uns zu einem ganz bestimmten Programm führt. Zu denken, dass die Icons (Devas) miteinander konkurrieren, und sie dann alle eines einzigen riesigen Programms wegen abzuschaffen, wäre unsinnig. So sehen die Yogis die äußere Welt und schauen in sie hinein und über sie hinaus. Sie sehen sich überall von großartigen göttlichen Wesen umgeben. Die Yogis sagen es so: »Ein Yogi ist jemand, der erkennt, dass er oder sie niemals allein ist.«

FREI GEBOREN

Dies führt uns zum letzten Glied des Yoga, welches *Samadhi* genannt wird. Das Sanskrit-Wort *sam* klingt auch in dem englischen Wort *same* (dasselbe) an. Samadhi heißt: »dasselbe werden wie das, worauf man meditiert«. Anders ausgedrückt: Das letzte Stadium der yogischen Meditation ist erreicht, wenn die Essenz und Kraft dessen, worüber man meditiert, vom Meditierenden absorbiert und in sein innerstes Wesen aufgenommen wurde. Den Yogis zufolge könnte sich der Praktizierende auf dieser Yogastufe darauf vorbereiten, im nächsten Leben als Deva wiedergeboren zu werden oder sich in die feinsten Grenzbereiche der materiellen Welt aufzumachen. Am Ende dieser Stufe werden Devas für den nächsten Schritt, jenseits des Yoga, aufgebaut. Diese Stufe ist sozusagen das Sprungbrett, das unser Atman nutzt, um zum transzendentalen Brahman zu gelangen, über unsere Vorstellungskraft oder die materiellen Bereiche hinaus.

Dank des Wunders, einen freien Willen zu haben, können wir Menschen höhere Stadien der Manifestation erreichen. Das Studium des Yoga trägt dazu bei, mehr Befugnisse zu erlangen und diese Reise vollendeter zu gestalten. Wenn wir diese Freiheit erlangt haben, können wir uns mit jedem oder allem, was uns zur Verfügung steht, verbinden. Yogis verstehen diese bemerkenswerte Regel als: »Du wirst so wie das, womit du dich verbindest.«

Das Verfeinern von Fertigkeiten und das ständige Perfektionieren ist natürlich ein zweischneidiges Schwert. Wie sich überall auf der Welt zeigt, können Wissen und Fähigkeiten sowohl zum Nutzen als auch zum Schaden eingesetzt werden. Deshalb sind die Lehren der Avatare so wichtig. Das Schwert unserer Kräfte soll in der Scheide unserer Sorge für das Wohl des Ganzen aufbewahrt werden. Auch Devas sind gleichzeitig Meister bestimmter Naturgesetze und göttliche Helfer, die zum Wohl des Ganzen arbeiten.

Indem wir Yogis auf die Devas meditieren und ihre Mantras zum Schwingen bringen (also ihre Icons auf dem Computerbildschirm starten), verbinden wir uns mit ihnen und lernen sie wirklich kennen. Schließlich werden wir sogar genau wie sie, was der wahren Bedeutung des Wortes *Samadhi* entspricht. Dann übertragen sich ihre Vollkommenheit und ihre Sorge für das Wohl aller auf uns, was uns wiederum vollkommener werden lässt. Im Sanskrit heißt diese Fähigkeit oder Ermächtigung *Siddhi*. Das ist gut, weil es uns veredelt und wir dadurch lernen, mit den Naturgesetzen zu kooperieren. Nichtsdestoweniger sollen wir als ewige Atmans früher oder später einen Abschluss in diesem Programm machen. Im vierten Pada (Kapitel) der *Yoga-Sutras* warnt Patanjali: »Und sollte ein Deva kommen und dir in der Meditation sagen, dass dein Yoga großartig ist, hör ihm nicht zu.« Yogis werden davor gewarnt, Macht aus ihrer Verbindung mit den Devas zu ziehen. Der Lehrer möchte, dass der Schüler über diese Kräfte hinausgeht, denn diese materiellen Kräfte führen häufig zu noch mehr materieller Bindung. Die Verbindung mit den Devas ist ein Schritt in unserer Evolution, und wir werden in ihrer Gegenwart veredelt. Aber die Avatare sagen uns, dass jenseits davon noch viel, viel mehr ist.

Als ewige Seelen können wir uns verbinden und fliegen. Sowohl die acht Glieder des Yoga als auch die drei Prozesse des Yoga lehren uns, dieses Band zu knüpfen. Dieser Yoga ist eine der großen geheimen Lehren der Avatare. Er soll Ihre Unabhängigkeit steigern, während Sie in das Doktorandenprogramm der Universität aufgenommen werden. Dieses Lernen kann unser wahres und volles Potenzial wiedererwecken, sodass wir am Ende Moksha, Freiheit und Befreiung des Atman, erlangen. Und damit die Fähigkeit zu fliegen, wohin immer wir wollen.

DER GROSSE SPRUNG IN DIE TRANSZENDENTALEN BEREICHE

NAMASTE. Ich sehe dich, wie du auf
dem Gipfel der Möglichkeiten balan-
cierst, die Augen auf das transzendentale
Ziel gerichtet. Mutig springst du, deine
Ängste haben sich aufgelöst.
Deine Augen und dein Geist sind klar,
und unerschütterlich ist dein Entschluss,
in die zeitlosen Bereiche zurückzukehren,
wo Schönheit und Liebe nie verblassen.

IN DIESEM KAPITEL machen wir einen wirklich grandiosen Sprung. Wir werden uns auf den drei am weitesten fortgeschrittenen transzendentalen Pfaden bewegen, die Yogis überhaupt wählen können, sowohl während ihres Lebens als auch im Augenblick ihres Todes. Wenn es also schwer scheint, dies zu begreifen, dann kann das durchaus auch so sein. Es ist *Vedanta*, der sechste und letzte Darshana (Sichtweise) – das Doktorandenprogramm für den transzendentalen Flug. Seien Sie also liebevoll zu sich selbst. Ich empfehle Ihnen, dieses Kapitel so oft wie möglich zu lesen, wenn Sie die Gelegenheit dazu haben. Weil es vedisch ist, wird dieses Wissen einen Weg finden, etwas in Ihnen zu aktivieren. Vor diesem Hintergrund biete ich Ihnen diesen bescheidenen Vorgeschmack auf die ewige Weisheit an.

Die Veden enthalten Geschichten und Berichte über die

immateriellen Bereiche, welche die Erinnerung daran, wer wir sind und woher wir kommen, wiedererwecken können. Diese Wiedererweckung eröffnet eine neue Perspektive auf das letzte Ziel des menschlichen Lebens, illustriert im sechsten Darshana namens Vedanta – »die letzte Vision«. Dieser letzte Darshana kann Ihnen, dem Atman, eine neue Möglichkeit eröffnen, die Welt zu sehen und in ihr zu leben.

Es gibt aber auch eine psychologische Prämisse für den Umgang mit diesem Prozess. Er unterstützt uns darin, zwischen Atman und Körper zu unterscheiden und uns von unserer langfristigen Bindung an die Materie zu verabschieden. Für uns als menschliche Wesen manifestiert sich unsere Zeit in der Materie immer als eine Art Geschichte. Diese Geschichte kann zusammengefasst werden als ein sich entfaltender Handlungsablauf, in dem jeder Einzelne die Hauptfigur in einem Film ist, den er oder sie weitgehend selbst dreht und produziert. Kurz, wir sind alle ein Werk, das noch in Arbeit ist. Obwohl alles innerhalb der Materie vergänglich ist, verstricken sich die unerfahreneren Studenten vollkommen in ihre eigenen Geschichten. Je näher wir dem Abschlussexamen sind, desto weniger glauben wir an unsere »materiellen Geschichten« oder daran, dass wir wirklich unser Geist und unser Körper sind.

Stellen Sie sich Ihre Geschichte und all Ihre Erinnerungen an vergangene Ereignisse in diesem und früheren Leben als eine Sammlung von Mementos vor – die Schachteln in Ihrem Keller voller Tagebücher, Liebesbriefe und Fotos. Um diese Welt verlassen zu können, müssen wir nicht nur all die Freude und den Kummer der Vergangenheit loslassen. Wir dürfen uns auch nicht mehr an irgendein künftiges Ergebnis innerhalb der Materie haften. Jede Erwartung an einen bestimmten Ausgang der materiellen Geschichte loszulassen verbinden wir im Allgemeinen mit der Angst, dies könne zu Inaktivität führen, zum Nichtstun. Auf der letzten

Stufe des Lernens in der Materie geht es jedoch um die Fähigkeit, alles ohne Anhaftung an die Materie zu tun, während wir uns mit dem Dritten Auge entschieden auf das transzendentale Ziel richten. Dies, meine Freunde, erfordert viel Übung.

DIE SONNE GEHT AUF

Bevor wir nun diskutieren, wie wir in das Transzendentale eintreten können, wird Ihnen eine weitere Metapher sicher helfen, den Übergang von einer Form Ihrer selbst zu einer andern zu verstehen. Den Veden können wir entnehmen, dass unser Atman die Materie unseres Geistes und unseres physischen Körpers genauso erleuchtet, wie die Sonne die Erde erhellt. Mit anderen Worten: Seit Ihr Atman in die materielle Welt eingetreten ist, liegt Ihre »spirituelle Gestalt« schlafend da, während Ihr Bewusstsein in Ihrem physischen Körper schimmert und ihn belebt. Das materielle Leben wird vom Bewusstsein des Atman angetrieben, aber wir haben den Atman vergessen.

Yoga ist der Prozess, in dem die direkte Wahrnehmung unserer spirituellen Körper allmählich wiedererwacht und alle verbleibenden Gelüste, am *Gu* festzuhalten, verbrannt (losgelassen) werden. Gu, die Schmiere – der Körper/die Materie –, ist eine klebrige, statische, unbewusste Substanz. Was den Yoga betrifft, besteht der letzte Schritt des Prozesses darin, die Dekompressionskammer zu betreten, die Taucherausrüstung abzulegen und sich darauf vorzubereiten, im metaphysischen Bereich wieder aufzutauchen, ähnlich wie Jake Sully aus seiner Kammer auftaucht, um der Avatar im Film zu werden.

ODE AN DIE FREUDE

Die Veden beschreiben unsere Atmans als ewig, voll bewusst und von Natur aus freudvoll. Doch wir werden so sehr von bestimmten unausweichlichen Eigenschaften der Materie – Unbewusstheit, Leid und Tod – affiziert oder, genauer gesagt, infiziert, dass wir unsere wahre Natur vergessen. Die Erfahrung aller Transzendentalisten ist, dass sie sich umso freudvoller fühlen, je weniger sie von Materie verdunkelt werden – nicht nur gelegentlich, sondern ständig. Je weniger sie sich der Materie, ihren Geschichten, verhaftet fühlen, desto erleuchteter werden sie und desto mehr gewinnen sie ihren natürlichen Seinszustand der ständigen Freude zurück.

Das vedische Lernen ist keine religiöse Tradition, die auf Glauben basiert. Es ist ein Curriculum der Prozesse; eine Gesamtheit der Beweismittel und der Lehren, die von großen spirituellen Wissenschaftlern empfangen wurden, sozusagen als Downloads von den großen Avataren. Sobald sie diese Lehren oder Einweihungen von einem gelehrten und in diesen Praktiken erfahrenen Guru (Professor) bekommen, müssen die Studenten das Wissen praktisch umsetzen, um das wissenschaftliche Ergebnis zu bekommen.

Ein Buch wie dieses oder ein qualifizierter Lehrer kann die Werkzeuge zur Verfügung stellen, mit denen viele andere in der Vergangenheit das Transzendentale erreicht haben. Aber nur durch Praktizieren jener yogischen Techniken kann man die Lehren nach und nach auch erleben und erfahren. Die höchsten Avatare steigen aus dem transzendentalen Bereich in diese Welt herab. Bedenkt man dies, dann sollte es nicht verwundern, dass eine enthusiastische Anwendung ihrer Methoden dazu beitragen könnte, die beabsichtigten, umfangreichen Erfolge zu erzielen. Allerdings können wir nur wenige Wellen im Ozean dieser ewigen Wahrheit untersuchen. Und in der Tat geben selbst die großen Veden zu, dass sie nur ein Fluss sind, der aus dem großen transzendentalen Ozean zu uns herabfließt.

SO VIELE TÜREN

Die erste Erfahrung der transzendentalen Existenz wird im Sanskrit *Nirvana* genannt. *Van* heißt »der besitzt«, und *nir* heißt »nichts«. Mit unserem materiell orientierten Bewusstsein glauben wir im Allgemeinen, dass jemand, der die meisten Lustobjekte besitzt, auch am glücklichsten ist.

Paradoxerweise sind wir auf unserer materiellen Ebene des Lernens Praktizierende des Gu-Yoga. Wir sind fälschlicherweise überzeugt, dass wir, wenn wir nur die richtigen materiellen Güter in ausreichender Menge sammeln und uns möglichst fest an die Materie binden, eines Tages irgendwie das höchste Glück erlangen. Dann werden wir zufrieden sein. Darf ich fragen, wie das gehen soll? Wohin wir auch schauen, suchen Menschen auf diese Weise nach dem höchsten Glück. Die Leute praktizieren eifrig alle möglichen Extraglieder des Yoga, die ihnen einen kurzfristigen Lustgewinn bescheren: Eiscreme-Yoga, Geld-Yoga, Sex-Yoga, Drogen-Yoga und so weiter.

Das wundert noch nicht einmal den Transzendentalisten. Jeder Atman möchte Lust, Glückseligkeit und Befriedigung erlangen. Natürlich versuchen wir, diese Sehnsüchte dadurch zu erfüllen, dass wir zuerst unsere Sinne erfreuen und dann unseren Geist. Und schließlich wollen wir sie alle auf einmal stillen, und zwar sofort. Zugegeben, es mag erfreulicher sein, reich zu sein und sich mies zu fühlen, als arm und auch noch schlecht drauf zu sein. Aber historische Zeugnisse belegen immer und immer wieder an Königen und Königinnen, Tyrannen, Managern, Thronfolgern, Film- und Rockstars, dass keine noch so ausgiebige materielle Erfahrung dauerhaftes Glück bescheren kann.

Aus diesem Grund folgt der erste transzendentale Pfad, Nirvana, einer umgekehrten oder dekonstruktiven Logik. Fast alle Menschen auf der ganzen Welt arbeiten die ganze Zeit schwer, um mehr materielles Glück zu erlangen, aber nur sehr wenige sind glücklich. Niemand ist dauerhaft zufrieden. Daraus schließen manche, dass die Materie vergänglich ist und die einzige Lösung darin besteht, sie ganz hinter sich zu lassen. Der vielleicht berühmteste Weltentsager war Gautama Buddha, ein wohlhabender vedischer Prinz aus Nordindien.

BUDDHA – DER GROSSE UNTERSCHEIDER

Als Junge lebte Buddha in einem Palast, vorsätzlich verhätschelt und weit entfernt von den Realitäten der äußeren Welt. Eines Tages verließ er in Begleitung eines Dieners heimlich den Palast, und was er draußen erlebte, schockierte ihn. Er hörte die Schmerzensschreie einer Gebärenden. Er sah einen von einer schrecklichen Krankheit entstellten Mann. Er sah eine andere Person, die vom Alter gebeugt und verkrüppelt war. Und schließlich sah er eine Leiche, die zum Verbrennungsplatz gebracht wurde. Aus seinen Beobachtungen schloss Buddha, dass die Welt ein Ort des Leidens ist, hervorgerufen durch die allgemeine Gier und das Festhalten am Materiellen, das vergänglich und daher unbefriedigend ist. Daher ist Nirvana, wie es von Buddha gelehrt wird, die Befreiung. Sie wird erreicht, wenn man nichts Materielles besitzt und auch keine materiellen Wünsche mehr hat.

Die extremsten Anhänger dieses Weges tragen nur die wichtigsten Kleidungsstücke, die keine Nähte enthalten, sowie einfache Sandalen, und ihr einziger Besitz ist eine hölzerne Bettelschale. Einmal am Tag gehen sie von Haus zu Haus und betteln sich Essensreste zusammen. Die das Nirvana suchenden Mönche erfüllen ihre einzige materielle Notwendigkeit, indem sie akzeptieren, was immer ihnen an Essen angeboten wird (vorzugsweise vegetarisch). Natürlich wird jemand, der auf materielle Freuden aus ist und vielleicht sogar süchtig danach ist, ein solches Leben erbärmlich finden. Aber diejenigen, die bereit sind, diesen Weg zu gehen, können sich von allen unnötigen materiellen Sorgen und Belastungen befreien. Die meisten von uns finden es merkwürdig, dass diese Mönche offensichtlich ständige Freude erleben und eine Freiheit, die viel intensiver ist als jede Art von Freiheit, die sie früher aus irgendwelchen materiellen Beschäftigungen gezogen haben.

Das Erreichen des Nirvana ist dekonstruktiver und negierender, als alle anderen Pfade dies zu sein beabsichtigen. Die Mönche kommen dadurch voran, dass sie nicht fragen, wer sie sind, sondern, wer sie nicht sind. Der Sanskrit-Begriff dafür ist *neti neti* oder »nicht dies, nicht das«. In dem Prozess geht es darum, jedes Stück materiellen »Schleims« *(Gu)* einzeln zu untersuchen und alles zu verwerfen, was vergänglich ist, und alles davon ist vergänglich. Der Pfad des transzendentalen Strebens nach Nirvana ist ein »gegenläufiges Verarbeitungsprogramm«, das auch noch den letzten Verdacht auf Materie auslöschen will. Im Laufe dieses Prozesses wird seine Wirkung – ein Gefühl der Erleuchtung und Freiheit – immer deutlicher. Wenn sie sich schließlich in keiner Weise mehr von Materie verdunkelt oder gestört fühlen, rufen diejenigen, die das Nirvana erreichen: »*Gate gate paragate parasamgate bodhi svaha.*« Das ist Sanskrit für: »Gegangen, gegangen, hinübergegangen, ans andere Ufer gegangen, das reine Wissen erlangt. Heil!«

Mit unserem materiellen Bewusstsein streben wir nach der höchsten materiellen Lust. Der Yogi weiß jedoch, dass diese höchste Lust innerhalb der Materie nicht erreicht werden kann. Der unnachahmliche und große Buddha hat aus unendlichem Mitgefühl sein Leben der Aufgabe gewidmet, jeden Atman vom Leid zu entlasten und ihm die Freude der Befreiung zu bringen.

Aus vedischer Sicht ist der buddhistische Ansatz eine Art Klinik. Dort werden kosmische Abhängigkeiten geheilt, bis die Menschen schließlich all ihre Wünsche und Anhaftungen

an die materielle Welt löschen können. Dieser Reinigungs-
prozess endet jedoch eher damit, dass wir erfahren, wer wir
nicht sind, als wer wir sind. Und obwohl die Vorstellung
vom Nirvana in den Veden auftaucht, wird er daher mehr als
ein profunder Zwischenschritt zur Befreiung gesehen denn
als das letzte Ziel. Einige wichtige vedantische Fragen bleiben unbeantwortet: Woher kommt diese ganze Realität?
Was ist ihr Ursprung? Warum ist Individualität entstanden?
Was ist ihre höchste positive Form oder ihr höchster positi-
ver Ausdruck? Wer sind wir in Ewigkeit? Und wo leben wir
für die Ewigkeit? Glücklicherweise wurden uns detaillierte
Antworten auf diese Fragen von den großen Avataren übermittelt, und zum Glück wurden sie von den größten Mysti-
kern und vedischen Weisen empfangen.

EINS MIT ALLEM

Die zweite Erfahrung des transzendentalen Bereichs heißt
Akshara-Brahman. Akshara bedeutet »unvergänglich, unzerstörbar, dauerhaft« und »unsterblich«. *Brahman* kommt von
der Sanskrit-Wurzel *Briha* mit der Bedeutung: »jene vollkommen bewusste Existenz, die sich in Ewigkeit ausbreitet, ganz
und ohne Grenzen« und: »die strahlende Quelle von allem,
was wir erfahren« sowie: »nach außen hin voll von allem,
was über unsere derzeitige Erfahrung hinausgeht«. Auf diese
Weise deuten die Veden an, dass Brahman nicht durch Erfor-
schen oder Zurückweisen von Materie erkannt werden
kann. Anders als die Vorstellung vom Nirvana – ein leerer
Zustand nach Auflösung aller materiellen Konzepte – ist
Brahman das hell strahlende Licht der ewigen Existenz.
Brahman wird auch *Brahmajyoti* genannt, das »Licht der
ewigen, bewussten und freudvollen Existenz«.

Brahman wird, obwohl es ganz ist und sich nach außen
hin ausdehnt, auch als »stets frei von allen Dualitäten, Ge-
gensätzen und Widersprüchen« bezeichnet. Das mag para-

dox klingen. Obwohl also die vielen Teile der Materie eine Fragmentierung oder Dualität der Existenz suggerieren und entsprechende Erscheinungsbilder hervorbringen, sagen die Veden, dass Brahman als einmalige und ungeteilte Existenz bleibt. Kurz, die Meditation über die Bedeutung von Brahman ist für den aufstrebenden Transzendentalisten entscheidend. Der Atman, unsere wahre, ewige Natur, stammt aus dieser Brahman-Existenz und ist gleichzeitig ein äußerer Teil davon. So, wie wir den Weltraum, die Planeten und Sterne in unserem Universum als uns umgebend erleben, so dehnt sich auch der grenzenlose, strahlende Brahman-Himmel überallhin aus – ohne Einschränkung alles schaffend und umfassend.

Unsere vielen materiellen Universen werden in den Veden als Trillionen und Abertrillionen zeitweiliger Aufenthaltsorte bezeichnet, die aus der unbegrenzten und freudvollen Brahman-Realität auftauchen und wieder damit verschmelzen. Sie ist der endlose Himmel der positiven Existenz. Außerdem gibt es die ewige Klangschwingung *Om*, die in den Veden als die klangliche Manifestation dieser Brahman-Realität beschrieben wird.

Nach den Veden muss der Atman, wenn er sich an den Brahman-Zustand erinnern und wieder in ihn eintreten will, die Materie abwerfen oder darf sich nicht länger mit ihr identifizieren. Im Sanskrit wird dieses positive letzte Ziel als *Aham Brahmasmi* bezeichnet, und das heißt: »Ich bin/mein Wesen ist identisch mit der Brahma-Existenz.« Wenn Atman dies weiß und das Mantra *Om (AUM)* erklingen lässt, kann er die materielle Universität verlassen und wieder in die strahlende Atmosphäre des Brahman zurückkehren. Er kann dann mit dessen wahrem Wesen verschmelzen, das, wie sich herausstellt, mit dem unseren identisch ist.

Diese vedantische Auffassung, nach der unser Atman mit Akshara-Brahman identisch ist, wurde in den letzten etwa zwölfhundert Jahren von den vielen Schülern des großen Vedanta-Lehrers Adi Shankara populär gemacht. Diese großen Professoren der vedischen Weisheit stellten ein kommentiertes Kompendium aus Schlüsselaussagen aller vedischen Texte zusammen. Bei diesen Ansichten handelte es sich nicht um akademische Präsentationen der abstrakten Wahrheit, sondern vielmehr um Landkarten oder Wegbeschreibungen zum letzten Ziel. Dort fand man auch Anweisungen für den letzten Schritt von der Materie zurück in den transzendentalen Bereich. Auf der ganzen Welt haben Vertreter der Religionen, Philosophen und Mystiker diese Om-Schwingung praktiziert und erfahren. Sie haben sich dabei vorgestellt, wieder in das große Licht der Ewigkeit einzugehen. Die Wahrheit über unsere Einheit mit der Quelle allen Seins verbreitete sich von Indien über die Jahrtausende wie ein goldenes Lauffeuer.

Der Slogan, der Shankaras monistische Enthüllung unserer wahren Natur auf den Punkt bringt, lautet: »*Jagat Mithya, Brahma Satya.*« Das heißt übersetzt: »Die Welt der Materie ist eine Illusion, aber Akshara-Brahman existiert in Ewigkeit.« Die Avatare erklären es so, dass alle Atmans mit Akshara-Brahman identisch sind. Doch selbst auf dieser Stufe der Bewusstheit bleiben Fragen, die sich weder mit der Leere des Nirvana noch mit unserem Aufgehen im goldenen Licht des Brahman beantworten lassen.

FRAGE EINS: Wenn unsere Individualität kein Teil unserer letzten, ewigen Conclusio ist, warum und woher ist sie dann überhaupt ins Spiel eingetreten?

FRAGE ZWEI: Woher stammen die Ausprägungen der endlosen Schönheit und persönlichen Liebe? Kurzum, warum sind wir Individuen, und woher kommen unsere Affinität für und Sehnsucht nach Liebe und Schönheit?

SICH IN DER MITTE TREFFEN

Um diese Fragen anhand der vedischen Texte zu beantworten, erschienen im Laufe vieler Jahre einige Meister, die einen differenzierten letzten Schluss für unsere Reise des Lernens präsentierten. Shankaras monistische oder »Einheit mit dem Brahman«-Sicht wird *Advaita* oder Nicht-Zweiheit genannt, denn er regte an, dass die vielen Atmans in den Brahman eingehen und in ihm aufgehen sollen. Anschließend würden sie dann nicht länger ihre Individualität zum Ausdruck bringen und hätten auch keine Form mehr.

Die anderen Meister des Vedanta, vor allem Ramanuja, Madhva, Nimbarka, Chaitanya und Swami Narayan, stimmten mit Shankara darin überein, dass wir dieselbe Natur haben wie der Brahman. Sie fügten hinzu, dass die Veden ganz klar sagen, im Innern des Brahman sei eine andere, vollkommen transzendentale Welt der Formen und Wesen.

Sie sagten auch, dass wir, sobald wir als Atman in Brahman eingehen, die freie Wahl haben, unsere charakteristische Individualität beizubehalten. Wir nehmen dort eine transzendentale Gestalt ein, eine Art ewigen Lichtkörper – und in diesem Körper erleben wir auch weiterhin und bis in alle Ewigkeit Schönheit und Liebe. Aus dieser Sicht interagieren wir mit dem Höchsten Wesen, *Bhagavan*, in einer süßen, liebenden Beziehung in den Wäldern und auf den Wiesen des Akshara-Brahman.

Das Sanskrit-Wort *Bhaga* bedeutet »sechs Eigenschaften oder wünschenswerte Dinge: Reichtum, Kraft, Wissen, Schönheit, Ruhm und Entsagung« und bildet zusammen mit *van*, »der besitzt«, das vedische Wort für das Höchste Wesen – Gott. Dieses Wesen, das die sechs Bhagas im Überfluss hat, heißt *Bhagavan*. Das Wort, das oft als sein Begleiter auftaucht, ist *Krishna*, und das bedeutet »höchst attraktiv« oder das Wesen, das »so verlockend und attraktiv ist, dass ihm niemand widerstehen kann«. Häufig sieht man diese beiden Worte in Kombination, nämlich als *Bhagavan Krishna*. Das ist die vedische Definition von unserem Gott, dem Höchsten Wesen, der laut den Veden auf transzendentalen Planeten innerhalb des Akshara-Brahman wohnt.

Wo also Shankara Advaita-Vedanta lehrte, lehren diese anderen Meister unterschiedliche Versionen von Dvaita-Vedanta. *Dvaita* bedeutet »Unterscheidungen« – nicht etwa »Dualismus«, wie es oft übersetzt wird. Die Idee dahinter ist, dass wir, wenn wir wollen, bei unserer Befreiung und nachdem wir in den Brahman eingegangen sind, als unverwechselbare Individuen weiterleben können. Nun aber umgeben von ewiger, göttlicher Schönheit und in Begleitung des Höchsten Wesens, *Bhagavan Krishna*.

Obwohl Yogis und Professoren eine persönliche Vorliebe für die eine oder andere Ansicht haben mögen, ist klar, dass in den Veden beide Ansichten vertreten sind. Das Ergebnis ist eine größere Wahlfreiheit, selbst wenn wir die Universität der Materie verlassen und vorbei am leeren Raum des Nirvana weiter in das ewige Licht des Akshara-Brahman gehen. An diesem wundersamen Punkt haben wir die Wahl, entweder in einem ewigen Zustand der bewussten Glückseligkeit mit dem Brahman zu verschmelzen, oder wir betreten einen der endlosen transzendentalen Planeten, die in den Veden als *Vaikuntha Loka* beschrieben werden beziehungsweise als »die Planeten der ewigen Liebe, wo niemand Angst oder Furcht hat«. Die vielen Atmans, die sich dafür entschieden haben, leben im Himmel des Akshara-Brahman auf einem Vaikuntha-Planeten und setzen ihre individuelle Existenz miteinander und mit dem Höchsten Wesen, Bhagavan oder Gott, fort.

Wenn jemand an dieser persönlichen Sicht des Transzendentalen festhält und diese Wahl trifft, zeigt sich die Höchste Realität als liebendes Wesen mit einer eigenen Persönlichkeit und dem Namen Shri Bhagavan Krishna. Aus dieser Perspektive betrachtet, handelt es sich hier um das höchste, transzendentale, persönliche Göttliche, das als der höchste Avatar, über den wir gesprochen haben, herabsteigt. All die Schönheit, die wir in der Materie gesucht haben (und nicht erlangen konnten), einschließlich unseres eigenen wahrhaftigsten Menschseins und der bedingungslosen Liebe anderer Wesen, existiert aus dieser Sicht auf ewig im Akshara-Brahman und in den vielen Vaikuntha-Lokas.

Wenn beide vedantischen Sichtweisen richtig sind, was nach Auskunft der Veden der Fall ist, dann sind wir es, die wählen können, was wir aus dem Transzendentalen mitnehmen und wie wir dort leben. Das wird deutlich, wenn die höchsten Avatare von ihrem Wohnort in einem Vaikuntha des Akshara-Brahman herabsteigen. Dem einen Sucher erscheinen die Avatare als die eine große Realität, in der sie aufgehen, mit der sie verschmelzen und in die sie ganz eingehen möchten. Für den anderen Sucher ist der höchste Avatar das Göttliche in einer Person, die mit einer Einladung zum ewigen Tanz auf die Erde kommt.

Es ist eine große Aufgabe, diese drei Wege nachzuzeichnen. Machen Sie sich keine Sorgen, wenn es Ihren Verstand übermäßig beansprucht hat. Ich werde die drei Szenarien wiederholen und dabei einen Filmprojektor als Metapher nehmen. Das wird sehr dabei helfen, die feinen Unterschiede zwischen transzendentalem Nirvana, Brahman und Vaikuntha-Loka zu klären.

SZENARIO EINS: Sie schauen sich einen Film an. Er symbolisiert das Leben, wie es die meisten von uns sehen – die materielle Welt. Weil Sie sich von diesem Film, also von der materiellen Welt so angezogen fühlen wie wir alle, rennen Sie auf den Bildschirm zu, versuchen sich mit den Darstellern zu verbinden und ein Teil des Filmes zu werden. Stattdessen – rums – knallen Sie mit dem Gesicht gegen den Bildschirm und holen sich eine blutige Nase: Geburt, Krankheit, Alter,

Tod. Nachdem Sie das mehrmals getan haben, während vieler Lebenszeiten – es ist ein Epos –, geben Sie auf, setzen sich neben den Bildschirm und fangen an, über all diese Bilder zu meditieren. Sie werden bald herausfinden, dass die Bilder nicht sind, was sie zu sein scheinen, da sie vergänglich sind. Sie sind noch nicht einmal dort, wo sie zu sein scheinen. Sie sind ganz klar etwas anderes als der Bildschirm. An diesem Punkt erkennen Sie, dass Sie nicht in dem Film mitspielen können, da der Film nicht Sie ist. Und durch diese tiefe Erkenntnis werden Sie frei und losgelöst, transzendental und erlangen das Nirvana.

SZENARIO ZWEI: Als Nächstes bemerken Sie aus dem Winkel Ihres Dritten Auges, dass die Bilder auf dem Bildschirm in Wirklichkeit von einem Projektor – dem Schöpfer, Brahma, und den Devas – nach unten geworfen werden. Und während Sie das strahlende Licht bis zurück zu seiner Quelle verfolgen, steigen Sie durch immer höhere und feinere Bereiche der Materie, Bereiche der Devas, nach oben. Sie steigen höher und höher, bis Sie schließlich die Linse des Projektors erreicht haben. Wenn Sie nun Ihr Auge ganz nah an die Linse bringen, verschwinden der Bildschirm und die Formen, sprich die Bilder, im blendenden, freudvollen Glanz des goldenen Lichtes. Sie sind glücklich. Indem Sie sich in diesem Licht sonnen, haben Sie eine andere Form der Transzendenz erreicht: Akshara-Brahman, den positiven, aber formlosen Zustand ewigen, bewussten und freudvollen Seins.

SZENARIO DREI: Sie finden sich irgendwo in diesem goldenen Licht wieder und stellen sich eine letzte Frage: »Moment mal! Wenn das goldene Licht wirklich formlos ist, wie sind dann die Formen, die als Film (Bereich der Materie) zu sehen waren, aus einer formlosen transzendentalen Realität aufgetaucht?« Fasziniert, gefesselt und bezaubert, dringen Sie noch weiter in die Glückseligkeit hinter der Linse des Projektors vor und gelangen in den Projektionsraum, wo wieder Formen sichtbar sind. Toll. Sie sehen, dass Sie noch über diesen Raum hinausreisen können zu dem Ort, wo der Film (die materielle Welt) gemacht wurde (Vaikuntha-Loka). Dort treffen Sie die Schauspieler, den Regisseur, die Filmarchitekten und Kostümbildner und sogar die Person, die hinter all dem steckt, das Höchste Wesen. Sie bekommen keine Autogramme, Sie tanzen und Sie erkennen, wie sich alles entfaltet: Die materielle Welt ist eine reale, aber kurzfristige Spiegelung auf dem Bildschirm der Materie, eine Projektion der ewigen Formen und Wesen, die auf anderen Planeten im Bereich des Transzendentalen leben.

An dieser transzendentalen Party für die Filmcrew, die befreiten Atmans, möchten die Anhänger des unterscheidenden Vedanta teilnehmen – jenseits des Nirvana und jenseits der Brahman-Erfahrung des reinen Einsseins in Vaikuntha-Loka, wo die ganze ursprüngliche und ewige Schönheit spielt.

In Vaikuntha-Loka treffen wir die unzähligen ewigen Wesen sowie das Höchste Wesen, Bhagavan, und sein ewiges, nicht von ihm trennbares weibliches Gegenstück. Alle diese göttlichen, transzendentalen Wesen haben Lichtkörper anstelle der nur teilweise erhellten dunklen Körper aus Materie. Hier existieren Form und Schönheit, Blumen, Bäume, hier ist alles – ohne Geburt, Krankheit, Alter und Tod. Das ist Vaikuntha-Loka, wo all die ursprünglichen, ewigen, wunderschönen transzendentalen Formen die wahre Welt bilden, die in die materielle Welt gespiegelt wird. Die Welt, auf der wir uns jetzt befinden, ist eine »Fotokopie« des transzendentalen Bereichs.

Das sind die drei transzendentalen Bereiche, und alle drei liegen zum Glück jenseits all dessen, was wir hier erfahren können. Den Avataren zufolge gehen wir auf das zu, was wir anvisieren. Wir gehen auf das zu, wonach wir uns sehnen. Sie müssen sich nicht anschnallen. Sie müssen sich losschnallen.

EINE ZUSAMMENFASSUNG DES TRANSZENDENTALEN

Aus der Nirvana- und Akshara-Brahman-Perspektive sieht Befreiung so aus, dass wir diese Welt hinter uns lassen und uns in einen leeren oder unpersönlichen, endgültigen Zustand begeben. Dieser ist zwar frei von Leid, aber auch frei von jener Schönheit, die uns in der Materie so fasziniert hat. Weder im Nirvana noch im Brahman gibt es Blumen, und es gibt auch keine Individuen, die an ihnen riechen könnten. Obwohl diese Zustände als freudvoll und frei von Leid bekannt sind, sind sie auch homogenisiert und ähneln eher dem Zustand eines Embryos im Mutterleib, denn der Atman hat keine Individualität mehr. Es gibt keinen Gott, Bhagavan oder Höheres Wesen, mehr und keine Ausprägungen der Schönheit und der Sehnsüchte, die uns einst veranlasst haben, im Reich der Materie zu leben, und die immerhin die treibende Kraft für die Materie sind.

AUF EWIG DEIN IM TRANSZENDENTALEN

Im transzendentalen Bereich gibt es keine moralischen oder dualistischen Konflikte. Jeder ist befreit und kann kreativ spielen. Es gibt einen Grund für diese harmonische und erhabene Interaktion: Im Zentrum aller Aktivitäten sind die Höchsten Wesen – männlich und weiblich, das göttliche Paar – in Person sichtbar und liebevoll präsent. Sie werden unter Millionen von Namen von ihren Anhängern in den zahllosen Trillionen von Universen angerufen. Alle, die dort wohnen, können diese Höchsten Wesen sehen, verehren, ihnen dienen und frei mit ihnen kommunizieren und interagieren.

Das englische Wort *supreme*, das wir hier in Kombination mit »Wesen« als »Höchstes« übersetzt haben, ist verwandt mit den beiden Sanskrit-Worten, welche die höchste Ebene der göttlichen Liebe und des süßen Dienstes beschreiben. *Su* bedeutet »tausendmal besser«, und *Prema* ist »die reinste, ekstatischste, außergewöhnlichste und köstlichste Liebe«, die zwischen dem göttlichen Paar und den zahllosen Atmans ausgetauscht wird. Die befreiten Seelen, die daran teilhaben möchten, können in den transzendentalen Welten in ihrer Gestalt und in ihrer unverwechselbaren Individualität auf ewig und in unbegrenztem Maße die süßeste Liebe erleben und austauschen – eine Liebe, auf die unsere vielen Erfahrungen, die wir mit der Liebe in der Materie gemacht haben, nur hinweisen können.

Bewahren Sie das Bild dieser Liebe in Ihrem Geist und in Ihrem Herzen. Bedenken Sie, dass das Höchste Wesen, die Quelle von allem – der Große Gott, der manchmal als allmächtig, zornig und urteilend beschrieben wurde –, uns tatsächlich in genau der liebenden Form erscheinen kann, die wir uns ersehnen. Den Yogis zufolge wird dieses *Su-prema*-Wesen Liebe mit uns austauschen, wie wir es uns wünschen. Das wird als Rasa beschrieben, der »Geschmack« der Liebe. Und *Su-prema* bedeutet »tausendmal größer als die größte Liebe«.

Die Avatare sagen uns, dass es viele mögliche Geschmacksrichtungen der Liebe gibt. Sie sind denen, die wir auf der Erde erleben, verwandt und ähnlich. Es ist klar, dass der Geschmack der Liebe zu einem Kind, einem Meister, einem Freund, einem Elternteil und einem Geliebten von sehr unterschiedlichen Emotionen gewürzt ist. In Vaikuntha – »dem Wohnort, wo es keine Angst gibt« – können all diese Formen der Liebe in unbegrenztem Ausmaß erfahren werden. Die Veden verraten, dass wir in das transzendentale Heim von allem gehen können, dass wir die grandiosesten Partys besuchen und in den Räumen der Ewigkeit Wange an Wange mit Bhagavan tanzen können – der erstaunlichsten Person, die es gibt. Die Erde ist eine Art Übungsplanet, wo wir der liebevollste Mensch werden können, der uns möglich ist. Und dann, wenn wir wissen, wie man Liebe austauscht und anderen auf viele verschiedene Weisen zu Diensten ist, gehen wir weiter in die transzendentale Heimat des Höchsten Wesens.

WILLKOMMEN ZU HAUSE

Die vedischen Weisen sagen: »Wenn wir erst frei sind von der Materie und von den Beschränkungen der materiellen Welt, im Moment unseres Examens, kurz nachdem wir unseren materiellen Körper verlassen haben, dann werden wir in einem großen fliegenden Schiff zu den Grenzen von Vaikuntha geflogen. Sofern wir beschlossen haben, diese unverwechselbaren Bereiche betreten zu wollen. An der Grenze von Vaikuntha liegt ein großer See namens Ara, in dem wir baden. Dann überqueren wir einen wunderschönen Fluss namens Viraja. Am Tor zum Reich treffen wir dann Hunderte von fröhlichen Bewohnern, die uns mit unvergänglichen Blumengirlanden begrüßen und uns erfrischende Früchte von den Kalpa-Vriksha-Bäumen anbieten. Das sind Bäume, die alle Früchte tragen, die man sich wünscht. Wir werden mit göttlichen Düften gesalbt, in wunderschöne Roben gekleidet und in eine große Halle geführt, wo Bhagavan und Bhagavati, das göttliche Paar, uns persönlich zu Hause willkommen heißen. Gemeinsam feiern wir das Ende unserer epischen Reise durch die Reiche des Materiellen.

Aus diesem transzendentalen Bereich sind die höchsten Avatare herabgestiegen, um uns unsere wahre Heimat zu enthüllen – den transzendentalen Akshara-Brahman und die Vaikuntha-Planeten der ewigen, kreativen, liebenden Freiheit. Wissen über Vaikuntha und zahllose andere Geheimnisse werden von den Avataren in den beiden großen Epen enthüllt, die sie während ihrer letzten beiden Besuche auf der Erde hinterlassen haben. Diese Epen heißen *Ramayana* und *Mahabharata*, und mit ihnen wollen wir uns gleich beschäftigen.

Kapitel 12

RAMA UND SITA – DIE EWIGE ROMANZE

*NAMASTE. Ich sehe dich, glühend
im Garten deines Herzens wie Sita,
die auf Rama wartet, wie Hanuman,
der seine Kraft im heiligen Dienst findet,
wie Jatayu, der sein Leben für die
Wahrheit gibt. Auch du bist im Exil,
fern von deinem wahren Wesen, und
wanderst durch den dunklen Wald der
Materie auf der Suche nach eine Liebe,
die niemals enden wird.*

VOR LANGER, langer Zeit, als die Erde noch ein junges Mädchen war, war Indien – damals als Bharata bekannt – ein üppiger Garten mit Urwäldern und wohlriechenden Tälern. Die Kälte hatte hier keine Macht. Es gab Früchte und Nahrungsmittel aller Art. Eine große Vielfalt an duftenden Blumen existierte im Überfluss, und niemand musste jemals Hunger leiden. Ehrwürdige weise Männer durchstreiften furchtlos die Wälder und meditierten über Brahman und Bhagavan, die unbegreifliche, grenzenlose Wirklichkeit. Yogis lebten im Wald und achteten darauf, dass das Gleichgewicht von Mutter Natur gewahrt blieb. Unter den schützenden Ästen der riesigen, urtümlichen Banyan-Bäume richteten sie Schulen für ganzheitliches Lernen ein. Diese Bäume nahmen das ständige Singen der vedischen Hymnen in sich auf und speicherten es in ihren Jahresringen, sodass alle Moleküle ihres Seins mit dem heiligen Klang vibrierten.

Das Ende des zweiten Zeitalters war nah. Die kosmische Uhr hatte bis ins silberne Zeitalter getickt. Das goldene, vollkommene Zeitalter gehörte bereits der Vergangenheit an. Und nun ging auch das silberne zu Ende und begann, seine Schatten in das nächste, das feindliche bronzene Zeitalter zu werfen. Böse Omen und Anzeichen einer Unruhe zeigten sich in den dunklen Winkeln des Waldes. Das Böse offenbart seine Präsenz nicht leicht. Es ist ein Feigling und flüstert deshalb so lange im Dunkeln, bis es die Wahrheit des Dharma untergraben hat. Erst dann kommen die Dunklen aus ihren Verstecken und legen ihre Tarnung ab.

STURMWARNUNG

Im goldenen und im silbernen Zeitalter hatte man die Devas und Devis aus den höheren Gefilden regelmäßig auf Bhumi gesehen. Ihre blinkenden Blütenflugzeuge, die von den Impulsen heiliger Klänge angetrieben wurden, waren oft irgendwo auszumachen. Wunderschöne Apsaras, die sinnlichen Diven der Devas, wurden häufig beim Baden im kristallklaren Wasser der Bergbäche überrascht. Gelegentlich geschah es, dass sich ein tief im Wald meditierender Yogi oder ein edler Prinz und eine unvorstellbar schöne Apsara bei einem kurzen, unvermeidbaren Stelldichein vereinigten. Auch wenn die Devas und die menschlichen Oberhäupter es gleichermaßen missbilligten. Durch deren Verbindung kamen zwei Welten zusammen. Die Devi wurde schwanger, brachte gleich darauf ein Kind zur Welt und kehrte dann an ihren feinstofflichen Wohnort zurück. Solche Kinder, halbgöttliche Devas, wuchsen oft zu außergewöhnlichen Menschen heran.

Manchmal warben die Devas auch irdische Könige an. Sie sollten ihnen im Kampf gegen die kosmischen Dunklen beistehen, welche die Harmonie und das Gleichgewicht in der Welt der Materie bedrohten. Die Veden machen deutlich, dass in den Reichen der Materie immer eine Mischung aus Licht und Schatten herrscht. Es ist dort anders als rund um die Quelle des Lichtes im Transzendentalen, wo es nur bewusstes, freudvolles und strahlendes Sein gibt. In den vielen Trillionen Universen ist also immer ein Hell-Dunkel-Verlauf zu beobachten. Das Licht ist die Domäne der Strahlenden – der Devas –, während das Dunkel die Heimat der Asuras ist, der Dunklen, die das Licht ebenso bekämpfen wie alles, wofür es steht.

In den Reichen der Materie ist diese Zweiteilung in Gegensatzpaare allgegenwärtig. Manchmal vertreibt das Licht das Dunkel, aber es kommt auch vor, dass die dunklen Wolken des asurischen Chaos alles Leben bedrohen. Alle Atmans, die in die materielle Welt kommen, laufen Gefahr, auf die dunkle Liste der Asuras gesetzt zu werden. Im dunklen Wald der Materie kann sowohl das Gute als auch das Böse hinter jeder Ecke lauern. Weil Menschen einen freien Willen haben, können sie sich sowohl für Erleuchtung als auch für Verdunklung entscheiden. Sie können sich der Armee der Devas oder dem Heer der Asuras anschließen – aber kämpfen müssen sie!

So, wie es in unserem Körper Helferzellen und manchmal auch Krebszellen gibt, sagen die Epen, wuchs vor der indischen Küste, auf jener Insel, die heute Sri Lanka heißt, ein bösartiger Tumor. Der dunkle Lord im Zentrum dieses schwärenden Nestes war Ravana, ein Yogi, der »böse geworden« war. Nachdem er alle mystischen Kräfte der Devas erlangt und auch noch deren Segen bekommen hatte, hatte sich Ravana um seiner persönlichen Verherrlichung willen für die dunkle Seite entschieden. Berauscht von seiner immensen Macht, begann er, die dunkle Kunst zu praktizieren, anderen seinen Willen aufzuzwingen. Um die Kraft anderer noch schneller in sich aufzunehmen, wurde er sogar zum Kannibalen. Niemand war vor seiner schrecklichen Macht sicher. Unter dem Einfluss von so viel Gier veränderte sich sein Körper. Er wurde ein *Rakshasa*, ein »Esser menschlicher Herzen«. Ihm wuchsen zehn grimmige Köpfe, und obwohl er zunächst immer noch ansehnlich aussah, verzerrten und deformierten ihn seine vielen bösen Taten immer mehr. Das Vergewaltigen schöner Frauen war eine seiner Lieblingsbeschäftigungen, und damit stürzte er viele Frauen ins Unglück, bis ihn eines seiner Opfer verfluchte, indem sie sagte, wenn er sie noch einmal vergewaltige, müsse er auf der Stelle sterben.

Wo immer Ravana mit seinen zehn heißhungrigen Köpfen auftauchte, schrien die Menschen vor Schmerz über seine Gräueltaten. Es schien unmöglich, Ravana aufzuhalten – ein Monster, geschützt durch die Gnade seiner früheren Praxis des Yoga und der Askese. In seinem Stolz hatte er vergessen, um Immunität gegenüber einfachen Menschen und Tieren zu bitten. Weil er das übersehen hatte, konnte einer von diesen Ravana töten.

ATMANS IN GEHEIMER MISSION

Es wurde eine Verschwörung angezettelt. Weder Ravana oder irgendein Deva oder Mensch konnten die Tragweite dieses Geschehens erfassen. Die Zeit war gekommen für einen Herabstieg des großen Avatar Bhagavan, des allmächtigen, alles wissenden, alles liebenden Freund von allem, der auf ewig sichtbar auf den strahlenden Wiesen des Brahman lebt – in Vaikuntha, dem freudvollen Reich, wo es keine Angst und keine Furcht gibt. Dies war der historisch richtige Moment für einen Besuch bei Mutter Erde. Es kam die Verkörperung des Dharma, der Wahrheit, der Güte, der Kraft, des Schutzes, der Weisheit und vor allem der süßesten Liebe. Bhagavan nahm die Gestalt eines menschlichen Prinzen namens Shri Rama an und stieg in geheimer und gezielter Mission aus Barmherzigkeit auf die Erde hinab. Dort wurde er in der edelsten königlichen Familie Indiens geboren. Auch Lakshmi, sein ewiges weibliches Gegenstück, sollte eine zentrale Rolle in diesem Teil der Geschichte spielen. Sie nahm die Gestalt von Shri Sita Devi an und wurde in einer anderen bedeutenden Familie geboren, als Tochter des Königs Janaka.

Bhagavan, der beim Gedanken an das große Abenteuer, das sie vor sich hatten, lachen musste, lud Tausende seiner Freunde und Helfer in den Brahman ein. Von dort sollten sie hinabsteigen, um in bedeutenden Familien und an wichtigen Orten geboren zu werden. Und als er den größten unter den Devas anwies, in den Wäldern Indiens als Affen und Bären geboren zu werden, lachte er noch lauter. Tiere, wie sie noch nie zuvor jemand gesehen hatte und wie danach niemand mehr sehen würde, machten sich bereit für ihre irdische Geburt und darauf, Ravanas unerwartete Nemesis zu werden. Der größte aller Devas ist Vayu, der Wind. Er hatte Bhagavan schon lange gebeten, ihm einen besonderen Dienst erweisen zu dürfen. Mit einem Augenzwinkern erfüllte Bhagavan seinen Wunsch, und der mächtige Deva verwandelte sich in Hanuman, den Affengeneral, welcher der Held dieser Geschichte werden sollte. So ist Bhagavan – er lenkt alles im Hintergrund und zollt jenen Anerkennung, die er liebt.

Shri Rama und Sita schauten sich an und lachten erneut über den Plan: Bhagavan (Rama) und seine ewige Gefährtin (Sita) waren kurz davor, als perfektes Königspaar auf der Erde geboren zu werden. Ravana wusste nichts von dieser Verschwörung, in deren Zentrum er sich befand. Aber Bhagavan und seine Freunde planten, einen Avatar nach unten zu schicken und ihn zu begleiten, um die Erde vor dem Bösen zu retten, die Unschuldigen zu segnen und einen epischen Affenzirkus in Gang zu setzen. Dies war allerdings kein alltäglicher Feld-Wald-und-Wiesen-Avatar eines Deva oder eines brillanten göttlichen Wesens. Dies war die Ankunft des

Purna-Avatar, der vollständigen Manifestation von Bhagavans Göttlichkeit. Der Zirkus war kurz davor, auf indischem Boden in die Stadt zu kommen, und nicht irgendein Zirkus, sondern ein »Zirkus der Seelen«, wenn man es so nennen möchte. Seit dieser Zeit heißt diese Geschichte *Ramayana*, aufgezeichnet von dem großen und sehr bedeutenden Yogi, Weisen und Dichter Valmiki. Die vierundzwanzigtausend Sanskrit-Verse dieses überwältigenden Gedichts enthalten sämtliche Avatar-Lehren.

Als Shri Rama als Sohn des Königs Dasaratha geboren wurde, waren die Hofastrologen völlig aus dem Häuschen. Noch nie zuvor hatten sie ein solches Horoskop gesehen. Jeder Planet stand perfekt, jedes Omen war Glück bringend. Kein Mensch konnte eine solche Horoskopzeichnung haben. »Könnte es sein?«, dachten sie. »Wagen wir zu behaupten?« Sie wagten es. Dies würde der größte König sein, der je seinen Fuß auf die Erde gesetzt hatte, der personifizierte Dharma, ein großer Krieger, immer gütig, wahrhaftig in allen Angelegenheiten und mitfühlend. Doch dann zögerten die Astrologen bei etwas, das sie auf der Zeichnung entdeckten. Seine Ehe würde … schwierig sein … nein, nicht schwierig … eine epische Geschichte.

Noch nie hatte jemand ein schöneres Baby gesehen als Ramachandra, wie er genannt wurde. Natürlich freute sich König Dasaratha auch an seinen drei anderen Söhnen Bharata, Lakshmana und Shatrunghna, genau wie an ihren Müttern, seinen drei Frauen. Doch alle verehrten Rama auf eine Weise, die sie nicht ganz verstehen konnten. Sie liebten ihn mehr als ihr eigenes Leben, so, als hätten sie die Quelle eben dieses Lebens in menschlicher Gestalt vor sich. Und so war es auch bei Sita. Ihre Schönheit, ihr Charme, ihre Weisheit, ihre Tiefe und ihre Kunstfertigkeit überstiegen bei Weitem das, was von irgendjemandem verstanden oder gemessen werden konnte. Die Quelle von allem, die unergründliche, ewige und unbegrenzte Realität »versteckte« sich absichtlich in zwei menschlichen Körpern, um auf der Erde ein Spiel zum Wohle aller zu spielen. Manche wussten, wer sie waren, manche nicht. So ist es immer, denn – und das zeigen uns die Veden – Bhagavan liebt uns so sehr, wie wir ihn lieben. Es ist ein ewiges Versteckspiel, bei dem wir die Leitung haben, doch das haben wir vergessen. Es scheint, als seien wir alle von einer unpersönlichen oder despotischen Macht gesteuert. Also denken wir, wir seien verloren. Doch in Wirklichkeit ist die Liebe die größte Macht, und die kann niemals jemandem aufgezwungen werden. Wir müssen danach schreien, danach hungern und alles dafür geben. Versuchen Sie, sich vorzustellen, wie sich Ramas Mutter, Kausalya, gefühlt haben muss, als sie der Quelle von allem die Brust gab. Verrückt. Ja, Liebe ist immer ein bisschen verrückt. Rama war also hier, auf festem Boden, um allen eine Vorstellung von seiner Schönheit zu geben. Für Freunde muss dies die größte Freude gewesen sein, aber für Ravana war es mehr, wie wir gleich verstehen werden.

Dasharatha, Shri Ramas edler Vater, war ein großer König. Seine Residenz war Ayodhya, eine friedliche Stadt von großer Schönheit. Dort gab es keinen Hunger und keine Kriminalität, und die funkelnden Straßen wurden jeden Morgen gereinigt und parfümiert. Die glücklichen Bürger respektierten einander, und immer wieder machte das eine oder andere Fest die heilige Stadt noch schöner. Alles war voller Gold, Juwelen schmückten die Häuser, und fröhliche Vögel zwitscherten ihre Lieder und ließen ihre bunten Flügel überall aufblitzen. Glitzernde Teiche waren geschmückt von rosafarbenen Lotosblüten, und graziöse Schwäne spielten zwischen ihren Stängeln. Das alles war wirklich – so viel Fürsorge und Vertrauen erblickte man zu jener Zeit in den Augen aller Nachbarn. Und als Rama hier war, war es noch tausendmal heiterer.

DUNKLE WOLKEN

Alles war friedlich, bis eines Tages das Böse, das bisher weit entfernt gewesen war, vor der Tür stand. Vishvamitra, das Oberhaupt der im Wald lebenden Weisen, kam nach Ayodhya und verbeugte sich mit besorgtem Gesicht vor dem König. Zu dieser Zeit war Shri Rama ein gut aussehender Sechzehnjähriger. Sein jüngerer Bruder, Lakshmana, und er waren unzertrennlich. Als Prinzen hatten sie eine gute Erziehung genossen und waren in allen königlichen Künsten unterwiesen worden. Auch waren sie sehr geschickt mit Pfeil und Bogen und allen anderen Waffen. Ihr hübsches und edles Aussehen inspirierte jeden, der sie zu Gesicht bekam. Vishvamitra stand also vor König Dasharatha und berichtete das Überwältigende: Die Asuras aus Lanka hatten eine Reihe von Anschlägen auf die Waldbewohner verübt und dabei Altäre und heilige Bereiche zerstört, Milchkühe getötet und Getreide vernichtet. Diese dunklen Plünderer aus Ravanas Lager wurden allmählich immer frecher. Das Problem hatte einen kritischen Punkt erlangt und erforderte eine schnelle Lösung.

Obwohl der mutige Dasharatha zu dieser Zeit schon recht betagt war, was Ravana und seine Männer bewusst einkalkuliert hatten, versprach er, sich sofort an der Spitze einer Armee in den Wald aufzumachen. Doch zu seiner Überraschung bestand Vishvamitra darauf, dass nicht er, sondern Rama und Lakshmana ihn in den Wald begleiten, um gegen die Asura zu kämpfen. König Dasharatha und der ganze Hofstaat entsetzte der Gedanke, dass der junge Prinz gegen böse und gefährliche Asuras Krieg führen sollte. Sie liebten Rama so sehr. Aber der weise Vishvamitra, der Vergangenheit, Gegenwart und Zukunft gleichzeitig sehen konnte, versicherte dem König, dass nur Rama und sein Bruder dieses Schicksal erfüllen konnten. Vasistha, des Königs spiritueller Berater, stimmte mit Vishvamitra überein.

Beide Brüder verließen Ayodhya. Danach gewinnt der Handlungsverlauf dieser göttlichen Geschichte an Tempo. Während sie im Wald unterwegs waren, weihte Vishvamitra die Prinzen in die fortgeschrittenen Kampfkünste ein. Diese verbanden kraftvolle Mantras mit dem gewöhnlichen Einsatz von Waffen. Mit diesen uralten, wohlgehüteten Geheimnissen wurden den edlen Beschützern der Gemeinschaft ultimative Waffen verliehen. Dadurch machten sie sich die großen Kräfte der Natur nutzbar. Solche Waffen waren notwendig, um den schrecklichen Kräften der dunklen Wesen zu widerstehen und sie zu überwinden. Licht vertreibt das Dunkel. Allerdings gibt es in dieser Welt immer mehr Dunkel.

Kaum hatten die Edlen das Kloster in den Tiefen des Waldes erreicht, erschienen die Asuras. Ihnen war nichts heilig. Sie erfreuten sich am Entweihen heiliger Altäre, vergewaltigten jede Frau, die ihnen über den Weg lief, töteten und verspeisten ihre zartesten Opfer zum Abendessen. Der Krebs breitete sich aus. Doch dies war nur ein kleiner Raubzug mit wenigen Leuten, und die Bösen rechneten so tief im Wald nicht mit den beiden göttlichen Brüdern. Indem sie ihre neuen, durch Mantras optimierten Waffen ausprobierten, besiegten die Brüder die Eindringlinge, töteten einige und jagten den Rest zurück nach Lanka, wo sie von ihrer Niederlage erzählen sollten. Der Krieg hatte begonnen, und man hörte es in der Ferne rumoren.

DER HOCHZEITSBOGEN

Die Zeit war gekommen, dass Rama und Lakshmana nach Ayodhya zurückkehren mussten. Mit einem wissenden Augenzwinkern schlug Vishvamitra deshalb vor, sie sollten doch dem benachbarten Reich des berühmten Königs Janaka einen Besuch abstatten. Das Reich war in ganz Indien für seinen großen Adel bekannt. Sita, von der man sagte, sie sei die edelste und schönste Prinzessin, die man je gesehen habe, war nun alt genug, um zu heiraten. Es heißt, Sita sei direkt von der Erde geboren worden. Der König pflügte die Erde mit einem goldenen Pflug in einer heiligen Fruchtbarkeitszeremonie, als Sita aus dem Boden auftauchte, den er gerade berührt hatte.

In Janakas Palast gab es einen Bogen, der so groß war, dass, allein um ihn zu bewegen, fünfhundert starke Männer gebraucht wurden. Der König hatte verkünden lassen, dass wer immer diesen Bogen spannen könne, Sita zur Frau bekomme. Als Rama, Lakshmana und Vishvamitra ankamen, war der Bogen im Hof des Palasts ausgestellt. Rama ging hin, hob ihn auf, spannte ihn, bog ihn zu einem Kreis, und plötzlich brach der Bogen zur Verwunderung aller mit einem Dröhnen in zwei Stücke. Nicht viel später hatten Rama und Sita Gelegenheit, sich im Garten des Palasts zu treffen. Ein Blick genügte. In stillem Einvernehmen versprachen sie einander, dass dies ihre einzige Liebe sei.

Kurze Zeit später standen sie gemeinsam vor dem heiligen Feuer und rezitierten die heiligen Schwüre für lebenslange gegenseitige Hingabe. Bhagavan und seine ewige, geliebte Gefährtin waren wieder in einer Ehe vereint, und das würde den Lauf der Geschichte ändern. Das Wort romantisch ist mit dem Sanskrit-Wort *Rama* mit der Bedeutung »Liebhaber, Ehemann, sexuelles Vergnügen« etc. verwandt. Als Shri Rama die Augen schloss, sah er nur eins: Sita Devi. Und Sita schwor: »Ohne deine Liebe sterbe ich. Das ist sicher.«

DIE ZWEIFEL, DIE ALLES ZERSTÖREN

Als Rama und Sita nach Ayodhya zurückkehrten, wurden bereits Pläne geschmiedet, Rama zum König zu krönen. Sein alter Vater wollte Rama auf dem Thron sehen. Doch wie eine Kobra, die sich unbemerkt ins Kinderzimmer schleicht, hatte Ravana bereits seine perfiden Fühler in den Königspalast gestreckt. Dasharathas jüngste Frau und gleichzeitig seine Lieblingsfrau war die schöne Kaikeyi. Ihr Sohn war Bharata, der edle Bruder von Rama. Die unsichtbare Schlange war Manthara, Kaikeyis böse und bucklige Magd. Während Bharata auf Reisen war, erfand Manthara eine Geschichte, nach der Rama Bharata nach dem Leben trachtete. Kaikeyi sollte also schnell handeln und ihre eigenen Rechte sichern, indem sie Rama ins Exil schickte und statt seiner Bharata zum König krönen ließ. Mantharas böse Worte überwältigten Kaikeyis Herz. Kaikeyi hatte Dasharatha einst das Leben gerettet, weswegen er ihr eine Gefälligkeit schuldete, die er versprochen hatte, ihr jederzeit zu gewähren. Er hatte sich natürlich nicht vorgestellt, dass sie sein Versprechen auf so schreckliche Weise und unter solchen Umständen einfordern würde. Doch unter dem bösen Einfluss von Ravanas giftiger Heimtücke ging Kaikeyi zu Dasharatha und bat ihn, Prinz Rama für vierzehn Jahre ins Exil zu schicken und ihren Sohn, Bharata, zum König zu machen.

Sofort war das friedliche Königreich von Zwietracht zerrissen. Dasharatha liebte Rama, aber er hatte Kaikeyi sein Wort gegeben, und nun bestand diese hartnäckig darauf, dass nichts anderes sie zufriedenstellen könne. Die lange Tradition der vedischen Könige gab vor, dass ihr Ehrenwort unter allen Umständen bindend war. Und obwohl Dasharathas Herz brach, war er machtlos. Er rief seinen geliebten ältesten Sohn zu sich, erklärte seine schreckliche Lage und schickte Rama unter Tränen für vierzehn Jahre ins Exil in den Wald. Rama verstand sofort, dass das Schicksal von Ayodhya jetzt in seinen Händen lag. Von Rechts wegen hätte er seinen Anspruch auf den Thron durchsetzen können, sogar mit Gewalt, denn er wurde von allen geliebt. Doch wenn er das getan hätte, wäre die Ehre seines Vaters verraten und seine Familie gespalten worden. Damit hätte er alles ruiniert, was ihm lieb und teuer war. Alles war von Ravanas Gift bedroht.

Shri Rama verbeugte sich vor seinem Vater, berührte liebevoll seine alten Füße und versicherte ihm, dass alles gut sei. Rama wusste, dass er auch angesichts dieser Bedrohung der Wahrheit und des Guten seine Freude und innere Ruhe nicht verlieren konnte. Er gelobte, dass sein Bruder Bharata an seiner Stelle König werden würde, und sprach sanfte Worte zu allen, die wütend oder beleidigt waren. Rama gebot jedem entzweienden Gedanken Einhalt und erinnerte alle daran, dass dies durch den göttlichen Plan geregelt werden müsse.

Ramas Bruder Lakshmana gelobte mit unerschütterlicher Entschlossenheit, seinen Bruder ins Exil zu begleiten. Niemals, sagte er, werde er aus irgendeinem Grund von Ramas Seite weichen. Dann ging Rama zu seiner geliebten Sita, der zarten und schönsten Blüte der Weiblichkeit, der Liebe seines Lebens und Herzens. Er streichelte sie zärtlich, erzählte ihr von den vierzehn Jahren Exil im wilden Wald, bat sie, in Ayodhya zu bleiben, wo sie sicher sein würde. Er bat sie auch, jeden Tag an ihn zu denken.

Mit Tränen in den Augen, aber mit klarer und fester Stimme antwortete Sita, dass keine Furcht, keine Bedrohung, keine Einschränkung und keine Gefahr sie je auch nur einen Zentimeter von der Seite ihres geliebten Ehemanns und Lebenspartners wegbringen könnten. Sie erinnerte ihn, dass sich für ihn als Krieger auch im Wald keine Situation ergeben werde, in der er sie nicht beschützen könne. Schließlich sagte sie ihm, dass sie, solange sein Schatten mit seinem Körper verbunden sei, an seiner Seite sein würde. Rama verstand und machte sich zusammen mit Sita und Lakshmana bereit, Ayodhya zu Fuß zu verlassen. Bevor sie gingen, ließ Rama durch Sita all seinen Besitz an die Notleidenden verteilen. Kurz nachdem sich Rama verabschiedet hatte, starb König Dasharatha an gebrochenem Herzen.

EXIL IM WALD

Ayodhya war nun ohne König. Man schickte also nach Bharata, der erst jetzt die Wahrheit über die schrecklichen Taten seiner Mutter erfuhr. Wütend auf seine Mutter, aber noch mehr in Sorge wegen seines geliebten Bruders, eilte Bharata in den Wald und fand Rama. Weinend verbeugte er sich vor seinem Bruder und bat um eine seiner Sandalen. Er stellte sich die Sandale auf den Kopf und schwor: Bis Ramas Exil zu Ende sei, werde nur diese Sandale den Thron von Ayodhya besetzen. Sie umarmten sich, und Bharata kehrte in die Stadt zurück, während Rama, Lakshmana und Sita immer tiefer in den Wald von Dandaka vordrangen.

Dieser Wald war berühmt für seine turmhohen Banyan-Bäume, die mehrere Hundert Meter hoch in die Luft ragten. Bekannt war er zudem für viele Ashrams der im Wald lebenden Yogis und Rishis, aber auch für die bösen Rakshasas, die sich in den dunklen Höhlen versteckten. Sie gaben sich als Mönche aus, waren aber in Wirklichkeit wilde und böse Kannibalen, die sich den schwarzen Künsten verschrieben hatten. Nun, wo Ravanas Macht immer größer wurde, war der einst so heilige und friedliche Wald, in dem die Yogis in Frieden mit den wilden Tieren zusammenlebten, ein trügerischer und unsicherer Ort. Eines Tages sahen sie hinter einer Wegbiegung einen großen Geier, der in einem Baum über ihnen hockte. Die Brüder zückten Pfeil und Bogen, weil sie dachten, dies sei ein Asura in Gestalt eines Geiers. Doch dann sprach der Vogel und stellte sich als einer von Dasharathas ältesten Freunden vor. Sein Name war Jatayu, und er erklärte sich bereit, mit ihnen zu kommen und Sita zu beschützen, wann immer Rama und Lakshmana auf der Jagd waren. Jetzt waren sie zu viert.

EIN VERKAPPTER SEGEN

Auf ihrem Weg machten die Reisenden in vielen Wald-ashrams Station. Und wenn die Yogis erkannten, dass das göttliche Paar, Shri Rama und Sita Devi, ihnen einen persönlichen Besuch abstattete, betrachteten sie dies als Erfüllung ihrer langfristigen Meditation. Das ist einer der Gründe für das Herabkommen der Avatare: der direkte Kontakt mit jenen, die sie schon so lange lieben und die um eine persönliche Vision ihrer Schönheit gebeten haben. Mit liebenden Worten segneten und erfreuten der göttliche Vater und die göttliche Mutter alle, wohin sie auch kamen.

Schließlich erreichten sie einen besonderen Fleck im Panchavati-Wald, den die Weisen ihnen empfohlen hatten. Hier gab es Süßwasser in unmittelbarer Nähe, und die duftenden Bäume trugen Blüten und Früchte gleichzeitig. Es war ein Paradies mitten in jenem riesigen Wald. Dort baute Lakshmana eine Hütte, die ihr Heim im Exil werden sollte. Nachdem diese liebliche Waldklause aus Lehm, Steinen und Bambus geschickt zusammengebaut war, kam ihnen vielleicht der Gedanke, dass ein Leben im Wald auch sehr friedlich und beschaulich sein konnte.

TÄUSCHUNG BRINGT ZERSTÖRUNG

Aber das Rad drehte sich immer schneller. Eines Tages, als die drei ins Gespräch vertieft neben ihrer Hütte saßen, kam Surpanaka, Ravanas Schwester, auf sie zu. Sie war eine hässliche, wilde Kannibalin, aber als sie den hübschen Prinzen sah, nahm sie eine wunderschöne menschliche Gestalt an. Sie schwänzelte in ihre Mitte und flirtete zunächst mit Rama und dann mit Lakshmana. Am Ende verlor sie die Geduld und stürzte auf Sita los, um sie zu zerstören. Lakshmana warf sich dazwischen und trennte mit einem schnellen Schwerthieb Surpanakas Ohren und Nase vom Kopf. Vor Schmerzen schreiend, floh sie in den Wald, wo ihr anderer

Bruder, Khara, gerade mit einer großen Armee marschierender Rakshasas Rast machte. Als er die Geschichte seiner Schwester hörte und ihre Wunden sah, führte dieser schreckliche General der bösen Kräfte seine Armee in die Gegend rund um Panchavati. Als Rama die Asuras sah, bat er Lakshmana, Sita zu beschützen, und stellte sich der dunklen Armee mit gespanntem Bogen. Der Kampf begann, und Blut floss in Mengen, doch kein Tropfen davon war Ramas Blut. Sechzehntausend Menschenfresser waren im Nu vernichtet, dann noch die Offiziere, und schließlich lag der böse Khara selbst sterbend auf der blutgetränkten Erde. Nur ein Soldat entkam, um Ravana die Nachricht von dieser Niederlage zu überbringen.

Der Avatar hatte seine andere Mission begonnen: Mata Bhumi von diesen Krebszellen in Dämonengestalt zu befreien, die allem Leben Schaden zufügten. Mittlerweile hatte ein augenscheinlich einfacher Sterblicher den mächtigen Ravana herausgefordert, dessen Kräfte selbst die Devas in Angst und Schrecken versetzten. Ravana reagierte mit einer Raserei, wie sie noch niemand jemals erlebt hatte.

DER GEGENSCHLAG – SITAS ENTFÜHRUNG

Ravanas erster Impuls war, ihn sofort anzugreifen. Er würde dieses kümmerliche menschliche Insekt zerquetschen und wäre in einem Moment mit ihm fertig. Doch die entstellte und wütende Surpanaka wollte Rache. Sie kannte die Schwäche ihres Bruders für schöne Frauen. Also erzählte sie Ravana von Sitas unübertroffener Schönheit und schlug vor, er solle sie entführen und seine Rache dadurch ausleben, dass er sie zu seinem Vergnügen vergewaltigte. Ravana heckte einen Plan aus: Sein Handlanger Maricha sollte die Gestalt eines juwelenbesetzten, magischen Rehs annehmen und vor Rama erscheinen, um ihn abzulenken. Der Plan ging auf. Rama verfolgte das verlockende Tier, das nach einer Weile

Ramas Stimme nachahmte und um Hilfe rief. Lakshmana rannte hinter Rama her und ließ Sita allein. Doch bevor Lakshmana ging, zog er einen magischen Kreis um die Hütte und sagte Sita, innerhalb dieser Begrenzung sei sie sicher. In diesem Moment erschien Ravana in der orangefarbenen Robe eines heiligen Mannes und bat Sita um einen Schluck Wasser. Von Mitgefühl überwältigt, bot sie dem verkleideten Asura Wasser an und streckte dabei ihre Hände aus dem Bannkreis. Im nächsten Moment wurde sie aus dem Bannkreis gerissen und brutal in Ravanas Wagen geworfen, der sich in die Lüfte erhob und mit ihr wegflog.

Wie aus dem Nichts tauchte der treue Geier, Jatayu, auf, griff den Wagen an, schrie laut und riss an Ravanas Fleisch. Doch selbst mit diesem Überraschungsbonus war Jatayu kein adäquater Gegner für Ravana, der ihm im Nu beide Flügel abgeschlagen hatte und ihn mit hämischem Grinsen zu Boden gehen ließ. Da lachte Ravana über seinen Erfolg und flog Richtung Meer zu seiner Festung in Sri Lanka. Als sie gerade kurz davor waren, die Meerenge zu überqueren, wickelte die listenreiche Sita ihre Schmuckstücke in ein Stück Sari und warf sie nach unten in der Hoffnung, jemand möge sie finden. In der Tat, der Schmuck landete direkt neben einer Gruppe von fünf riesigen Affen.

Als sie in seiner, ganz aus Gold gemachten Hauptstadt ankamen, setzte Ravana die gramgebeugte Sita in den bewaldeten Ashoka-Garten und umgab sie mit weiblichen Wachen. Und nun, nachdem Sita seine streng bewachte Gefangene war, näherte er sich ihr. Er hatte noch nie so viel Schönheit in einer Frau gesehen. Noch nicht einmal seine Königin, Mandodari, und auch keine der tausend Schönheiten in seinem Harem konnten sich auch nur annähernd mit der unendlichen Schönheit von Sita Devi messen. Immerhin war sie das göttlich Weibliche, das auf die Erde gekommen war. Ravana war völlig verwirrt und näherte sich Sita wie ein Liebender,

der einem jungen Mädchen den Hof macht. Er versprach ihr alle Vergnügungen und allen Reichtum. Er erinnerte sie, dass der mickrige, sterbliche Rama wohl kaum in der Lage sei, sie so zu beglücken, wie er das sicherlich könnte. Schließlich antwortete Sita in Worten, die Ravana trafen, als hätte er in ein Wespennest gefasst. Sie beschimpfte ihn auf hundert Arten und kündigte an, Rama werde ihn töten, weil er sie entführt habe. Und dann sagte sie noch: »Die Gefährtin eines edlen Schwans wirft nicht einmal einen Blick auf einen hässlichen, abfallfressenden Ochsen.« Da schrie Ravana mit vor Wut roten Augen, wenn Sita nicht innerhalb von zwölf Monaten zustimme, seine Frau zu werden, würde sie eben sein Frühstück werden. Danach verschwand er und ließ Sita von bösen Wachen umgeben zurück.

WAFFENBRÜDER

In der Zwischenzeit eilten Rama und Lakshmana im Panchavati-Wald zurück zu ihrer Hütte, um festzustellen, dass sie zu spät kamen. Rama war verzweifelt vor Angst und Kummer. Sita war spurlos verschwunden. Mit Tränen in den Augen und schwerem Herzen suchten Rama und Lakshmana in immer größer werdenden Kreisen den ganzen Wald ab, wobei sie verzweifelt nach Sita Ausschau hielten. Als sich der Tag seinem Ende zuneigte und eine tiefrote Sonne unterging, entdeckten sie den zerfleischten und blutüberströmten Körper des Jatayu. Zuerst dachte Rama, dies sei ein Rakshasa, über und über bedeckt mit Sitas Blut, und legte einen tödlichen Pfeil an seinen Bogen. Doch dann hörten sie die traurige, schwache Stimme des sterbenden Jatayu: »Rama! Rama! Rama!« Rama und Lakshmana eilten an seine Seite, und Rama nahm seinen gebrochenen, blutenden Körper in die Arme. Weinend und mit seinem letzten Atem erzählte der treue Jatayu Rama, wie er gegen Ravana gekämpft und dabei seine Flügel verloren hatte und wie Sita verschleppt worden war. Als die Sonne unterging, verließ Jatayu seinen Körper, während er Rama in die Augen schaute. Lakshmana und Rama bestatteten ihn in allen Ehren. Am folgenden Tag begannen Rama und Lakshmana mit ihrer verzweifelten Suche nach Sita.

DIE SUCHE NACH SITA

Es war der Frühling ihres dreizehnten Jahres im Exil, als Rama und Lakshmana schließlich den Berg Rishyamukha erreichten. Ohne seine geliebte Sita stürzten die duftenden Blumen und die Tiere in ihrer ekstatischen Lust auf Paarung und Erneuerung des Lebens Rama nur noch tiefer in die Depression. Lakshmana fiel nichts ein, was Rama hätte aufmuntern können. Die Brüder hatten von einer menschenähnlichen Affenrasse gehört, deren König Sugriva hieß. Die Weisen hatten ihnen erzählt, nur die großen Affen und die Bären seien in der Lage, überall nach Sita zu suchen. Doch wie das Schicksal es wollte, hatte Sugrivas grausamer Bruder Vali dessen Frau Tara gestohlen und den Thron usurpiert. Sugriva lebte jetzt im Exil auf dem Berg Rishyamukha zusammen mit seinen treuen Gefolgsleuten und seinem Premierminister, dem unnachahmlichen Hanuman.

Wie Sie vom Beginn unserer Geschichte sicher noch wissen, konnte Ravana aufgrund seines eigenen Stolzes nur von Menschen oder Tieren getötet werden. Daher hatte das Höchste Wesen die Devas angewiesen, als Affen und Bären zur Welt zu kommen, und das bemerkenswerteste unter diesen Tieren war Hanuman, Avatar von Vayu, dem Deva des Windes und der Luft.

Als Rama den Affen die traurige Geschichte von Sitas Entführung erzählte, schwatzten diese eine Weile miteinander. Schließlich erzählte Sugriva Rama und Lakshmana, fünf von ihnen hätten etwas früher im selben Jahr eine schöne Prinzessin gesehen, die gerade entführt worden sei und die etwas von ihrem Schmuck, in ein Stück Sari gewickelt, zu Boden geworfen habe. Sie brachten das Päckchen zu Rama, und der erkannte zu seinem Entzücken, dass es Sitas Schmuck war. Dies war der erste Hinweis, dass sie Prinzessin Sita wirklich auf der Spur waren, und es gab Hoffnung, dass diese Affen ihnen bei der Suche behilflich sein konnten. Doch zunächst brauchte Sugriva Hilfe bei der Lösung seines Problems.

Die Bären und die Affen waren sich ihrer göttlichen Natur und des Sinns ihres Lebens auf der Erde noch nicht bewusst, aber das sollte sich bald ändern. Sugriva schickte Hanuman zu Rama und Lakshmana. Trotz seiner Affengestalt sprach Hanuman perfekt Sanskrit und beherrschte die Veden ebenso wie die Kunst der Diplomatie. Als er Rama und Lakshmana seine Aufwartung machte, waren sie verblüfft über seine Eloquenz und sein Wissen. Auf der anderen Seite wusste Hanuman sofort, dass es sein vergessenes Schicksal war, dem höchsten Gott Rama zu helfen. In den nächsten paar Monaten starteten Rama und Lakshmana eine Kampagne gegen Vali, König Sugrivas grausamen Bruder, der Sugrivas Frau gestohlen und seinen Thron usurpiert hatte. Schließlich tötete Rama Vali, und Sugriva bekam seine Frau Tara zurück. Nun war es an Sugriva, Rama zu helfen. Sugriva wandte sich an alle Affen im Umkreis von Hunderten von Kilometern und befahl ihnen, innerhalb von zehn Tagen zu ihm zu kommen.

Binnen zwei Wochen hatte sich ein Heer von Affen und Bären versammelt. Millionen von Affen aller Größen und Gestalten sowie eine Heerschar großer Bären hatten ihre Feldlager überall im Wald errichtet. Sie teilten sich in vier Gruppen auf, und jede Gruppe sollte in einer der vier Himmelsrichtungen suchen. Hanumans Gruppe war für den Süden eingeteilt. Doch bevor sich Hanuman auf den Weg machte, rief ihn Shri Rama zu sich und sagte ihm, er habe das größte Vertrauen in ihn. Dann zog er seinen königlichen Siegelring vom Finger, gab ihn Hanuman und sagte, Sita würde ihm nur glauben, dass Rama ihn geschickt habe, wenn sie seinen persönlichen Ring sehe.

Nach einer Weile erreichte Hanumans Gruppe aus Affen und Bären das Meer. Über ihnen tauchte ein riesiger Geier, so alt, dass er keine Federn mehr hatte, aus der Höhle auf, in der er lebte. Es war Sampati, der ältere Bruder des Jatayu, jenes mutigen Geiers, der versucht hatte, Sita zu verteidigen. Mit seinem außerordentlichen Weitblick verwies Sampati den Affensuchtrupp auf Ravanas Insel auf der anderen Seite der Meerenge. »Sie ist dort«, sagte er, »aber jemand muss über den Ozean springen – außer er kann fliegen!«

Die Affen schauten einander verwirrt an, bis einer von ihnen vortrat. Es war Hanuman. Etwas Unmögliches sollte geschehen.

GLAUBENSSPRUNG

Der Schleier, der es mächtigen Devas erlaubt hatte, unbewusst irdische Affen zu spielen, lüftete sich. Die dunklen Gedanken bezüglich dessen, was in ihnen an Fähigkeiten schlummerte, wurden allmählich von der aufgehenden Sonne des Dienstes an den Höchsten Wesen vertrieben. Hanuman war der Erste, der es spürte, denn er trug Ramas Ring an seiner Hand und dachte an Sita, die gefangen gehalten wurde. In Hanuman hatte eine folgenreiche Veränderung stattgefunden: Er erinnerte sich an seine wahre Natur. Er war – nein, er ist – Vayu, Deva des Windes, Ramas Diener, Sitas Retter. Hanumans Körper begann zu wachsen und sich auszudehnen. Er grub seine Zehen in die Erde – und die Erde zitterte, als er »Rama, Rama, Rama« rief –, und dann sprang er mit mächtigem Gebrüll los und flog viele Kilometer über den riesigen Ozean, weiter, weiter und weiter, bis er schließlich am anderen Ufer landete, in Lanka. Hanuman war nun kurz davor, dem mächtigen und unbesiegbaren Ravana in seinem eigenen Land gegenüberzutreten, Sita Mut zu machen und Rama schließlich die gute Nachricht zu überbringen. Von nun an war dem mächtigen Hanuman nichts mehr unmöglich.

Aber da er überhaupt keinen Hinweis auf ihren Aufenthaltsort hatte, musste Hanuman zunächst die ganze riesige goldene Stadt absuchen, um Sita zu finden. Er schrumpfte sich winzig klein und schlüpfte unter dem Stadttor durch. Es gelang ihm, bis zu Ravanas mächtigem Palast vorzudringen, der sich wie ein Berg aus Gold auftürmte. Es gab dort Möglichkeiten, sich auf jede nur erdenkliche Weise zu amüsieren: Trinkhallen, ein riesiger Harem voller schöner Frauen. Grimmige Rakshasas bewachten Tür und Tor.

Obwohl dies mehrere Hunderttausend Jahre vor unserer Zeit spielte, entdeckte Hanuman in einem riesigen Raum Ravanas Privatflugzeug, ganz aus Gold und mit Edelsteinen verziert. Es schwebte ein Stück über dem Boden, als sei es zum Abflug bereit. Nach unermüdlicher Suche fand Hanuman schließlich den Ashoka-Hain, in dem Sita gefangen gehalten wurde. Im Zentrum des Haines stand eine große weiße Pagode mit tausend riesigen Säulen. Ihre Stufen waren aus Korallen und ihre Plattform aus reinem Gold. Auf dieser Plattform saß Sita in einem schmutzigen goldenen Sari, dünn und ausgezehrt, und Tränen liefen ihr über die Wangen. Ganz leise kletterte Hanuman auf einen Baum in der Nähe, der seine Zweige über Sita ausbreitete.

Hanuman zog sich so nah wie möglich zu ihr heran und sprach zu Sita. Zuerst dachte sie, er sei ein Asura, doch als er ihr Ramas Ring gab, glaubte sie ihm, das er der war, der er zu sein behauptete, und gab ihm ein Schmuckstück, das sie immer im Haar getragen hatte. Hanuman bot Sita an, sie auf der Stelle zu Rama zurückzubringen, aber sie erinnerte ihn daran, dass nur Rama direkten Körperkontakt mit ihr haben dürfe.

Dies war der zehnte Monat von Sitas Gefangenschaft, und die Zeit rannte ihnen davon. Hanuman musste also schnell handeln. Dennoch beschloss er, kurz bevor er ging, in Ravanas Palast noch ein wenig Ärger zu machen. Er sprang auf das Dach und machte alles kaputt, was ihm in den Weg kam. Wie zornige Hornissen fielen die Soldaten der Rakshasas über Hanuman her, und Hanuman tötete viele von ihnen, bis er schließlich von einer magischen Waffe überwältigt wurde. An Händen und Füßen gefesselt, wurde Hanuman vor König Ravana gebracht. Hanuman zeigte sich unbeeindruckt. Er warnte Ravana vor seinem bevorstehenden Tod durch Ramas Hand und verlangte Sitas Freilassung. Um den furchtlosen Affen zu verhöhnen, setzte Ravana Hanumans Schwanz in Brand. Doch zum Abschied sprengte Hanuman seine Fesseln, sprang mit seinem brennenden Schwanz von Haus zu Haus und brannte alles nieder, was in Sichtweite lag. Dann nahm er mit einem mächtigen Schrei wieder seine Riesengestalt an und sprang über das Wasser zurück zu seinem geliebten Shri Rama.

BERGE WERDEN VERSETZT

Nach seiner Rückkehr informierte er Rama über Sitas Aufenthaltsort, und Rama nahm mit Tränen in den Augen Sitas Haarspange entgegen. Sie beschlossen, eine Brücke aus Steinen zwischen Indien und Sri Lanka zu bauen. Nachdem sie die Armee aus Affen und Bären aufgestellt hatten, schrieb Rama seinen Namen auf riesige Felsbrocken, die auf der Wasseroberfläche schwammen. Aus diesen schwimmenden Felsbrocken baute die Armee die Brücke nach Lanka. Ravana war erstaunt, wie schnell die Streitkräfte seine Festung erreicht hatten und vor seiner Tür standen. Und wie wild und leidenschaftlich jene waren, die er einst als belanglos abgetan hatte – Tiere und mickrige Menschen. So begann der große Krieg.

Der epische Krieg tobte wochenlang. Ravanas Bruder Kumbhakarna, ein gigantischer Kannibale, wurde in den Krieg geschickt und tötete viele Affen und Bären. Schließlich wurde er vernichtet. Dann kämpfte Indrajit, Ravanas böser und mit magischen Kräften begabter Sohn, und tötete viele Affen und Bären, aber schließlich wurde auch er vernichtet, zusammen mit Millionen von Ravanas Rakshasa-Soldaten. In einem der dunkelsten Momente dieses Krieges wurden Rama und Lakshmana beide von vergifteten Pfeilen getroffen und lagen kurz danach sterbend am Boden. Der heldenhafte Hanuman flog sofort zu einem nahe gelegenen Berg, der dafür bekannt war, dass dort das Kraut wuchs, das die beiden heilen konnte. Die Rakshasas hatten den Berg bereits in Brand gesetzt, um zu verhindern, dass Rama und Lakshmana die Medizin bekamen. Also hob Hanuman kurzerhand den ganzen Berg hoch und brachte ihn mit. Das Kraut wurde gefunden und vor den Flammen gerettet, und Rama und Lakshmana erholten sich wieder.

DER TOD IST EINE KATZE

Der letzte Kampf wurde natürlich zwischen Bhagavan Shri Rama und Ravana ausgetragen. In der materiellen Welt lassen diejenigen, die gut sind, sich freiwillig von der Wahrheit und vom Dharma zügeln, sodass ihre Macht nie bestimmte Grenzen überschreitet. Wenn diese Verhaltensregeln, die dem Wohl aller dienen, wegfallen, kann ein Mensch zum Monster werden, so mächtig und gefährlich, dass sogar die Devas – die personifizierten Gesetze von Mutter Natur – ihn nicht mehr aufhalten können. Und wenn wir Menschen diese Gesetze in einer Weise verletzen, die alles Leben in Gefahr bringt, kommt das Höchste Wesen als ganzer oder höchster Avatar. Den sanften und freundlichen Menschen enthüllt der Avatar das volle Potenzial von Wahrheit und Liebe.

Zu Menschen wie Ravana, die ihre Macht missbrauchen,

kommt der Avatar als personifizierter Tod. Die Veden zeigen uns, dass der Tod entweder eine Katze ist, die ihr Junges im Maul trägt, oder eine Katze mit einer Ratte im Maul. Wir selbst wählen unsere Beziehung zum Tod. Die letzte Konfrontation zwischen Shri Rama und dem mächtigen Ravana endete damit, dass Rama einen leuchtend goldenen Pfeil abschoss, während er ein berühmtes Mantra an die Sonne sprach, das *Aditya Hridayam*.

Der Pfeil traf Ravana mitten ins Herz, und er fiel zu Boden. Als er sterbend dort lag und sein Atman kurz davor war, seinen Körper zu verlassen, fingen einige Affen an, ihn zu verspotten. Doch Rama hielt sie davon ab und sagte: »Obwohl Ravana den falschen Weg gewählt hat, war er ein großer Held.«

Der Kampf war vorbei, Sita war gerettet, und fürs Erste war das Gleichgewicht auf der Erde wiederhergestellt. Weil der höchste Gott Rama Ravana persönlich getötet hatte, war Ravana von all den bösen Taten, die er in der Vergangenheit begangen hatte, geläutert. Immerhin war dieses Drama vom Höchsten Wesen zum Wohle aller geschrieben und aufgeführt worden, und Ravana war einer der Hauptdarsteller gewesen – ein ewiger Atman in einer Studentenaufführung der Universität des Lebens.

DER WIEDERHERGESTELLTE DHARMA

Die Geschichte ist fast zu Ende. Rama und Sita, die Inkarnationen der göttlichen Weisheit des Brahman oder das göttliche Paar aus Vaikuntha-Loka – je nachdem, für welche Auffassung Sie sich entschieden haben –, sind aus mehr als einem Grund auf der Erde erschienen. Als König und Königin verkörpern sie gemeinsam alle höchsten Werte und das ganze ehrenhafte Benehmen eines jeden, dem Dharma verpflichteten Herrschers. Sie stehen auch für den Schutz der Familie und der Tradition. Sie repräsentieren die Fürsorge für die

Alten, die Verehrung der weisen Rishis und Asketen, die Liebe für alle Bürger, einschließlich aller anderen Wesen und allen Lebens. Schließlich symbolisieren sie die heilige Liebe zwischen festen Partnern. Diese Werte wurden in Indien und der ganzen Welt jahrtausendelang hochgehalten. Ihre Wurzeln reichen tief in die Geschichte von Shri Rama und Sita Devi hinein. Als König und Königin mussten sie beweisen, dass Loyalität und Keuschheit in einer Situation, wie Sita sie gerade hinter sich hatte, überhaupt möglich sind – um vor allem die skeptischen Stimmen zum Schweigen zu bringen.

Nachdem Sita gerettet und Rama zurückgegeben worden war, hätte man vielleicht erwartet, dass sie einander sofort in die Arme fallen, wie es jedes normale Paar wohl tun würde. Aber sie waren die höchsten Avatare, das männlich und weiblich Göttliche, das zu jener Zeit am meisten verehrte Königspaar der ganzen Welt. In einer Situation, in der eine böse und charismatische Person wie Ravana die Heiligkeit des Weiblichen durch Entführung und Vergewaltigung verletzt, erwarteten die gewöhnlichen Leute und die Klatschbasen Untreue. Als Sita Rama also wieder von Angesicht zu Angesicht gegenüberstand, sprach dieser in einer Weise mit ihr, als gebe es Zweifel an ihrer Tugend. Als Königin verstand sie den Wink sofort und bat Lakshmana, einen großen Scheiterhaufen aufzubauen und anzuzünden. Ohne Zögern ging sie in die Flammen und sagte: »Wenn ich dir untreu war, werde ich meinen Körper hingeben.« Sofort erschien Agni, der Gott des Feuers, in den Flammen und trug Sita unverletzt aus ihrer Mitte. Erst damit war die Wiedervereinigung vollständig. Nun hatte niemand mehr einen Zweifel an der Liebe und Reinheit dieses Paares.

Schließlich wurde das Flugzeug, das Ravana gehört hatte, einbestellt. Shri Rama, Sita Devi und Lakshmana gingen an Bord und traten ihren Rückflug nach Ayodhya an, wo Bharata seit vierzehn Jahren geduldig auf die Rückkehr seines Bruders und dessen Krönung als rechtmäßiger König wartete. Hanuman war schon vorausgegangen, um Bharata über Ramas und Sitas unmittelbar bevorstehende Ankunft zu informieren. Bharata traf alle Vorbereitungen für ihre Krönung zum König und zur Königin. Als Shri Rama und Sita Devi wieder in Ayodhya ankamen, fingen die Lampen in jedem einzelnen Haus ganz von selbst an zu leuchten. Der Friede war wiederhergestellt, und das Licht der göttlichen Weisheit erstrahlte in jedem Heim. Während der Krönung von Rama und Sita, an der auch Lakshman teilnahm, kam Hanuman, die Verkörperung der reinen Wahrheit, des Dharma und der Hingabe, nach vorn und kniete vor dem Paar nieder. Und Sita, die Allmutter, beugte sich zu ihm hinunter und legte ihm eine Perlenkette um den Hals – ein Symbol seiner Tapferkeit und Hingabe. Der ganze Palast hallte wider von den Freudenschreien: »*Jai! Jai! Sita Ram!* Sieg dem Höchsten Paar – mögen alle an die ewige Liebe glauben!«

EPISCHE LIEBE — HÖCHSTER AVATAR

NAMASTE. Ich sehe dich, einen großen Helden auf einer epischen Reise, der Illusion von Wirklichkeit zu entscheiden versucht, der nach Unsterblichkeit strebt in einer Welt des Chaos, der sich in den Stürmen und im Dunkel nach Licht sehnt. Ich sehe, wie du die komplexen Verschwörungen derer erträgst, die sich nicht mehr um andere und die Welt kümmern. Ich sehe, wie du die endgültige Freude findest und im Tanz die uneingeschränkte Liebe umarmst.

DEN VEDEN ZUFOLGE haben die im Ramayana aufgezeichneten Ereignisse vor 1,2 Millionen Jahren stattgefunden. Nach der kosmischen Zeitrechnung ist seitdem erst ein kurzer Moment vergangen. Unser modernes Zeitverständnis kann mit drei grundlegenden Ansichten knapp umrissen werden. Erstens: Als die Christen im 16. Jahrhundert nach Indien kamen, glaubten sie, das Universum, wie wir es sehen, sei vor sechstausend Jahren erschaffen worden und sein Ende stehe kurz bevor. Zweitens, und konträr zu dem christlichen Zeitverständnis, propagiert die moderne Naturwissenschaft größtenteils ein evolutionäres Bild des Universums, welches Billionen von Jahren alt und ohne intelligente göttliche Intervention entstanden sein soll. Drittens beginnt für die meisten westlichen Historiker das moderne wissenschaftliche Denken mit der griechischen Kultur um etwa 500 vor Christus.

Die Veden erzählen eine ganz andere Geschichte, nach der alles, was existiert, ohne Anfang ist. Eine absichtsvolle göttliche Intelligenz durchdringt alles, während sich die Zeit über Trillionen von Jahren entwickelt und in langen Zyklen immer wieder ihre Form verändert.

Jede dieser Ansichten ist mit einer eigenen Geschichte verknüpft und kann letztlich nicht bewiesen werden. Es gibt den einen oder anderen Beweis, aber nicht genügend Stringenz. Aus diesem Grund machen uns die Veden deutlich, dass wir eine Version, wie wir und die Zeit entstanden sind, hören und uns individuell dafür entscheiden, sie zu akzeptieren oder auch nicht. Nichtsdestoweniger wird die Ansicht über Zeit und Schöpfung, die wir uns aussuchen, anschließend den Kontext für alles bestimmen, was wir tun. Ob wir an Reinkarnation glauben oder die Ansicht vertreten, es gebe nur »dieses eine Leben«, unsere Art zu leben, die Ziele, die wir uns setzen, und wie wir andere sehen – all das wird immer von unserer Sicht der Zeit beeinflusst sein.

Während eines Jahres durchleben wir unterschiedliche Jahreszeiten und im Laufe eines Lebens, von der Kindheit bis zum Greisenalter, verschiedene Lebensphasen. Die Veden zeigen uns, dass auch der Kosmos solche Lebensphasen oder Zeitalter durchläuft – die Jahreszeiten der kosmischen Zeit. Es gibt also sozusagen einen kosmischen Frühling, einen kosmischen Sommer, einen kosmischen Herbst und einen kosmischen Winter. Das vedische »Jahr« umfasst 4 320 000 Jahre unserer Zeitrechnung. Frühling, Sommer, Herbst und Winter sind die goldenen, silbernen, bronzenen und eisernen Jahreszeiten oder Zeitalter, die jeweils 1 728 000, 1 296 000, 864 000 und 432 000 Jahre dauern.

DER KOSMISCHE WINTER BEGINNT

Vor etwa 5 200 Jahren näherten wir uns dem Anfangspunkt des eisernen Zeitalters, dem kosmischen Winteranfang. Auf Sanskrit heißt dieses Zeitalter *Kali-Yuga*, und es heißt, dies sei eine Zeit mangelnder Klarheit, weswegen sie auch als Zeitalter des Streits oder der Beurteilung bezeichnet wird.

Unsere Geschichte über das letzte vollständige Herabsteigen eines Avatars spielt in Indien, und zwar genau zwischen dem bronzenen und dem eisernen Zeitalter. In einem Kapitel des *Mahabharata* finden sich 125 astronomische Verweise auf die exakte Position der Planeten zu dieser Zeit. Anhand dieser Verweise können wir heute mithilfe von Computern überprüfen, dass genau vor etwa 5 200 Jahren diese Planetenkonstellation stattgefunden hat.

Drehen Sie also Ihre Uhren etwas weiter zurück als üblich, während wir den letzten Besuch eines vollständigen Avatars in Indien zur Zeit des kosmischen Winteranfangs Revue passieren lassen – als dieses Zeitalter, das wir *Kali-Yuga* nennen, auf so außergewöhnliche Weise begann.

Natürlich waren die Weisen Indiens aus vielen Gründen besorgt über das Eintreten des kosmischen Winters. Durch unzählige Generationen war die vedische Bibliothek des spirituellen und materiellen Wissens in der erstaunlich präzisen Sanskrit-Sprache überliefert worden – sorgfältig auswendig gelernt und vom Mund zum Ohr weitergegeben. Die Weisen wussten, dass die Klarheit dieser Überlieferung mit der Ankunft des Kali-Yuga, dem Zeitalter des Streites, gefährdet war. Sie versammelten sich und kamen überein, dass dieses neue Zeitalter eine tiefe Spaltung für ihre kooperative Gesellschaft bedeuten könne. Vor allem bestand die Gefahr, dass entscheidende Avatar-Lehren verloren gingen. Das würde in den kommenden fünftausend Jahren auch in zahllosen anderen indigenen Kulturen passieren. Daher beschloss man, die gesamte Bibliothek schriftlich aufzuzeichnen. Auch Indien würde der Bedrohung durch diesen historischen Tsunami standhalten müssen, besonders in den letzten tausend Jahren der Invasion und Kolonisation. Da aber seine uralten Texte in der perfekten Sanskrit-Sprache niedergeschrieben waren – und nur aus diesem Grund –, würde es die am besten erhaltene indigene Kultur bleiben. Und gerade weil diese Geschichten niedergeschrieben wurden, kann ich sie Ihnen so erzählen, wie sie schon vor Jahrtausenden erzählt wurden.

Ein anderes monumentales Szenario war den sorgfältigen und weitsichtigen Yogis und Rishis, welche die Veden zu der Zeit niedergeschrieben haben, allerdings nicht bekannt. Das Höchste Wesen Shri Krishna hatte beschlossen, genau zur Zeitenwende als Avatar auf den Planeten Erde, unsere Mata Bhumi, zu kommen. Dieser Avatar war eine persönliche Offenbarung von noch größerer Tragweite als Shri Rama. Eine der Bedeutungen des Sanskrit-Wortes *Shri* ist übrigens »schön«, es ist aber auch ein Ehrentitel. Das Wort Krishna bedeutet unter anderem »der höchst Anziehende«.

Wie ich Ihnen bereits erzählt habe, ist das *Ramayana* ein einzelnes Gedicht aus vierundzwanzigtausend Sanskrit-Versen. Meine kurze Wiedergabe seines Inhalts im vorhergehenden Kapitel konnte noch nicht einmal eine vollständige Skizze seiner Hauptfiguren und seiner Handlung bieten. Das *Mahabharata* hingegen besteht aus gewaltigen hunderttausend Versen und schildert nicht nur Ereignisse, die vor fünftausend Jahren stattgefunden haben, sondern auch die Geschichte Indiens in den mehr als tausend Jahren vor Shri Krishnas Geburt.

Es würde an dieser Stelle den Rahmen sprengen, wenn ich Ihnen das große Epos vollständig wiedergäbe. Daher werde ich in diesem Kapitel nur einzelne Szenen dieses Epos schildern und Ihnen einige Einblicke gewähren, immer in der Hoffnung, Sie dadurch zu inspirieren, das ganze zu lesen. Übrigens, im Zentrum des *Mahabharata* steht die *Bhagavad*

Gita, die bekannteste philosophische Erörterung der Veden. Die Gita, wie sie oft genannt wird, fasst die Kernlehren Bhagavan Shri Krishnas in siebenhundert bemerkenswerten Versen zusammen und war eine Inspiration für viele große Denker unserer Zeit, darunter Mahatma Gandhi, Albert Einstein und Henry David Thoreau.

JEDER AVATAR HAT EINE MISSION

Jeder Avatar hat zum Zeitpunkt seines Herabsteigens eine Mission, die etwas mit den besonderen Problemen der Welt zu dieser Zeit zu tun hat. Außerdem trägt jeder Avatar ein besonderes, an ein Thema geknüpftes transzendentales Wissen mit sich, das auf der Erde enthüllt werden soll. Rama und Sita kamen als das ideale, monogame Königspaar und als Verkörperungen des Dharma und des Adels. Der Avatar von Bhagavan Shri Krishna hatte einen ganz anderen Beigeschmack. Seine Erscheinung wird manchmal in drei Kategorien eingeteilt: vertrauter Krishna, politischer Krishna und philosophischer Krishna. Von seiner Geburt bis zum Alter von elf Jahren offenbarte Krishna zwischenmenschliche Ebenen, die jenseits von allem liegen, was bisher offenbart wurde. In seiner politischen Rolle war er der höchste Diplomat, der zwischen den beiden ewig im Konflikt liegenden Gruppen von Menschen vermittelte. Schließlich sprach er als höchster Philosoph die unsterblichen Verse der *Bhagavad Gita*, die Kernlehre des vedischen Wissens. Sie ist bis heute die prägnanteste und deutlichste Formulierung der ewigen Wahrheit, die je von Menschen empfangen wurde.

Unsere Geschichte beginnt mit den unergründlichen Gedanken Bhagavan Shri Krishnas tief im ewigen Wald seines transzendentalen Wohnsitzes, wo er in der süßen Gesellschaft von Lakshmi saß, seiner Gefährtin, seiner nicht von ihm trennbaren anderen Hälfte.

Die beiden wussten, dass der kosmische Winter herannahte, und wollten auf Erden die nährende kosmische Weisheit offenbaren. Sie würde alle während der langen und schwierigen Zeiten, die noch kommen sollten, versorgen und schützen. Also beschloss das Höchste Paar, als Avatar auf die Erde zu kommen und die tiefgründigsten Lehren und Geheimnisse in Form eines gewaltigen und unvergesslichen Epos zu hinterlassen. Um ihren Besuch vorzubereiten, wiesen sie die Devas unseres Universums an, in ganz Indien als Mitglieder königlicher Familien zur Welt zu kommen. Tausende von hervorragenden Yogis wurden ebenfalls eingeladen, als göttliche Helfer in diesem Drama mitzuwirken. Beide Seiten, die Guten und ihre Gegenspieler, wurden eigens ausgesucht, um die Entwicklungen an der Universität zu fördern. Eine epische Besetzung war erforderlich, denn Bhagavan Shri Krishna bereitete die Bühne für die ultimative Aufführung, in der jede Figur mehrere Bedeutungsebenen haben sollte.

Das *Mahabharata* ist nicht nur ein historischer Bericht, es ist auch ein psychologisches Meisterstück, ein Thriller und ein Mysterium, verfasst vom höchsten Genie. In diesem Epos werden alle menschlichen Archetypen aufgeführt, von den besten und dharmatreusten bis zu den verabscheuungswürdigsten, hinterhältigsten und am übelsten verzerrten. Als Drehbuchautor, Produzent, Regisseur und Kameramann dieses Dramas war Bhagavan nun auch noch bereit, die Hauptrolle zu spielen und sich dafür als Mensch zu tarnen. Er und die Clique seiner ewigen Begleiter stiegen auf die Erde hinab, um wieder einmal das Gleichgewicht auf dem Planeten herzustellen und die Unschuldigen zu beschützen. Sie kamen auch, um jenen die unbegreiflichen Geheimnisse des transzendentalen Bereichs zu offenbaren, die Ohren hatten zu hören.

ASURAS IM KÖNIGLICHEN GEWAND
Unmittelbar vor Shri Krishnas Ankunft auf der Erde war die politische Situation in Indien unerträglich düster. Die meis-

ten Könige waren korrupt und versteckten sich hinter ihrer Macht und ihrem königlichen Gewand. Viele gute Adlige waren ins Exil geschickt worden. Immer öfter wurden junge Frauen entführt. Gefährliche Trupps aus grausamen Männern waren überall unterwegs und schufen eine Stimmung der Angst, indem sie die Menschen erpressten und immer höhere Steuern verlangten.

Mata Bhumi stöhnte unter ihren gefühllosen Füßen und trauerte um ihre leidenden Kinder. Sie hatte um Hilfe gebeten, gefleht, der Avatar möge kommen. Tatsächlich ging das Gerücht, dass der Avatar kommen und einen besonders bösen König namens Kamsa töten werde. Kamsa war der Bruder von Krishnas zukünftiger Mutter, Devaki.

Kamsa hielt Devaki und ihren Mann Vasudeva in seinem Kerker gefangen, seit ihm prophezeit worden war, dass ihr achtes Kind, ein Junge, ihn töten würde. Um ganz sicherzugehen, hatte er sie also gefangen genommen und hintereinander sechs ihrer neugeborenen Kinder getötet. Das siebte Kind verschwand auf mysteriöse Weise aus Devakis Bauch, sodass es für alle wie eine Fehlgeburt aussah. Doch in Wirklichkeit sollte dieses Kind kurz darauf von einer anderen Frau geboren werden, die in einem nahe gelegenen Dorf lebte. Das Kind, Balarama, wurde später als Krishnas älterer Bruder bekannt.

Endlich kehrte Krishna in Devakis Bauch ein.

Und als es so weit war, erschien Shri Krishna strahlend und in voller Größe als Bhagavan und verkündete seinen Eltern, dass das Höchste Wesen soeben als ihr Baby erschienen sei. Er wies seinen Vater an, ihn in dasselbe Dorf zu bringen, in das auch sein Bruder Balarama gegangen war, in das Haus von Yashoda und Nanda, engen Freunden der Familie. Yashoda hatte gerade ein Mädchen zur Welt gebracht, und Nanda solle das Krishna-Baby gegen dieses Mädchen austauschen.

Die Tore des Palasts öffneten sich auf geheimnisvolle Weise, während alle schliefen. Vasudeva machte alles so, wie Shri Krishna es gesagt hatte, und kehrte bald mit dem neugeborenen Mädchen in den Kerker zurück. Der Palast erwachte. Und sofort kam ein wütender Kamsa, der böse König, in den Kerker gestürzt, ergriff das Baby und wollte es auf den Steinboden werfen, wie er es schon mit den sechs Neugeborenen davor gemacht hatte. Doch als er das versuchte, glitt ihm das Baby aus den Händen, schwebte hoch in die Luft und erschien in seiner göttlichen Gestalt: die Allmutter. Sie sagte zu Kamsa: »Du törichter König. Ich bin die Allmutter. Du kannst mich nicht töten! Das Kind, das du suchst, ist längst woanders und wird dich eines Tages töten.«

DAS VERSTECK IM WALD

In den nächsten sieben Jahren lebte Shri Krishna heimlich in Vrindavan, ohne dass sein grausamer Onkel Kamsa etwa von seiner Existenz wusste. Dort war Krishna das geliebte Kind oder der Freund von jedem in seiner Dorfgemeinschaft. Man könnte annehmen, das Höchste Wesen würde, wo es nun schon zur Erde gekommen war, auch seine unendliche Macht ständig offen zur Schau stellen. Doch Shri Krishna spielte und lehrte ein anderes Spiel.

In der ersten Phase seiner Zeit als Avatar lebte Shri Krishna auf dem Land, draußen in den Wäldern in einer einfachen oder zumindest einfach scheinenden Gemeinschaft von Kuhhirten. Diese Entscheidung begründete er folgendermaßen: Er wollte in dieser Zeit die Macht in den Hintergrund und die Liebe in den Vordergrund stellen. Das ist die vertrauliche, aber entscheidende Lehre für uns Menschen: Obwohl es allmächtig ist, freut es das Höchste Wesen viel mehr, uns unendlich zu lieben, als seine Macht zum Besten zu geben.

Dieses Paradox kommt neben dem spielerischen Aspekt in einer der vielen Kindheitsgeschichten von Krishna besonders gut zum Ausdruck.

KRISHNA ISST DRECK

Einmal, als Krishna drei Jahre alt war und sein Bruder Balarama vier, spielten die beiden im Hinterhof. Plötzlich rief Balarama nach seiner Mutter und sagte, Krishna habe schon wieder Dreck gegessen. Yashoda fragte Krishna, ob das wahr sei, und Krishna antwortete, sein Bruder habe gelogen. Dann machte er den Mund auf und meinte, seine Mutter könne ruhig nachschauen, ob er Dreck gegessen habe. Als sie in seinen Mund schaute, sah Yashoda das ganze Universum, endlos viele Planeten, Galaxien, die unermessliche Weite des Weltraums, alle Wesen, den Schöpfer, alles. Sie hielt einen Moment inne und sagte dann: »Ach übrigens, Zeit für euer Mittagessen, Kinder.«

Gott der Allmächtige, wie wir im Westen das Höchste Wesen nennen, hatte seiner irdischen Mutter gerade das Ausmaß aller Existenz gezeigt. Und sie bevorzugte, ihm Essen zu kochen, statt seine Allmacht zu bewundern. Hierin offenbart der höchste Avatar wieder eines der großen Geheimnisse. Wenn wir wirklich verstehen, werden wir erkennen, dass die Süße, die im liebevollen und vertrauten Dienen liegt, mehr Freude und Erfüllung bringt, als die göttliche Allmacht zu bewundern. Eigentlich wollte Krishnas Mutter sagen: »Sehr schön, dass du all diese Macht hast, Liebling, aber lass uns einfach weiter Mutter und Kind spielen. Das macht mir viel mehr Spaß.«

In den elf Jahren seiner Kindheit genossen alle Bewohner von Vrindavan ihren süßen und liebevollen Dienst an dem jungen Krishna. Und die Stimmung, die dadurch entstand, war ihnen viel lieber, als wenn sie ihn als »den allmächtigen Gott« angesehen hätten. Sie wussten genau, wer er war, hielten es aber für besser, mit ihm zu spielen, als ihn anzubeten. Natürlich sah und sieht Shri Krishna das auch so.

Für gewöhnlich sehen wir uns selbst als Kinder eines liebenden Gottvaters oder eines göttlichen Elternpaars, Vater und Mutter Gott. Unter dem Aspekt der Macht betrachtet, ist das auch sinnvoll. Doch in Vrindavan erfand Gott/Bhagavan ein Spiel, das noch viel mehr Spaß machte: Er spielt das Baby, und wir spielen die Eltern. So bewusstseinsverändernd oder herzbewegend, wie es anmutet, ist es auch. Das ist sowohl für Shri Krishna als auch für uns bereichernder und angenehmer – und das macht viel mehr Spaß. Die Spiele, die der Avatar nur zum Spaß spielt, heißen *Lila* oder »göttliches Spiel«. Diese Lila-Einstellung, diese spielerische Haltung ist in den vedischen Lehren einmalig und gehört zu den großen Geheimnissen unserer Beziehung mit den höchsten und göttlichen Wesen. Dieses Spiel, diese Freude erinnert uns an unser eigenes höchstes, ewiges und glückseliges Wesen.

EWIGE SPIELE IN VRINDAVAN

Ein noch größeres Geheimnis ist die Geschichte von den Freundinnen des jugendlichen Krishna, den *Gopis*, und von der Liebe seines Lebens, der Inspiration seines Herzens, in die er sich auf ewig verliebt hat – die süße und unendlich bezaubernde Radha. Sie ist eigentlich Lakshmi, die ewige Gefährtin, das göttlich Weibliche, das Gegenstück zu Bhagavan, und sie lebt in alle Ewigkeit mit ihm im transzendentalen Bereich von Vaikuntha. Versuchen Sie, wenn Sie diese subtile Vision vor Augen haben möchten, wieder jung und unschuldig zu sein. Versuchen Sie sich, an die süße, magische, erste kostbare und unschuldige Liebe von Teenagern zu erinnern, an den ersten süßen Kuss, den ersten Tanz, das erste Händchenhalten und das Beben vor geheimnisvoller Glückseligkeit. Und nun stellen Sie sich vor, dass Sie, der Atman, ebenfalls dieses Spiel spielen könnten. Ein Mann braucht – und ich sage dies mit Sympathie und Verständnis – in der Tat viel Mut und Sinn fürs Spielerische, um wieder ein süßer Junge in der Blüte seiner Jugend zu werden. Bhagavan als der junge Krishna im Gopi-Lila spielt Ihre erste und ewige Liebe. Diese Glückseligkeit – oder eigentlich die Erinnerung daran – ist die Quelle unserer süßesten Liebe zu der Person, die wir heute lieben, wer immer sie auch sei.

Lassen Sie mich, bevor wir gleich weiter auf diese heilige Liebesgeschichte eingehen, noch etwas anmerken. Sie können ganz einfach diese Geschichten mit Ihrem erwachsenen Verstand aufnehmen, doch dann werden Sie sie als Mythen oder Märchen abtun. Hier, in der materiellen Welt, wo die Macht regiert, können Sie schnell an der Liebe zweifeln, vor allem in Zusammenhang mit dem allmächtigen Wesen, das den ganzen Weg auf die Erde und in unsere Herzen gekommen ist, um sich in Liebesspielen mit menschlichen Wesen zu ergehen.

Krishna wusste, dass unser weltlicher Geist natürlich solche Zweifel hegen würde. Daher machten während seiner elfjährigen Kindheit nacheinander alle möglichen hässlichen und gefährlichen Monster, die Verkörperungen dieser Zweifel, die friedvolle ländliche Gegend unsicher. Diese dunklen Seelen, das personifizierte Übel, schlichen sich in das idyllische Vrindavan ein und versuchten, Krishna und seine Freunde mitten im Spiel zu töten. Doch jedes Mal, wenn einer von diesen Dämonen auftauchte, wurden Krishna und sein Bruder Balarama mühelos mit ihm fertig, indem sie ihm einen Stoß mit dem Kinderfinger gaben oder ihn mal kurz aus dem Handgelenk wegfegten.

Für seine Freunde war und ist Bhagavan nichts als Liebe und Spiel, doch bei denen, die sich direkt mit dem Höchsten Wesen konfrontierten und ihm den Spaß verderben wollten – personifizierte Gedanken, die eigentlich selbst Bhagavan sein möchten –, genügte ein kleiner Schnips aus dem göttlichen Handgelenk, um sie ihrer nächsten Geburt entgegenzuschicken.

RASA LILA

Nehmen wir einmal an, ich hätte für einen Moment Ihre Zweifel daran, dass reine Liebe möglich ist, zerstreut – und das ist es, worum wir uns im Leben ständig bemühen müssen –, und kehren zurück zum jungen Krishna und seinen Freundinnen, den Gopis.

Die Beziehung zu den Gopis ist in Wirklichkeit eine Diskussion über die Möglichkeit der Liebe. Wir hören oft Sätze wie: »Die ganze Welt braucht Liebe.« Aber auf der anderen Seite sehen wir, zum Beispiel in Shakespeares *Romeo und Julia*, dass unsere irdische Liebe oft süß, aber eben auch traurig oder sogar tragisch ist. Außerdem bezweifeln wir, dass es möglich ist, die Liebe auf Dauer und auch im Transzendentalen aufrechtzuerhalten. Die Antwort des höchsten Avatars auf unsere Liebesskepsis ist ein dröhnendes, unaufhaltsames JA! Und mehr noch, heute Nacht und jede Nacht ist Vollmond. Es wird getanzt, und Sie sind eingeladen.

Hier kann ich Ihnen nur einen Vorgeschmack dieses berauschenden Weines bieten. Shri Krishna ist per definitionem schöner und attraktiver als irgendwer sonst, und die jungen Gopis in der Geschichte verkörpern die ewigen Seelen, die alle ganz verrückt sind vor Liebe zu Krishna und seine Geliebten sein wollen. Er liebt sie auch, aber seine geliebte Gefährtin Radha ist seine ewige Favoritin.

Eines Abends, als der Vollmond gerade über dem blühenden und duftenden Wald von Vrindavan aufgegangen war, begab sich das schöne Höchste Wesen, Shri Krishna, in der Gestalt eines süßen Jünglings tief in den Wald und spielte dort bezaubernde, magische Melodien auf seiner Flöte. Als sie diese Musik hörten, wussten Radha und die Gopis, dass der Tanz gleich beginnen würde. Verrückt vor Freude beim Gedanken an Krishna, zogen sie sich schnell an, ein wenig nachlässig vor lauter Eile, und eilten zu dem Platz, wo Krishna auf sie wartete. Wenn Sie eine persönliche Einladung zum Tanz mit dem größten Liebhaber von allen bekämen, würden Sie sich dann nicht auch beeilen? Alle Gopis und Radha rannten also zur Lichtung im Wald. Und plötzlich waren dort hundert Gopis, jede mit ihrem ganz persönlichen Krishna, der ihre Hand hielt und ihr tief in die Augen schaute. Die glücklichen Atmans, die mehrere Leben lang für einen solchen Moment gebetet hatten, lagen nun in den Armen des höchsten Avatars und tanzten die ganze Nacht – bis in alle Ewigkeit.

Als Krishna elf Jahre alt war, kam sein Onkel Akura in einer Kutsche nach Vrindavan gefahren, um Krishna zurück nach Mathura, seinem Geburtsort, zu bringen. Mittlerweile hatte Krishnas Onkel Kamsa herausgefunden, wo er sich aufhielt, und ihn unter einem Vorwand zur Teilnahme an einem Ringer-Wettkampf eingeladen – natürlich mit der bösen Absicht, ihn zu töten.

Als Akura mit Krishna aus Vrindavan wegfuhr, säumten die Gopis mit Tränen in den Augen den Weg, den seine Kutsche nahm. In ihrer Gesellschaft hatte Shri Krishna die tiefsten Geheimnisse der ewigen Liebe zwischen dem Atman und dem Höchsten Wesen offenbart. Damit war ein Zweck seines Herabkommens erfüllt. Weder er noch Radha, sein ewiges Gegenstück, noch die Gopis, die in vielen Leben fortgeschrittene Yogis gewesen waren, würden jemals das Mysterium und die Magie ihrer gemeinsamen Vollmondtänze vergessen. Völlig aufgelöst in den Tränen ekstatischer Liebe, verabschiedeten sie sich fürs Erste von dem ewigen Bhagavan, der nun für immer am sternklaren Himmel ihres Herzens sichtbar sein würde.

KRISHNA STELLT DEN DHARMA WIEDER HER

Als Krishna und sein älterer Bruder Balarama in Mathura ankamen, wurden sie von einem Kriegselefanten und zwei gewaltigen Ringern begrüßt, die den Befehl hatten, Krishna zu töten. Doch es kam anders. Die Gejagten wurden zu Jägern, und nachdem Krishna und sein Bruder ihre Angreifer erledigt hatten, tötete Krishna seinen bösen Onkel Kamsa. Damit war die Prophezeiung erfüllt. Dann befreite Krishna Kamsas Vater aus dem Gefängnis und setzte ihn wieder als rechtmäßigen König von Mathura ein. Kamsa war so verwirrt und geistig verdreht gewesen, dass er seinen eigenen edlen Vater in den Kerker gesperrt hatte, um sich selbst des Throns zu bemächtigen.

In den nächsten fünf Jahren lebten Krishna und sein Bruder wieder mit ihren Eltern, Vasudeva und Devaki, zusammen. Als nun nicht mehr im Exil lebende Prinzen gewannen sie ihren königlichen Status zurück und wurden nun in allen Künsten und Fähigkeiten ausgebildet, die aufgrund ihrer edlen Geburt von ihnen erwartet wurden. Sie waren dazu bestimmt, Anführer zu sein.

Derweil entfaltete sich in der nahe gelegenen Stadt Hastinapura (nördlich des heutigen Neu-Delhi) ein anderes Drama, das eine Nation entzweien und alle in eine unausweichliche, erbitterte Verwicklung ziehen würde. Es war die Bühne, auf der jene Mission erfüllt werden sollte, deretwegen der höchste Avatar, Shri Krishna, auf die Erde gekommen war.

Bevor er aus dem transzendentalen Bereich herabstieg, beauftragte Krishna Millionen von Wesen in ganz Indien, als Mitglieder königlicher Familien zur Welt zu kommen. Unter diesen Wesen waren die höchsten Devas ebenso wie die übelsten Asuras. Es ist sehr wichtig, zu verstehen, dass diese unversöhnlichen Gegensätze in den reichsten, edelsten und einflussreichsten Familien dieser Zeit geboren wurden.

So kam es, dass das Göttlichste und das Verderbteste nun Vettern waren.

Alle Schauspieler, manche bewusst, andere noch unbewusst, hatten sich versammelt. Das Drama konnte beginnen.

In dem früheren Epos, dem *Ramayana*, hatten die bösen Kräfte Ramas königliche Familie von außen angegriffen. Er kämpfte gegen sie, siegte und stellte den Frieden wieder her. Das *Mahabharata* hingegen spielt, als das Tor zum Zeitalter des Streites sich gerade öffnete. In diesem dichten, psychologisch komplexen Epos kamen die Devas und die Asuras aus ein und derselben Familie – und beide Kräfte waren und sind mit dem höchsten Avatar verwandt.

EINE EPISCHE FAMILIENFEHDE

Die dharmischen, sprich guten und eher erleuchteten Brüder hießen *Pandavas*. Ihre bösen, unwissenden oder dunklen Vettern wurden *Kauravas* genannt. In der Familie der Pandavas gab es fünf devische Brüder, angeführt von dem ältesten Bruder, Yudhishthira, und dem berühmten Arjuna. Auf der Kaurava-Seite der Familie gab es hundert böse Brüder und eine Schwester, alle angeführt von dem heimtückischen Duryodhana. Die beiden Zweige der Familie sollten ihre riesigen Familienbesitztümer eigentlich gerecht untereinander aufteilen, aber schon von Kindheit an war Duryodhana fest entschlossen, seine Vettern zu töten und ihren Teil des Vermögens an sich zu reißen. Schon als Kinder mussten sich die Pandavas ständig vor den todbringenden Plänen ihres Vetters und Angstgegners Duryodhana in Acht nehmen.

In diesem Buch können wir nicht das ganze Handlungsgefüge und sämtliche feinen Nuancen des *Mahabharata* darlegen. Es ist ein Drama von epischen Ausmaßen, ein Kompendium der Diplomatie und der königlichen Künste, ein Kriegsthriller, ein Mysterium, ein umfangreiches historisches Werk, das Jahrtausende behandelt, ein Handbuch der Führung und der Strategie, ein unvergleichliches kosmisches Schachspiel mit mehreren simultanen Bedeutungsebenen, eine Enzyklopädie der alten Welt, eine Fundgrube des yogischen Wissens, ein geheimes Fenster in den Geist des höchsten Avatars, eine epische Liebesgeschichte und die Saga eines Krieges, in dem, wie es heißt, in achtzehn Tagen mehr als vier Millionen Soldaten starben – ohne dass der Zivilbevölkerung ein Leid zugefügt wurde.

Im Zentrum dieser epischen Geschichte, immer präsent, wenn auch im Hintergrund, steht der Avatar Shri Krishna. Er macht sich natürlich Gedanken über den Ausgang des Ganzen, respektiert jedoch den freien Willen aller Spieler. Der Avatar des politischen Krishna, der selbst der höchste Spieler in diesem Drama war, hat es geschrieben und produziert. Dieses Stück bleibt uns bis zum heutigen Tag und zweifellos für weitere Jahrhunderte ein warnendes und dennoch nützliches Beispiel. Es wurde zu Beginn des Kali-Yuga inszeniert, damit wir verstehen, warum der Dharma, wenn er im Exil und im Egoismus zu stecken scheint, so oft in königliche Gewänder gekleidet ist.

DAS SPIEL MIT GEZINKTEN WÜRFELN

Kaum waren die Pandavas und die Kauravas erwachsen, heckte Duryodhana seinen letzten schändlichen Plan aus. Alles begann mit einer scheinbar harmlosen Wettpartie zwischen ihm und seinen Vettern, den Pandavas. Doch die Würfel waren, was uns nicht verwundert, zu Duryodhanas Gunsten gezinkt. Das Wetten ging immer weiter und wurde immer intensiver, bis die Pandavas schließlich ihren gesamten Familienbesitz verspielt hatten. Dann verspielten sie auch noch sich selbst, und schließlich ging es um den letzten Einsatz: ihre Frau, die wunderschöne Draupadi.

Zu der Zeit war es Brüdern manchmal erlaubt, dieselbe Frau zu ehelichen. Um ihrer Einigkeit willen hatten die fünf

Pandava-Brüder Draupadi geheiratet, die schönste und weiseste Frau in ganz Indien. Auch sie war die Repräsentantin der Allmutter in menschlicher Gestalt. Im Verlauf des Wettspiels verloren die Pandavas sie und wurden schließlich durch Duryodhanas betrügerische Machenschaften für dreizehn Jahre ins Exil verbannt. Und um das Ganze zu verschlimmern, befahl Duryodhana seinem Bruder, Draupadi vor versammelter Mannschaft nackt auszuziehen – Tausende von Männern hatten sich nämlich versammelt, um dem Glücksspiel beizuwohnen.

Draupadi wurde an den Haaren in die Menge geschleift. Dann wurde an ihrem Sari gezogen in der Absicht, sie nackt auszuziehen, um den ganzen mitschuldigen Zuschauern ihre Schönheit zu offenbaren. Ihre Ehemänner wurden bewacht und konnten ihr nicht helfen. Draupadi hielt ihren Sari mit beiden Händen fest, doch dann hob sie eine Hand und flehte Krishna an, sie zu retten. Schließlich hob sie vor lauter Verzweiflung beide Arme und rief laut nach Krishna. In diesem Moment der Hingabe inkarnierte Shri Krishna, das Höchste Wesen, als eine endlose Menge von Saristoff. Und egal, wie lange der böse Dushasana, der Bruder des Duryodhana, auch zog, er war nicht in der Lage, Draupadi zu entkleiden und vor der ganzen Versammlung zu demütigen.

Nachdem Königin Draupadi aus den Fängen von Duryodhanas Unwissenheit gerettet worden war, wurden sie und die Pandavas für dreizehn Jahre ins Exil geschickt. Abgemacht war, dass die Pandavas nach Beendigung des Exils endlich ihre vollen Rechte an der Hälfte des Reiches würden beanspruchen können. Darin, dass sie eher das Exil akzeptierten, als gegen ihre Vettern in den Krieg zu ziehen, liegt eines der Geheimnisse des *Mahabharata*, und hier offenbart sich viel von der Weisheit der Avatare. Devische Wesen suchen immer das Gute in allem und wollen nie Krieg, selbst wenn die Asuras, jene dunklen Wesen, sich geradezu an Gewalt und Grausamkeit erfreuen und den Krieg mit ihrem Egoismus und ihrer Gier sogar anzetteln. Die Pandava-Brüder und Draupadi akzeptierten ihr langes Exil also zum Wohle aller und in der Hoffnung, damit einen Krieg zu verhindern. Das Exil der Pandavas bedeutet insbesondere, dass sich alle dem Dharma oder der Wahrheit verpflichteten Menschen wie im Exil fühlen, wenn skrupellose Regierungen an der Macht sind.

UNERSÄTTLICHE GIER

Während Shri Krishnas liebe Vettern in einem so schrecklichen Dilemma steckten, wartete er auf die passende Gelegenheit zurückzuschlagen und bot ihnen gleichzeitig aus der Ferne Schutz. Als die Zeit ihres Exils endlich abgelaufen war, kamen die Pandavas zu Duryodhana und verlangten den ihnen zustehenden Anteil am Familienvermögen. Seine Antwort war ein hartnäckiges Nein. Der Krieg schien unvermeidlich. Schließlich machten die Pandavas einen letzten Versuch und schlugen Duryodhana vor, ihnen fünf Dörfer zu geben, damit sie wenigstens einen Ort hätten, an dem sie wohnen konnten. Die Antwort ihres gierigen Vetters ist berühmt: »Ich gebe euch nicht nur keine fünf Dörfer, ich gebe euch nicht einmal so viel Land, wie auf einen Nadelkopf passt.« Sie hatten keine Wahl mehr. Krieg war die einzige Antwort.

Ein berühmtes Feld wurde als Schlachtfeld ausgewählt, groß genug für Millionen von Soldaten, Pferde, Elefanten, Streitwagen und Kriegswaffen. Das Feld hieß Kurukshetra. Alle Könige Indiens und der angrenzenden Länder fanden sich, entsprechend ihrer Verpflichtung als Krieger und Bündnispartner, nach und nach auf dem Schlachtfeld ein und schlugen ihr Feldlager entweder auf der Seite der Pandavas oder auf der Seite der Kauravas auf.

Bei all dem Druck und angesichts der Komplexität des Lebens finden sich Menschen, wie wir alle wissen, früher oder später an so vielen unvorhersehbaren Orten, Arbeitsstellen, bei Einsätzen und sogar in Kriegen wieder, die sie weder angestrebt und verursacht haben noch mit ihren wahren Überzeugungen in Einklang bringen können. So war es auch hier. Es stammten nicht nur die beiden Kernarmeen aus derselben Familie, sondern auch die vielen anderen Mitkämpfer waren miteinander verwandt. Es war ihnen schlicht peinlich, gegeneinander zu kämpfen.

Einige Tage vor Kriegsbeginn kam Krishna mit sieben Divisionen Soldaten an. Er arrangierte ein Treffen mit Duryodhana und offenbarte sich ihm als das Höchste Wesen. Dann empfahl er eine friedliche Lösung des Konflikts, aber selbst auf ihn wollte Duryodhana nicht hören.

Als der erste Tag des Krieges kurz bevorstand, lud Krishna seinen Freund und Vetter Arjuna sowie seinen nicht ganz so freundlichen Vetter Duryodhana zu einem gemeinsamen Treffen ein. Krishna erklärte, er werde nicht persönlich in diesem Krieg mitwirken, weil seine unbegrenzte Macht einen unfairen Vorteil für die Seite bedeuten würde, auf der er kämpfe. Stattdessen, erklärte er, würde eine von beiden Seiten seine Armee bekommen, während die andere ihn als Ratgeber haben könne. Und dann fügte Krishna noch hinzu: »Ich gehe jetzt in mein Zelt, um ein Nickerchen zu machen. Derjenige von euch beiden, auf den mein Blick fällt, wenn ich aufwache, darf zuerst wählen: mich als Ratgeber oder meine Armee.« Der Höchste Herr zog sich in sein Zelt zurück und stellte einen Stuhl ans Kopfende seines Bettes und einen ans Fußende. Duryodhana kam als Erster. Weil er sich in seinem Stolz für den größten Herrscher hielt, setzte er sich auf den Stuhl neben Krishnas Kopf. Dann kam Arjuna und setzte sich zu Bhagavans Füßen nieder. Als Krishna erwachte, fiel sein Blick auf Arjuna, und er sagte: »Du hast die erste Wahl.«

Arjuna sagte: »Mein Herr, ich wähle dich als meinen Ratgeber.«

Krishna antwortete: »Dann werde ich dein Wagenlenker sein.«

Und Duryodhana rief: »Hervorragend! Ich wollte von Anfang an deine Armee haben.«

UNWISSENHEIT IST DER EIGENTLICHE FEIND

Der politische Krishna hatte sein Werk vollendet, jetzt schlug die Zeit für den philosophischen Krishna. Avatare kommen mit dem Ziel, den vergesslichen Menschen philosophische Werkzeuge des göttlichen Wissens zu offenbaren. Diejenigen unter ihnen, die am meisten mit den Lebewesen mitfühlen, handeln so, weil sie alle Seelen, die hier auf der Erde leben, als schlafend und träumend betrachten, auch uns. Auf unterschiedlichen Stufen haben sie – und wir – die eigene wahre Natur vergessen. Die Veden zeigen uns, dass es nur einen Feind gibt: die Unwissenheit.

Das *Mahabharata* ist also offenbar auch so etwas wie ein historisches Kompendium der Zeit, die Krishnas Ankunft vor fünftausend Jahren vorausgeht. Es warnt auch vor den Konsequenzen von Streitigkeiten innerhalb der Menschheitsfamilie. Indem wir erkennen, dass letztlich alle Kriege unter »Vettern« ausgetragen werden und für jeden vernünftigen Menschen schmerzlich sind, sollten wir das Epos als eine Geschichte betrachten, die uns auffordert, gleichermaßen und ähnlich dringlich zu handeln, wenn es um den Schutz von Mutter Erde geht und um den unschuldiger Tiere und Menschen. Das ist notwendig, denn nicht umsonst heißt es: »Schlechte Dinge geschehen dort, wo gute Menschen nichts tun.« Bei dem Paradox, das uns im *Mahabharata* präsentiert wird, geht es zunächst um die wunderbaren und schrecklichen Konsequenzen des freien Willens, über den die Menschen verfügen. Wir sind bestenfalls einfach göttlich, und schlimmstenfalls sind wir wirklich schlimm

Weil diese Welt ein Campus ist, ein Ort des Lernens, versteht es sich von selbst, dass wir vor allem lernen, indem wir Fehler machen. Dies bedeutet, dass das Leben auf der Erde chaotisch und kompliziert ist, und zwar besonders dann, wenn viele Studenten vergessen haben, weswegen wir hier sind. Im *Mahabharata* bestand die erste Strategie der guten Vettern darin, sich dem Bösen zu beugen in der Hoffnung, dadurch einen Konflikt zu vermeiden. Das ist zwar eine gute Sofortstrategie, doch wenn sie letztendlich keine Opposition bekommen, regieren die egoistischeren und ignoranteren Studenten in der Regel den ganzen Campus. Wenn wir der Logik des Sva-Dharma folgen, versucht jeder, nach seiner oder ihrer körperlichen Natur tätig zu werden, und nur eine der vier Arbeitsgruppen – Denker, Beschützer, Produzierende, Arbeiter – wird mit der Aufgabe betraut, Gewalt einzusetzen, um die Unschuldigen zu beschützen.

Das *Mahabharata* war und ist als beispielhaftes Vorbild sehr wichtig, denn selbst die schlimmsten Menschen auf dem Schlachtfeld hüteten sich, Zivilisten durch ihre Kampfhandlungen zu gefährden. Wenn wir Menschen in Machtpositionen dazu veranlassen können, den Unschuldigen kein Leid anzutun, dann ist das eine wichtige Lektion, die sie über uns von den Avataren gelernt haben. Die nächste Lektion besteht für alle Menschen darin, mutig jenem Bösen zu widerstehen, das Teil ihres spezifischen Macht- und Arbeitsbereichs ist. Für Produzierende bedeutet das, nichts Schlechtes herzustellen, beziehungsweise nichts, was schlechte Auswirkungen hat. Für Denker heißt es, eloquent gegen das Böse zu sprechen. Und Arbeiter sollten sich weigern, für eine schlechte Sache zu arbeiten. Für Arjuna, den reichen Herrscher im *Mahabharata*, bestand die Herausforderung in einem enormen bewaffneten Konflikt, der nicht verhindert werden konnte. Versuchen Sie, sich vorzustellen, dass Sie ein Millionär sind, der in eine militärische Familie hineingeboren wurde und sich nun als General und politische Führungsfigur in einer Situation befindet, in der Millionen Leben von seinem Schutz abhängen. Wie würden Sie reagieren? Die beiden Armeen standen sich ordentlich aufgereiht auf dem Kurukshetra-Feld gegenüber. Trommeln wurden geschlagen, Trompeten und Muschelhörner geblasen. Das Undenkbare begann. Arjuna, der General auf der Seite des Guten, saß in einem großen Streitwagen, der von vier weißen Pferden gezogen wurde. Etwas tiefer als er, mit den Zügeln in der Hand, saß Krishna, das Höchste Wesen, der Avatar, und verrichtete die bescheidene Arbeit eines Wagenlenkers.

DIE OFFENBARUNG DER HÖCHSTEN WEISHEITEN

Wir sind nun bereit zu hören, wie der philosophische Krishna die prägnante Botschaft des Avatars in knappen Lehrsätzen und Handlungsanweisungen und in Form von siebenhundert Versen vermittelte. Sie denken vielleicht, ein Philosoph verkünde seine Weisheiten in einem Café oder auf dem Marktplatz einer Stadt. Stattdessen vernehmen wir hier die Zusammenfassung des Doktorandenprogramms aus dem Mund des Avatars, während sich ein gewaltiger Krieg zusammenbraut. Die *Bhagavad Gita* beginnt damit, dass die beiden Heere Aufstellung nahmen und Arjuna sagte: »Oh Krishna, fahre meinen Wagen in die Mitte des Schlachtfelds, damit ich jene sehen kann, die hier zusammengekommen sind, um diesen schrecklichen Konflikt auszutragen.« Das kam völlig unerwartet. Arjuna kannte jeden auf dem Schlachtfeld. Etwas lief hier schief. Krishna fuhr den Wagen also in die Mitte des Schlachtfelds, und Arjuna sprach: »Halt!« An dieser wichtigen Stelle möchte ich die Handlung kurz einfrieren und einen kleinen Exkurs einbauen.

In Kapitel 10 haben wir uns mit Yoga beschäftigt und damit, dass die Veden eine Person in einem menschlichen Körper als »in einem Wagen fahrend« beschreiben. Die Sinne sind die Pferde, der Geist entspricht den Zügeln, das Urteilsvermögen ist der Fahrer, und der Atman ist der Fahrgast. Hier wird diese Metapher absichtlich wiederholt, jedoch mit einem Unterschied: Nicht (in diesem Fall) Arjunas Urteilsvermögen ist der Fahrer. Arjuna hat das Höchste Wesen, seinen besten Freund und Vetter, den höchsten Avatar, zum Fahrer bestimmt. Wenn wir genau hinhören, macht uns dies auf etwas aufmerksam. Ist es möglich, dass der göttliche Genius des Höchsten Wesens das gesamte *Mahabharata* dergestalt konzipiert hat, dass es als lebendige Anweisung gelesen werden kann, wie wir die höchsten Wahrheiten des Yoga in Konfliktsituationen zu gebrauchen lernen? Könnten wir, genau wie Arjuna, das Höchste Wesen bitten, unser beschränktes Urteilsvermögen zu ersetzen und unser Fahrer zu werden, wenn wir uns mit alltäglichen menschlichen Konflikten konfrontiert sehen? Und wenn dem so ist, wäre es denn auch möglich, dass Arjuna stellvertretend für uns Zweifel und Ängste geäußert und sich die weisen Antworten des höchsten Avatars angehört hat? Ist diese Geschichte ein Mythos oder eine Darstellung der ewigen Wahrheit, vor fünftausend Jahren von dem Höchsten Wesen und seinen Freunden zu unserem Wohle in Szene gesetzt? Das müssen wir entscheiden.

Gehen wir zurück in die Szene. Arjuna legte also seinen Bogen und seine Pfeile beiseite, setzte sich in seinen Streitwagen und erklärte, er wolle nicht kämpfen. Zitternd und mit Tränen in den Augen sagte er, er würde lieber in einer Höhle leben oder unbewaffnet und widerstandslos getötet werden, als gegen seine eigene Familie zu kämpfen. Und zu Krishna gewandt sagte er: »Du bist jetzt mein Lehrer. Sage mir, was ich tun soll.« Dann legte er seinen Kopf in die Hände und sagte: »Ich lehne es ab, zu kämpfen.«

Wir haben hier leider nicht genug Raum, um die ganze tiefschürfende Unterhaltung zwischen einem brillanten, leidenschaftlichen Menschen und Bhagavan, der Quelle von allem, wiederzugeben. Ihre Worte sind in der präzisen Sanskrit-Sprache so niedergelegt, wie sie vor fünftausend Jahren gesprochen wurden. Seitdem ist dieses Gespräch sowohl eine Art Handbuch der menschlichen Verfassung als auch das philosophische Kompendium des Yoga und der ganzen vedischen Bibliothek. Alle wichtigen Botschaften des höchsten Avatars sind in diesen klaren Versen kodiert. Für Millionen von Menschen in Indien und außerhalb von Indien war und ist die *Bhagavad Gita* der tägliche Leitfaden durch das Leben in dieser Welt und als ewiges Wesen. Sie erklärt, wie wir mit Anmut in der Welt der Materie leben und uns dennoch mit dem Bereich des Transzendentalen verbinden können. Sie ist ein Leuchtfeuer auf dem Weg zu Moksha, der letztendlichen Befreiung.

ICH WOHNE IN JEDEM HERZEN

Eine bekannte Stelle fasst Krishnas Botschaft an Arjuna zusammen. Bhagavan sagt: »Ich bin der Ursprung von allem, aus mir fließt die ganze Schöpfung. Dies wissend, verehren mich die Weisen von ganzem Herzen. Ihre Gedanken wohnen in mir, ihr Geist gibt sich mir hin, und sie ziehen große Befriedigung und Glückseligkeit daraus, dass sie einander erleuchten und über mich sprechen. Denen, die ständige Hingabe pflegen und sich meiner in Liebe erinnern, gebe ich das Verständnis, das sie zu mir führt. Aus Mitgefühl mit ihnen vertreibe ich, der in ihrem Herzen wohnt, mit der strahlenden Lampe des göttlichen Wissens die Dunkelheit, die aus der Unwissenheit geboren wurde.«

Gegen Ende der *Bhagavad Gita* ist Arjuna bereit, nach Krishnas Botschaft zu handeln. Er hat seine größtmögliche Kraft zurückgewonnen, indem er sich seiner selbst und anderer als ewige Wesen erinnert hat. Arjuna war nun bereit, sich der täglichen Herausforderung des Lebens in der materiellen

Welt ebenso zu stellen wie der Freude, die dieses Leben mit sich bringt.

Ganz am Ende sagt Shri Krishna zu Arjuna: »Hast du mich mit deiner ganzen Aufmerksamkeit vernommen, und ist dein Missverständnis nun vertrieben? Wenn ja, entscheide, was du tun willst.« Selbst nachdem er seinen besten Rat gegeben hatte, sagte der höchste Avatar: »Arjuna, du und all diese Atmans, ihr seid auf ewig in der Lage, eure Wahrheit zu wählen. Also tut, was immer ihr wollt.« Und schließlich: »Bitte zwingt dieses Wissen niemals jemandem mit Gewalt auf. Lehrt meine Botschaft nur den weisen, gutherzigen Seelen, die sie hören wollen.«

Am Ende, meine Freunde, ist es unsere Entscheidung, ob wir unsere Fahrzeuge selbst steuern oder ob wir den Avatar einladen, uns zu fahren, zu informieren und zu inspirieren.

Kapitel 14

DIE GEHEIMSTEN GEHEIMNISSE

*NAMASTE. Ich sehe, wie du dein größtes
Selbst wirst, und zwar durch ein
Gelöbnis, das vom Herabsteigen der
Wahrheit inspiriert wurde. Ich sehe dich
geheilt, und ich sehe, wie du andere mit
unendlicher Glückseligkeit und nie
endender Liebe heilst. Ich sehe, wie
deine Augen voller Freude in die Augen
des Avatars schauen und du ohne Worte
verstehst, was es mit der Reise auf sich
hat, die wir alle machen.*

DIE VEDISCHE BIBLIOTHEK birgt einen riesigen Wissensschatz, von dem wir vielleicht annehmen, dass alle davon
profitieren sollten. Ich hoffe jedoch deutlich gemacht zu haben, dass die Lehren der Avatare in einem Punkt ganz klar
sind: Jede Form von Zwang oder Druck wird bei der Vermittlung dieses Wissens als unangemessen betrachtet. Es ist,
als besuchten Sie eine reguläre Bibliothek. Da erwarten Sie ja
auch nicht, dass man Sie mit vorgehaltener Pistole zwingt,
bestimmte Bücher zu lesen. Es geht vielmehr darum, dass Sie
sich dieses Wissen zu Ihren eigenen Bedingungen aneignen.
Um eine Metapher aus der Computer-Fachsprache zu verwenden: Am besten laden Sie die vedische »Software« als
»Demoversion« herunter, ohne irgendwelche Bedingungen
und mit unbegrenzter Probezeit. Dieses Bild können wir

noch weiter ausbauen: Am besten betrachten Sie die Veden als »Software«, für die Ihr Geist und Ihr Körper die »Hardware« ist. »Yogische« Meditation ist der Prozess, in dessen Verlauf profunde Ideen durch die »Hardware« – Ihren Geist und Ihren Körper – »laufen«, um festzustellen, welche Fähigkeiten und Erlebnisse dadurch inspiriert werden. Erinnern Sie sich bitte stets daran, dass Sie der Student sind und demnach verantwortlich für diesen Prozess. In Augenblick des Todes werden Sie Ihr eigenes Flugzeug fliegen. Es kann sicher nützlich sein, Ihre freundlichen Bibliothekare, sprich Gurus, zu kennen, aber sie sind nur dazu da, Sie beim Lernen zu bedienen. In diesem Sinne und mit Ihrer Erlaubnis werde ich in diesem letzten Kapitel versuchen, Sie noch tiefer in die Lehren der Avatare hineinzuführen – in der Demoversion natürlich.

Die Veden sagen unmissverständlich, dass ein menschliches Wesen nie genug materielle Beweise sammeln kann, um zu einem absolut letzten Ergebnis zu gelangen. Indem wir jedoch von den Avataren lernen, können wir Ideen downloaden, auf die wir unmöglich allein kommen würden, trotz sorgfältigem Sichten von Fossilien und Knochen der Geschichte.

Denken Sie mal über diese Frage nach: Ist das Universum planvoll oder willkürlich? Beginnen wir ganz pragmatisch. Leben Sie in einem nach Plan gebauten Haus oder in einem willkürlich entstandenen? Diese Frage beantwortet sich sozusagen selbst: Alle Häuser sind nach Plan gebaut.

Wie ist es mit Computern? Planvoll oder willkürlich entstanden? Bevor Sie jetzt das Gefühl haben, dass dieser Vergleich an Blasphemie grenzt, oder ein neues Schöpfungs-/Evolutions-Argument am Horizont entdecken, hören Sie lieber auf. Machen Sie kein Dogma daraus. Ich verwende diese praktischen Vergleiche, um ein Experiment zu entwerfen – Ihr Experiment. Auf der Reise, auf der wir uns selbst entdecken, kommt es darauf an, große Ideen von jedweden Dogmen, auch religiösen, zu trennen. Eine technische Definition von Computer ist »zielgerichtete Intelligenz in einer Kiste«. Wenn wir diese Definition etwas weiter fassen, was ist dann Mutter Natur? Im erweiterten Rahmen dieser Definition wäre sie dann ebenfalls »zielgerichtete Intelligenz in einer Kiste«, ein riesiger Biocomputer.

Und all das führt uns hierher: Yoga ist die Aktivität, die uns mit jener Intelligenz verbindet, die den ganzen Kosmos durchdringt. Das ist kein Sektierertum. Was immer Sie mit der Intelligenz des Universums verbindet, ist »eine Art Yoga«. Und was immer Sie mit der Intelligenz des Universums verbindet, ist eine großartige Sache.

Am Ende können Sie sich selbst nur auf eine von zwei Weisen sehen: entweder als eine kleine Intelligenz, die von einem zufälligen und unintelligenten Universum umgeben ist, oder als eine kleine Intelligenz, umgeben von einer großen und fürsorglichen Intelligenz. In dieser Gleichung gibt es nur entweder ein Ja zur Intelligenz oder ein Nein. Fragen wir uns also vor diesem Hintergrund: Wird das Universum von Liebe getragen, oder ist es leer und gleichgültig?

Der unvergleichliche Albert Einstein fragte sich das Gleiche: »Die wichtigste Frage, die wir uns überhaupt stellen können, ist, ob das Universum, in dem wir leben, freundlich oder feindlich ist.« Und weiterhin bemerkte er dazu, dass unsere Antwort auf diese Frage buchstäblich *unser Schicksal bestimme*. Ein einsichtiger Denker, dieser Herr Einstein.

Die beste Möglichkeit, eine Antwort auf diese binären Fragen über »Liebe oder nicht Liebe« zu finden, besteht darin, sich auf einer ganz alltäglichen Ebene zu fragen: »Was wäre mir lieber?« Ich weiß, was ich bevorzugen würde. Wenn das Universum leer und gleichgültig ist, wie wahrscheinlich ist es dann, dass die Liebe in unserer unmittelbaren Umwelt oder für uns persönlich blüht? Plan oder Zufall?

Intelligent oder nicht? Unterstützende Liebe oder nicht? Freundlich oder feindlich? Und was ist unsere größte Angst? Ist es nicht vielleicht so, dass wir eines schlechten Tages ganz allein sind in einer endlosen, gleichgültigen Wirklichkeit, dort nichts wirklich von Bedeutung ist und alle Existenz zufällig und sinnlos ist, und dort weder Liebe noch Ziele existieren?

Die Avatare erzählen uns, dass die problematische Reise von Ravana und Duryodhana – die Despoten der beiden großen indischen Epen – damit begann, dass sie zu dem Schluss gelangten, das Leben sei sinnlos. Die Avatare sagen auch, dass es sich hier um verdunkelte Logik handelte.

Was könnte einen solchen Zweifel ausräumen? Offenbar würde eine Ehrfurcht gebietende göttliche Person, die herabsteigt, um uns zu heilen, zu lieben und zu belehren, um das Leben, die Wahrheit, die Unschuld und die Würde zu schützen, lange brauchen, um unsere Stimmung zu verbessern.

Es gibt eine existenzielle Frage, welche die Avatare für uns zu beantworten versuchen: Wenn das Universum wirklich liebend und zielgerichtet ist, wäre es dann möglich, dass das Wesen hinter dieser Existenz auf ganz sanfte Weise erscheint, dass es einen ganz zarten Auftritt hat? Wenn dieser erstaunliche Kosmos das Werk einer liebenden göttlichen Intelligenz ist, könnten dieselben unbegreiflichen Wesen dann nicht ebenso zärtlich und sanft in der Liebe sein, wie sie Ehrfurcht gebietend in ihrer Macht sind?

Stellen Sie sich vor, das Universum um uns sei in Wirklichkeit ein enormes Wissenschaftsmuseum voller genauer, detaillierter und anschaulicher Ausstellungsstücke und erstaunlicher Erfindungen. Sagen wir mal, es bestünde aus Planeten, die Millionen von Jahren in ihrer Umlaufbahn bleiben, und Sonnen, die ununterbrochen brennen. Hinter denen eine Technologie steckt, die wir weder verstehen noch nachahmen können. Aber warum sprechen wir überhaupt über den Weltraum? Unsere eigene Auge-Gehirn-Verbindung ist ein enorm leistungsfähiger Computer, der beim Fokussieren innerhalb von drei Sekunden mehr Berechnungen anstellt als der beste Computer der ganzen Welt. Was sollen wir von all dem halten?

Wenn Sie wirklich ein derart überwältigendes, Respekt einflößendes Museum besuchen könnten und Ihnen jemand am Ende des Rundgangs sagen würde, dass er oder sie den ausstellenden Künstler kennt und dass ebenjener eine Party gibt, zu der Sie herzlich eingeladen sind – würden Sie hingehen? Ist das Herabsteigen des Avatars also ein Mythos oder ein historisches Ereignis? Ist es möglich oder ist es nicht möglich, dass sich das Universum um uns kümmert, dass jemand uns liebt? Ist das, was wir tun, von Bedeutung oder nicht? Obwohl es uns selten bewusst ist, führen wir dieses Gespräch täglich mit uns selbst. Es ist das gleiche Gespräch, das Arjuna mit Krishna führte. Es ist das gleiche Gespräch, das Hanuman mit sich selbst führte, während er sich für den großen Sprung von Indien nach Lanka bereitmachte und dabei Shri Ramas Ring umklammert hielt.

Die Geschichte der Avatare ist die Antwort auf die Frage nach Zufall und Willkür oder Plan und Absicht. Die Avatare beantworten diese eindeutig: Es ist alles Absicht.

In Indien wird eine entzückende Tradition gepflegt, die auf die Avatar-Kultur zurückgeht. Es geht dabei darum, Gäste mit viel Liebe, Respekt und Großzügigkeit zu behandeln. Der entsprechende Sanskrit-Spruch lautet: »*Atithi devo bhava*«, und das bedeutet: »Der Gast, der zu Besuch kommt, könnte ein göttliches Wesen sein.« In der vedischen Kultur geht man davon aus, dass das Höchste Wesen sich verkleiden muss, damit es in der Materie erscheinen kann. Ein Avatar der einen oder anderen Art könnte jederzeit kommen, weshalb er eben auch der unbekannte Gast sein könnte, der zum Abendessen erscheint. Daher informieren uns die Lehren, dass man am besten alle Gäste wie Avatare behandelt. Das ist »Namaste, ich sehe dich« auf einer höheren Ebene. Das Ergebnis hat zwei positive Nebenwirkungen: Die Gäste werden dazu inspiriert, ihr höchstes göttliches Selbst zu sein. Und indem der Gastgeber seine Gäste wie göttliche Wesen bedient, die aller Liebe wert sind, macht er faktisch eine Yoga-Übung: Er bedient den Avatar.

Als die Avatare in Gestalt von Rama, Sita oder Krishna mit all seinen Freunden und Liebsten auf die Erde kamen, wurden sie von allen bedient und geliebt. Indem wir beobachten, wie unterschiedlich Liebe und Dienst sich manifestieren können, haben wir ein Vorbild vor Augen, ein leuchtendes Beispiel, dem wir folgen können. Die Avatare kommen in unsere Mitte, um uns Rollenmodelle für unser bestes göttliches Selbst zu liefern.

FREI FÜR DIE LIEBE

Die Lehren sagen, solange Sie die Geschichte eines Avatars als Mythos erleben, bleibt es eine »Demoversion«. Sie können die Geschichte des Avatars aber auch in Ihrem Herzen installieren, sodass sie voll und ganz aktiviert wird. Wenn das geschieht, läuft die Geschichte wie ein Video (lat. *video* = ich sehe) vor Ihnen ab. Indem Sie die Visionen sehen und die Emotionen fühlen, erhöhen das epische Drama und die Liebe die Wahrscheinlichkeit, dass unsere schöne menschliche Geschichte, unser süßes und zerbrechliches ewiges Menschsein tatsächlich real wird und ein glückliches Ende findet. Als Zweimalgeborene erinnert uns die erste Stufe der Initiation daran, dass wir ewige Wesen mit bisher unverwirklichtem Potenzial sind. Auf der zweiten Stufe offenbaren sich die Avatare selbst in unserem Innern, um uns den Weg zurück in den transzendentalen Bereich zu zeigen und uns zu neuen Ebenen zu inspirieren, die unser Handeln dem Dharma verpflichten.

Die ewige Wahrheit könnte als Avatar auf die Erde kommen und wäre für einen nicht erwachten Atman nicht zu erkennen. Der »schlafende« Atman hätte sich nämlich noch nicht dazu bereit erklärt, den Avatar zu sehen. Liebe zwingt nicht und übt auch keinen gewaltsamen Einfluss aus, denn das kann sie gar nicht. Liebe ist inspirierter Dienst auf freiwilliger Basis und wird mit einer Begeisterung gegeben, die vom Herzen kommt. Am Ende ist Liebe eine Entscheidung – unsere Entscheidung.

In dem Film *Avatar* benutzen die indigenen Na'vi ihre geflochtenen Pferdeschwänze, um sich mit der Natur und anderen Wesen zu verbinden. Dieses Bild stammt direkt aus der vedischen Symbolik. Im Sanskrit heißt dieser Zopf *Sikha*. Bei neugeborenen Kindern ist ein Teil des Schädels, die Fontanelle, noch weich und nicht geschlossen. Für die Yogis ist dies die Stelle, durch die der Atman in den physischen Körper eintritt und ihn auch wieder verlässt. Wie in alten Zeiten tragen noch im heutigen Indien manche Kinder im Grundschulalter einen solchen Zopf oder eine längere Haarlocke. Man sagt ihnen, dass der Avatar sie eines Tages an ihrem Sikha liebevoll hinüber in den transzendentalen Bereich ziehen wird.

Ein kleines Ziehen ist auch Teil dieses Buches – eine Erinnerung, eine Aufforderung festzustellen, ob Sie an die Botschaften und Stimmen der Avatare und all der Devas und wichtigen Realitäten, die Sie umgeben, angeschlossen sind oder eben nicht. Denn solange die Verbindung nicht steht, können Sie die Stimme der höchsten Intelligenz weder hören noch herunterladen. Yoga ist die Wissenschaft des Verbindens mit der transzendentalen Quelle Ihres wahren Selbst.

Wenn der Kontakt steht, geht es im nächsten Schritt darum, eine feste Bindung zu etablieren. Der Avatar lässt sich als schöne und edle Höchste Person in unserer Mitte nieder, damit wir diese Bindung zu ihm aufbauen können. Das ist aber nur möglich, wenn wir die Demoversion verlassen und den Avatar als ewig real und zu tiefer Liebe fähig wahrnehmen, ihn als noch realer als die träge Materie wahrnehmen. Die Bindung ist etabliert, sobald unsere ganze Hingabe und Liebe für all die Dinge und von uns geliebten Wesen zusammenfließen, um dann mit geistiger Einspitzigkeit auf das Bild und die Person des Avatars gerichtet zu werden. Das Wiederherstellen dieser Bindung ist der eigentliche Grund, warum Shri Rama und Sita Devi sowie Bhagavan Shri Krishna mitsamt seiner vielen Freunde und Freundinnen auf die Erde kamen. Sie sind hier, weil sie uns ermutigen wollen, wieder und mit neuer Kraft daran zu glauben, dass Liebe, Schönheit, Licht und Wahrheit ewig sind und alles überdauern.

Vielleicht denken Sie, die Konzentration all unserer Liebe, all unserer Gedanken und all unserer Hingabe auf die Person des Avatars könnte uns dazu veranlassen, uns vom Leben und aus unseren zwischenmenschlichen Beziehungen zurückzuziehen. Die Wirkung besteht jedoch eher in der Erkenntnis, dass der Avatar eine Vision derselben Liebe ist, die wir zu allen Atmans empfinden – unabhängig davon, wie uns diese Seelen im Moment erscheinen. Das bedeutet zum Beispiel, dass Shri Rama Ravana genauso liebte wie Sita Devi. Es war nur so, dass Ravana zeitweise vergessen hatte, wie man liebt. Ramas Wunsch für Ravana war nicht, er möge sterben oder bestraft werden, sondern vielmehr, dass seine wirklich schöne, liebende und ewige Natur wiederhergestellt werde. Als Krishna einen Asura »tötete«, ging es ihm darum, die Schmiere *(Gu)* zu entfernen, die den Atman verdeckte und diesen dazu brachte, seine wahre Natur zu vergessen. Die Veden sagen es so: Wenn zwei heiraten, verbinden sich die Partner mit sämtlichen Verwandten auf beiden Seiten. Das Band der Ehe bindet uns an alle Wesen, die unser Partner liebt. Doch was, wenn Sie sich wie Hanuman ganz dem Dienst an Shri Rama verschrieben hätten? Oder wenn Sie wie Arjuna Shri Krishnas allerbester Freund wären? Was, wenn Sie dann als Hanuman oder Arjuna herausgefunden hätten, dass Ihr göttlicher Meister oder Freund eigentlich jeden und jede liebt? Nicht nur einige Wesen und auch nicht nur die hübschen oder die berühmten, sondern alle – die guten, die schlechten und die hässlichen.

Vielleicht dachten manche, dass die Universitätsmetapher problematisch sein könnte, da die fortgeschrittenen Studenten auf die niedrigen Semester herabschauen, sie beleidigen, als unwissend bezeichnen und aus ihrem eigenen intellektuellen Elfenbeinturm heraus hart über sie urteilen würden. Doch das ist nicht der Fall. Aus genau diesem Grund brauchen wir sehr integre Rollenmodelle, die uns zeigen, wie man gerade solche Fallen vermeidet. Die Liebe der Avatare und ihre Sorge um jedes lebende Wesen zeigen uns beispielhaft, dass manche zwar über höheres Wissen verfügen, dass dieses Wissen aber durch entsprechend mehr Liebe, Hingabe und Bescheidenheit ausgeglichen werden muss. Im *Ramayana* wird eine Brücke nach Lanka gebaut, und das ist vor allem dem mächtigen Hanuman zu verdanken, der riesige Felsbrocken ins Meer wirft, einen nach dem anderen. Zwischen seinen Beinen schleudert ein kleines Eichhörnchen Sandkörner in Richtung Meer. Mit dröhnender Stimme sagt Hanuman: »He da, kleines Eichhörnchen, pass auf, wir tun hier eine wichtige Arbeit für Shri Rama.« Rama schaut hinüber zu Hanuman und sagt: »He, Hanuman, dieses Eichhörnchen macht genauso viel wie du.«

EIN LIEBESSCHWUR

In dem Wort *Avatar* ist ein anderes geheimes Sanskrit-Wort enthalten, das uns auf die nächste Stufe unserer Entwicklung führt. Das Wort heißt *Vrata* und ist ein Anagramm von Avatar. *Vrata* bedeutet »Schwur« oder »Gelöbnis« – ein gegebenes Wort, das fortan unser Verhalten bestimmt. Es ist das

Heilmittel für den unverantwortlichen Gebrauch des freien Willens durch den Menschen. Tiere sind aufgrund ihrer Natur und ihres Instinkts, was sie nun mal sind, aber wir Menschen erhöhen oder degradieren uns entsprechend der größeren Vision, an die wir uns mit einem bewussten und gezielten Gelöbnis binden.

Es wird oft gesagt, dass es nicht darauf ankommt, was man weiß, sondern wen man kennt. Die Veden sagen, dass beides entscheidend ist. Unser Wissen über Ritam, die Naturgesetze, ermöglicht uns, mit Mutter Natur zusammenzuarbeiten. Es hilft uns, ein harmonischeres Leben für uns wie auch eine insgesamt harmonischere Welt zu erschaffen. Indem wir die Devas, die göttlichen Helfer, in der materiellen Natur kennenlernen, haben wir exzellente Vorbilder für den göttlichen Dienst vor Augen, die uns zu tieferem Mitgefühl und zur Erleuchtung führen. Dennoch bleibt uns ein Potenzial. Dieses kann nur durch die Verbindung mit jemandem aktiviert werden, der uns dazu inspiriert, die edelste Person zu werden, zu der wir uns entfalten können. Wenn wir, wie der Film *Avatar* herausstellt, schlimmstenfalls versuchen, auf der ganzen Welt *Unobtanium* abzubauen, kommt der Avatar mit der Medizin der göttlichen Inspiration, dem *Restorium* (von engl. *restore* = »wiederherstellen, ausbauen«).

Sobald wir uns mit dem transzendentalen Bereich verbinden und uns eng an die Person des Avatars binden, legen wir ein Gelöbnis, *Vrata*, ab. Wir widmen unser Leben damit den edlen Idealen, die im Leben der Avatare zum Ausdruck kommen. Dieses Gelöbnis wird dann zum neuen Leitmotiv unseres Lebens. Stellen Sie sich eine Welt voller Seelen vor, die im Dienst aller Wesen stehen, inspiriert von dem liebenden Vorbild der Avatare.

Dieses letzte Stadium der Initiation und Inspiration erreicht man nicht durch den Anschluss an eine Gruppe. Es ist auch nicht durch die geografische Lage, durch Nationalität,

Alter, Rasse, Politik, Religion oder sonst einen materiellen Faktor eingeschränkt. Sobald sich das ewige Individuum in uns entschieden hat, der Inspiration durch den Avatar zu folgen, wird es erkennen, dass die göttliche Intelligenz den endgültigen Ausgang aller Situationen und Aktivitäten bestimmt. Mit dieser Einstellung zu leben heißt Unterwerfung oder Hingabe – nicht, weil man von irgendjemandem oder irgendetwas dominiert würde, sondern weil man vertraut. Das ist die eigentliche Bedeutung hinter Arjunas Wunsch, Shri Krishna möge seinen Wagen über das Schlachtfeld von Kurukshetra fahren. Unsere Bindung an den Avatar kommt in unserem Wunsch nach göttlicher Führung und Hilfe zum Ausdruck. In der *Bhagavad Gita* wird diese innere Haltung als Karma-Yoga bezeichnet. Es bedeutet, dass wir alles, was wir gelernt haben, auf den Prüfstand stellen, indem wir im Dienst des Avatars in dieser Welt leben und zum Wohle aller Wesen tätig sind.

Was wir brauchen, sind Helden und Heldinnen. Wir brauchen große Seelen, Mahatmas, die nur das Gute wollen und die bei allem, was sie tun, ein offenes Ohr für die göttliche Stimme des Avatars haben. Unser Avatar-Moment ist gekommen, wenn wir mit Herz und Verstand für das Gute und für das Wohl aller Wesen leben. Der Avatar-Moment unserer Welt ist gekommen, wenn wir alle einander dienen und uns in transzendentaler Zusammenarbeit gemeinsam weiterentwickeln. Das ist die Hoffnung der Avatare und das Geheimnis jener Botschaft, die sie uns vermittelt haben, während sie unter uns erschienen sind.

Und nun verbeuge ich mich in Demut und Dankbarkeit und mit großem Respekt vor meinen vielen Lehrern aus allen Kulturen. Der Guru oder Führer ist lediglich ein Botschafter, der versucht, dem Avatar einen kleinen Dienst zu erweisen. Die Lehren und Übungen, die ich in diesem Buch weitergebe, wurden mir von meinen Gurus und Lehrern aus Indien in heilige Verwahrung gegeben. Sie versuchen, den Avataren zu dienen. Daher haben sie aus Liebe und in mutiger Weisheit den Enkeln ihrer ehemaligen Kolonialherren ihren größten Schatz geschenkt. Ich verbeuge mich mit Respekt und voller Dankbarkeit vor ihnen und hoffe, dass etwas von den süßen Visionen der Avatare durch die Seiten dieses Buches scheint und jene segnet, die diese Botschaften hören und sehen. Alle Fehler, die sie enthalten, gehen auf mein Konto.

Namaste – Ich sehe Sie alle und verbeuge mich vor dem Göttlichen in Ihnen. Jai Sita Ram, Jai Shri Krishna, mögen alle satt und sicher sein, mögen alle Frieden finden und frei sein.

Ihr Botschafter der Avatare
Kavindra Rishi

MEDITATIONEN UND ÜBUNGEN

KAPITEL 1

Nehmen Sie sich einen Moment Zeit, und lesen Sie den Namaste-Gruß zu Beginn dieses Kapitels noch einmal. Denken Sie in Ruhe darüber nach.

(Diese Anregung werden Sie am Anfang aller Kapitel-Übungen finden. Sie soll Ihnen helfen, sich auf die Übungen einzustimmen und in Ihre Ruhe zu kommen.)

ÜBUNG 1: Verpflichten Sie sich zu dem Versuch, einen ganzen Tag als Atman zu leben. Nehmen Sie Ihren Körper, Ihren Geist und Ihre Gedanken als schön, aber vergänglich und getrennt von Ihrem wahren Selbst wahr. Sie sind das Bewusstsein, das Ihren Geist und Ihren Körper durchdringt. Weil Sie ewig sind, sind Sie auch ganz freundlich mit sich selbst, selbst wenn Sie das, was Sie sich hier vorgenommen haben, mal vergessen.

ÜBUNG 2: Machen Sie das Gleiche wie oben, aber diesmal mit allen Menschen, denen Sie begegnen. Betrachten Sie jeden Ihrer Mitmenschen als das, was er oder sie ist – als Atman. Wählen Sie einen Namaste-Gruß, der Sie jedes Mal, wenn sie jemanden treffen, daran erinnert.

ÜBUNG 3: Stellen Sie sich einen ganzen Tag lang vor, dass Sie nicht von hier sind, sondern nur auf Besuch. Sie sind nur zeitweilig eingeschrieben an der Universität der Materie. In

Wirklichkeit sind Sie ewig und kommen ursprünglich aus dem Transzendentalen.

KAPITEL 2

Nehmen Sie sich einen Moment Zeit, und lesen Sie den Na-maste-Gruß zu Beginn dieses Kapitels noch einmal. Denken Sie in Ruhe darüber nach.

ÜBUNG 1: Nehmen Sie sich vor, einen Tag lang zu glauben, dass Sie niemals allein sind, sondern umgeben von göttlicher Intelligenz. Spüren Sie, dass das gesamte Universum, einschließlich Ihres eigenen Körpers, so funktioniert. Danken Sie dafür, und zwar zu mehreren, vorher festgelegten Zeiten am Tag. Versuchen Sie auf diese Weise, alles, was Sie umgibt, als die Allmutter zu sehen, die göttliche Mutter, die Ihr Leben liebevoll unterstützt.

ÜBUNG 2: Gehen Sie in der Natur spazieren, und meditieren Sie dabei über die Abläufe in der Natur und über die Natur-gesetze, die von großartigen Wesen, den Devas, gesteuert werden. Erinnern Sie sich daran, dass dies auch für alle Sys-teme in Ihrem Körper gilt. Obwohl er nicht Ihrem wahren Selbst entspricht, ist Ihr Körper von großer Bedeutung auf dieser Lebensreise.

ÜBUNG 3: Die indigenen Kulturen sind unter anderem we-gen ihres nachhaltigen Lebensstils so gesund. Machen Sie al-so eine Liste aller Käufe, Aktionen oder Entscheidungen, die Sie bezüglich Ihres Lebensstils getroffen haben. Fragen Sie sich, ob diese nachhaltig sind oder nicht. Was könnte verbes-sert werden? Nehmen Sie sich vor, das Nachhaltige in Ihrem Lebensstil zu stärken oder auszubauen.

KAPITEL 3

Nehmen Sie sich einen Moment Zeit, und lesen Sie den Na-
maste-Gruß zu Beginn dieses Kapitels noch einmal. Denken
Sie in Ruhe darüber nach.

ÜBUNG 1: Verpflichten Sie sich, jedes Jahr irgendwo einen
Baum zu pflanzen, und zwar vor dem Hintergrund, dass
Bäume die Lungen unserer Spezies sind. Gehen Sie in der
Natur spazieren, und meditieren Sie über die Beziehung zwi-
schen Ihrem Atem und dem »Atem« der Bäume. Empfinden
Sie nach, wie Sie beide in jedem Moment in Wechselbezie-
hung stehen.

ÜBUNG 2: Schreiben Sie einige Ihrer IQ- und Ihrer WIQ-
Stärken auf, und meditieren Sie darüber, wie sich diese Qualitäten auf dem Weg zur Intelligenz des Dritten Auges gegenseitig nutzen können.

ÜBUNG 3: Planen Sie in Ihre Arbeitszeit Pausen von mehreren Minuten ein, in denen Sie Ihren Atem beobachten. Verlegen Sie dabei Ihren Fokus hinter die Augen. Das fördert die
Intelligenz des Dritten Auges. Lächeln Sie dabei, und erinnern Sie sich, dass Sie ein ewiges, göttliches Wesen sind.

KAPITEL 4

Nehmen Sie sich einen Moment Zeit, und lesen Sie den Na-
maste-Gruß zu Beginn dieses Kapitels noch einmal. Denken
Sie in Ruhe darüber nach.

ÜBUNG 1: Nehmen Sie sich während des Tages immer
wieder Zeit, die Augen zu schließen und sich einen Moment
zu entspannen, bis Sie den Fluss der Energie in Ihren Fingerspitzen spüren, ohne die Fingerspitzen dabei zu berühren.

Dies ist eine rein innerliche Erfahrung, bei der es darum geht, wahrzunehmen, wie Prana, Lebenskraft, durch Ihre Leitbahnen fließt. Seien Sie sich bewusst, dass alles, was Sie denken, sagen und hören, das formt, was Sie sind und sein werden. Üben Sie sich auch darin, ganz bewusst zu sein und sich selbst und anderen freundlich die Wahrheit zu sagen.

ÜBUNG 2: Bauen Sie kurze Pausen in Ihren Arbeitstag ein, um Ihren Körper zu dehnen. Nehmen Sie Ihnen bekannte Yoga-Asanas (Yoga-Haltungen) in dem Bewusstsein ein, Ihr Prana damit in Fluss zu halten. Denken Sie daran, all diese Bewegungen ganz ausgeglichen zu machen, also ohne besondere Anstrengung und mit sanft fließendem Atem.

ÜBUNG 3: Verringern Sie alle unnötigen oder uninspirierten Geräusche in Ihrem Leben – Klatsch und Tratsch, geistlose Fernsehsendungen, Geschwätz aus dem Radio, unharmonische Musik. Nehmen Sie sich für sich allein Zeit, um ein Mantra zu lernen und zu üben. Singen Sie AUM, und hören Sie auf die Klangschwingung. Singen Sie das Mantra ganz laut, wenn Sie können, und lösen Sie damit sämtliche Blockaden in Ihrer Kehle. Lassen Sie alle Spannungen los.

KAPITEL 5
Nehmen Sie sich einen Moment Zeit, und lesen Sie den Namaste-Gruß zu Beginn dieses Kapitels noch einmal. Denken Sie in Ruhe darüber nach.

ÜBUNG 1: Stehen Sie bei Sonnenaufgang auf, und meditieren Sie über die direkte Verbindung zwischen uns, unserer biologischen Mutter, die uns hervorgebracht hat, und Mutter Erde, die alles Leben hervorgebracht hat. Sie würden Ihre eigene Mutter immer beschützen. Fragen Sie sich also, wie Sie dasselbe für Mutter Erde tun können.

ÜBUNG 2: Führen Sie Übung 1 einen Schritt weiter, und meditieren Sie über den Gedanken, dass alles Leben aus der untrennbaren Interaktion zwischen männlichen und weiblichen Wesen und Energien hervorgeht. Vergegenwärtigen Sie sich, wie heilig dieser mysteriöse Vorgang ist. Überlegen Sie, ob und wie Ihre Beziehungen dieser größeren Wirklichkeit dienen oder sie untergraben.

ÜBUNG 3: Meditieren Sie über die natürliche Welt um sich herum, und beobachten Sie, welcher Teil davon der männliche ist und welcher der weibliche, *Shakti*. Betrachten Sie die »Essenz« als weiblich und »die Struktur«, die diese Essenz »hält«, als männlich. Erinnern Sie sich: Der Duft der Rose ist Shakti, und die Blüte, die diesen Duft beherbergt, ist die männliche Komponente.

KAPITEL 6
Nehmen Sie sich einen Moment Zeit, und lesen Sie den Namaste-Gruß zu Beginn dieses Kapitels noch einmal. Denken Sie in Ruhe darüber nach.

ÜBUNG 1: Lesen Sie sich die Definition von *Karma* noch einmal durch. Meditieren Sie über die Einfachheit des Karma, das nicht mehr ist als Ursache und Wirkung. Erinnern Sie sich, dass die Wirkungen weder Belohnungen noch Bestrafungen sind, sondern einfach nur die Antworten der universalen Naturgesetze auf alles, was wir erleben – vom Gesetz der Schwerkraft bis hin zu den moralischen Konsequenzen unserer Gedanken und Taten.

ÜBUNG 2: Meditieren Sie über die Definition von *Dharma* als die Essenz von etwas. Wenn Sie Dinge benutzen oder mit Menschen arbeiten, dann versuchen Sie, deren eigentliche oder wesentliche Natur zu sehen, statt Ihre Sehnsüchte auf sie zu projizieren. Machen Sie sich bewusst, dass alle Dinge und alle Wesen einen Dharma haben, eine wesentliche Natur. Sinnieren Sie über Ihr Dharma – physisch, mental und spirituell. Fragen Sie sich, was sich in Ihrem Leben ändern würde, wenn Sie über Ihren Dharma Bescheid wüssten. Denken Sie darüber nach, wie Sie »Ihren Dharma leben« könnten, indem Sie das Gute möglichst unterstützen und so wenig Schaden wie möglich anrichten.

ÜBUNG 3: Seien Sie ein Anführer an Ihrem Arbeitsplatz. Fragen Sie sich, ob die Produkte Ihrer Firma und Ihr Interesse am Profit auch das Wohl anderer berücksichtigt. Wäre all das im Hinblick auf die Umwelt zukunftsfähig?
Überprüfen Sie weiter, ob es etwas gibt, das Sie tun können, damit die Firma so expandiert, dass Sie und Ihre Kollegen alles, was sie stören oder ausbeuten, anschließend auch wieder ergänzen oder auffüllen.

KAPITEL 7
Nehmen Sie sich einen Moment Zeit, und lesen Sie den Namaste-Gruß zu Beginn dieses Kapitels noch einmal. Denken Sie in Ruhe darüber nach.

ÜBUNG 1: Meditieren Sie über den Unterschied zwischen Ihrem Traum- und Ihrem Wachzustand. Denken Sie dabei darüber nach, dass die Avatare sagen, unser Wachzustand sei auch ein Traum, aus dem wir zu erwachen versuchen. Fragen Sie sich, wo Sie wohl wären, wenn Sie aufwachten.

ÜBUNG 2: Meditieren Sie im Geiste des Zweimalgeborenen über den Menschen, der Sie sein könnten, wenn Sie die »alten Geschichten« loslassen würden. Geschichten, die Sie in der Vergangenheit gefangen halten oder dazu bringen, sich zu viele Sorgen um die Zukunft zu machen. Schließen Sie die Augen, und stellen Sie sich vor, dass diese Geschichten in Ihrem Körper festgehalten werden. Fühlen Sie sie, und entlassen Sie sie dann mit einem Lächeln, weil Sie wissen, dass Sie weder Ihr Körper sind noch diese Geschichten.

ÜBUNG 3: Meditieren Sie über Bhumi-Dharma und die Arten, wie Mutter Erde Sie mit Nahrung, Schutz, Luft, Wasser, Wärme und den zahllosen anderen Wohltaten versorgt, die Sie von ihr entgegennehmen. Fragen Sie sich, wie Sie sich bei Mutter Natur für dieses selbstlose Geben revanchieren können: indem Sie sie wiederherstellen, unterhalten und schützen.

KAPITEL 8
Nehmen Sie sich einen Moment Zeit, und lesen Sie den Namaste-Gruß zu Beginn dieses Kapitels noch einmal. Denken Sie in Ruhe darüber nach.

ÜBUNG 1: Mit welchen Herausforderungen Sie auch immer in Ihrer Familie konfrontiert waren, danken Sie Ihren Eltern dafür, dass sie Ihnen das Leben geschenkt haben. Meditieren Sie über den Gedanken, dass Sie und Ihre Eltern ewige Wesen sind, die sich frei entschieden haben, diese menschliche Erfahrung zu machen, um einen wesentlichen Teil ihres wahren Wesens wiederzuentdecken.

ÜBUNG 2: Meditieren Sie über die Möglichkeit, dass das Universum und Ihr eigener Atman, Ihr Körper und die Natur permanent drahtlose Signale zu Ihrem Wohl an Sie aussenden. Sie können sich dabei auch vorstellen, wie ein Radio oder Handy diese Signale empfangen zu können. Entspannen Sie sich, seien Sie offen, und lauschen Sie diesen wichtigen Informationen, die über viele Kanäle zu Ihnen gelangen.

ÜBUNG 3: Nehmen Sie sich vor, nur noch freundlich und respektvoll mit alten Menschen zu sprechen. Fragen Sie sie, was sie über das Leben gelernt haben und welche Lehren wirklich wichtig für sie waren. Erinnern Sie sich stets daran, dass auch sie wunderschöne Atmas sind. Sie sind eine wertvolle Quelle, die nur darauf wartet, dass aus ihr geschöpft wird und sie von Nutzen sein kann.

KAPITEL 9
Nehmen Sie sich einen Moment Zeit, und lesen Sie den Namaste-Gruß zu Beginn dieses Kapitels noch einmal. Denken Sie in Ruhe darüber nach.

ÜBUNG 1: Meditieren Sie über den Gedanken, dass wir hier sind, um ein Leben voller tiefer Erfahrungen zu führen. Sie werden uns letztlich zur vollkommenen Freiheit führen. Suchen Sie gleichzeitig nach dem Weg, auf dem Sie bei allem, was Sie tun, möglichst wenig Reibung haben und möglichst wenig Schaden anrichten. Bedenken Sie aber auch, dass die positive Spannung der verantwortungsvollen Freiheit einen kraftvollen Prozess der Selbstverfeinerung in Gang setzt.

ÜBUNG 2: Meditieren Sie über die bemerkenswerte Wahrheit, dass wahre Freiheit per definitionem durch die Naturgesetze eingeschränkt wird. Mit anderen Worten: Freiheit kommt durch Kooperation zustande. Finden Sie heraus, was es bedeutet, frei zu sein. Beobachten Sie genau, welche Einschränkungen Ihnen die größtmögliche Freiheit bietet.

ÜBUNG 3: Meditieren Sie über den Gedanken, dass alle Wesen – nicht nur Menschen – Atmas sind und dass wir alle die Schule besuchen, weil wir in dieser schwierigen und gleichzeitig wunderschönen materiellen Welt Fortschritte machen wollen.

KAPITEL 10

Nehmen Sie sich einen Moment Zeit, und lesen Sie den Namaste-Gruß zu Beginn dieses Kapitels noch einmal. Denken Sie in Ruhe darüber nach.

ÜBUNG 1: Verwenden Sie die Metapher von den sechs blinden Männern, die viele Teile eines Elefanten untersuchen, um darüber nachzusinnen, dass alle Wahrheiten dieser Welt letztlich nur Teile der Wahrheit sind. Meditieren Sie darüber, wie Sie der Versuchung widerstehen können, anderen Ihre Ansichten aufzudrängen. Denken Sie daran, wie offensichtlich es ist, dass Sie heute bereits viel mehr wissen als vor zehn Jahren. Und Sie können davon ausgehen, dass Sie in zehn Jahren noch viel mehr wissen werden.

ÜBUNG 2: Lesen Sie sich die Definition von *Yoga* noch einmal durch. Meditieren Sie über den Gedanken, dass Yoga alles ist, was Sie mit Ihrem wahren Selbst, *Atman,* verbindet und mit den devischen Wesen, die Sie auf Ihrer Reise unterstützen. Entdecken Sie diesen Prozess, indem Sie Ihren Atem beobachten, Mantra-Singen oder meditatives Gehen üben. Dadurch werden Sie sich sehr schnell mit etwas verbinden, das viel größer ist als die Beschränkungen, die uns klein halten.

ÜBUNG 3: Nehmen Sie an, Sie seien eine Schildkröte, und ziehen Sie Ihre Sinne von ihren Objekten und Abhängigkeiten zurück. Fasten Sie einen Tag lang und ändern Sie Ihr Konsumverhalten. Setzen Sie Ihre Sinne von Zeit zu Zeit auf Nulldiät, bis die Pferde Sie nicht mehr ständig mal hierhin, mal dahin ziehen.

KAPITEL 11

Nehmen Sie sich einen Moment Zeit, und lesen Sie den Namaste-Gruß zu Beginn dieses Kapitels noch einmal. Denken Sie in Ruhe darüber nach.

ÜBUNG 1: Lesen Sie sich die Definition und die Reflexionen über das Transzendentale noch einmal durch. Halten Sie sich jeden Tag etwas Zeit frei, um über das Transzendentale zu meditieren oder darüber, wie sich das wohl anfühlen mag. Versuchen Sie, sich mit Ihrem höheren Selbst, dem Atman, zu verbinden. Erinnern Sie sich dabei daran, dass die Avatare sagen, unser Gewahrsein, unser Bewusstsein seien direkte Beweise des Atman. Sinnieren Sie also über die Idee, dass Ihr Atman Ihren Körper erhellt, »wie die Sonne die Welt erhellt«.

ÜBUNG 2: Meditieren Sie über all Ihre Erinnerungen und all die Geschichten Ihres Lebens als eine Sammlung wunderbarer, aber vergänglicher Erinnerungsstücke. Wenn diese Erinnerungsstücke in Ihren Meditationen oder zu einem beliebigen anderen Zeitpunkt auftauchen, üben Sie, die Szenen einfach gehen zu lassen in dem Wissen, dass sie nicht Ihr wahres Selbst sind. Tun Sie dies in Dankbarkeit.

ÜBUNG 3: Meditieren Sie über Ihr Herz, und nehmen Sie mit jedem Atemzug die Emotion einer Liebe in sich auf, die stärker ist als alles, was Sie je erfahren haben. Spüren Sie, dass Sie aus ewiger Liebe gemacht sind. Spüren Sie die Dankbarkeit und die Freude über diese Liebe, die aus dem Innern Ihres Herzens strahlt. Fühlen Sie, wie diese Emotion Sie, Ihren leuchtenden Atman mit der transzendentalen Person, Bhagavan, verbindet.

KAPITEL 12

Nehmen Sie sich einen Moment Zeit, und lesen Sie den Namaste-Gruß zu Beginn dieses Kapitels noch einmal. Denken Sie in Ruhe darüber nach.

ÜBUNG 1: Meditieren Sie über den Gedanken, dass dieses Exil unser eigenes Exil ist, unsere Trennung von der göttlichen Liebe und dem transzendentalen Bereich. Denken Sie über die Idee nach, dass Sitas Entführung die Situation unseres eigenen schönen Atman symbolisiert, der in der materiellen Welt von gierigen und räuberischen Lehnherren herumgeschubst wird.

ÜBUNG 2: Meditieren Sie über Hanumans Hingabe an Rama. Verbinden Sie diese mit Ihrer eigenen Hingabe und Liebe, die sich im Dienst an allen Lebewesen und an den göttlichen Wesen manifestieren. Sie drücken sich auch in der endlosen Reise aus, auf der Sie lernen, Ihr köstliches, wunderbares, strahlendes Selbst zu sein.

ÜBUNG 3: Erlauben Sie sich, wirklich große Gefühle wie Liebe, Dankbarkeit, Freude, Trauer zu erleben, aber bringen Sie sie mit Feingefühl für die Empfindlichkeiten anderer zum Ausdruck. Ekstase sollte immer von Demut gemildert werden. Das verhindert Fanatismus.

KAPITEL 13

Nehmen Sie sich einen Moment Zeit, und lesen Sie den Namaste-Gruß zu Beginn dieses Kapitels noch einmal. Denken Sie in Ruhe darüber nach.

ÜBUNG 1: Lesen Sie Kapitel 13 noch einmal, um sich mit der Handlung und den Charakteren des *Mahabharata* vertraut zu machen. Denken Sie über die Möglichkeit nach, dass diese Geschichte wahr ist. Beobachten Sie, wie sich das anfühlt. Sinnieren Sie über das Epos als moralisches Lehrstück. Meditieren Sie über die psychologische Dimension der Geschichte als etwas, das sich sowohl in Ihrem Geist als auch in Ihrem Körper abspielt – eine epische Version Ihrer eigenen Geschichte.

ÜBUNG 2: Nehmen Sie sich vor, eine gute Übersetzung der *Bhagavad Gita*, dem literarischen Kompendium der Avatar-Lehren, zu finden. Lesen Sie sie, wenn Sie genügend Zeit haben, über ihre Lehren nachzudenken.

ÜBUNG 3: Eine berühmte Zeile der *Bhagavad Gita* (mitten im *Mahabharata*) lautet: »Bewaffnet mit dem Yoga, steh auf und kämpfe.« Meditieren Sie darüber, was diese scheinbar paradoxe Aussage von Ihnen verlangt. Denken Sie im Verlauf dieser Meditation an Dharma, Karma, Ihren eigenen Atman und daran, für das einzustehen, wovon Sie glauben, dass es zum Wohle des Ganzen ist.

KAPITEL 14

Nehmen Sie sich einen Moment Zeit, und lesen Sie den Namaste-Gruß zu Beginn dieses Kapitels noch einmal. Denken Sie in Ruhe darüber nach.

ÜBUNG 1: Lesen Sie sich die Definition von Yoga noch einmal durch. Meditieren Sie darüber, was es bedeutet, dass Yoga Verbindung ist. Mit wem oder was würden Sie sich gern verbinden? Hier sind die Wahlmöglichkeiten für Ihr wahres Selbst: das leere Transzendentale (Nirvana), das strahlende Licht der Ewigkeit (Brahman) und die ewigen Bereiche der Schönheit und Liebe (Vaikuntha-Loka). Was bewirkt die Bindung bei Ihnen?

ÜBUNG 2: Lesen Sie sich die Definition des Avatars und die des Transzendentalen noch einmal durch. Meditieren Sie darüber, wie eine immer enger werdende Beziehung zu dem Avatar und seinen Lehren eine Bindung erzeugt. Sinnieren Sie auch über die Bedeutung dieser Bindung, um in den transzendentalen Bereich zu gelangen. Denken Sie daran, dass die Vorstellung der erste Schritt ist, damit sich Ihnen neue Möglichkeiten eröffnen.

ÜBUNG 3: Erinnern Sie sich in der Meditation daran, dass Sie göttlich, schön und wunderbar sind, ein ewiges Wesen – ein Atman. Sie besuchen die temporäre Universität der materiellen Welt. Sie sind umgeben von göttlichen Wesen – Freunden, Fremden und unsichtbaren Devas. Sie werden getragen und unterstützt von der göttlichen Mutter und einem Höchsten Wesen, das nichts mehr will als die süßeste Intimität mit Ihnen. Seien Sie also sanft und liebenswürdig zu sich selbst, und denken Sie immer an den höchsten Avatar.

WEISHEITEN DER AVATARE

KAPITEL 1

❧ Alle lebenden Wesen sind ewige, göttliche Wesen. Sie werden Atman genannt.

❧ Es gibt sowohl eine immerwährende transzendentale Welt als auch unsere temporäre materielle Welt.

❧ Avatare sind herabgestiegene Aspekte des Höchsten Wesens, die in unsere Welt gekommen sind. Sie tauchen auf, um die Erde zu heilen und uns über unsere wahre Natur zu belehren.

KAPITEL 2

❧ Die Natur ist ein Wesen namens Allmutter, Mutter Natur oder Mata Bhumi.

❧ Ihre Engel oder göttlichen Helfer heißen Devas. Diese führen die Gesetze der Natur aus.

❧ Mit Mutter Natur zusammenzuarbeiten ist der beste Weg zum Wohl des Ganzen.

KAPITEL 3

❧ Das englische Wort *truth* (Wahrheit) ist mit *tree* (Baum) verwandt. Die semantische Nähe verdeutlicht auch unsere tiefe Beziehung zu Bäumen und die gegenseitige Abhängigkeit von Bäumen und Menschen.

❧ In unserem Körper gibt es viele verzweigte Strukturen, genau wie in einem Baum.

🦋 Versteht man das Gesetz der Entropie, erhält man den Schlüssel, um die Balance des Lebens wiederherzustellen.

KAPITEL 4

🦋 Prana, Vitalität oder Lebenskraft ist das Geheimnis eines gesunden Lebens und der präventiven Medizin.

🦋 Eine Kombination aus Heilkunst und gesunder Ernährung mit Schul- und Notfallmedizin ist das ideale neue Gesundheitssystem.

🦋 Klangschwingung ist das kraftvollste energetische Heilmittel.

KAPITEL 5

🦋 Weibliche Schönheit ist eine Spiegelung des göttlich Weiblichen.

🦋 Shakti oder die weibliche Energie der ganzen Natur führt zu einem besseren Verständnis und zu einer ganzheitlichen Sicht des Männlichen und des Weiblichen.

🦋 Die Rückkehr der göttlich weiblichen Weisheit ist entscheidend für die Heilung des Planeten.

KAPITEL 6

🦋 Dharma ist die Basis einer gesunden Lebensführung.

🦋 Das Land ist heilig. Der indigenen Weltsicht zufolge kann niemand die Ressourcen der Erde wirklich besitzen. Sie gehören der Großen Mutter.

🦋 Die Avatare sagen uns, dass es grundsätzlich vier Arbeitsklassen gibt, immer basierend auf der individuellen Neigung des betreffenden Menschen: Denker, Krieger, Produzierende und Dienstleistende. Sie alle sind unverzichtbare Teile der Gesellschaft.

KAPITEL 7

❧ Es ist sehr schwer, aber auf der spirituellen Reise entscheidend, sich seiner eigenen, ewigen, göttlichen Natur stets bewusst zu bleiben.

❧ Träumen ist eine Art außerkörperliche Erfahrung, bei der man den grobstofflichen Körper irgendwo parkt. Den feinstofflichen Körper erleben wir dann in Aktion.

❧ Exzessiver Gebrauch der individuellen Intelligenz (viel IQ-Denken, wenig Wir-Intelligenz) kann die mentale Egoschale stärken, bis sie mitsamt dem physischen Körper völlig undurchdringlich wird.

KAPITEL 8

❧ Weise Älteste müssen gehört werden, wenn wir lernen wollen, das Leben zu erhalten.

❧ Avatare kommen auf die Erde, um Mutter Natur vor den zerstörerischen Aktionen grausamer und selbstsüchtiger Menschen zu retten.

❧ Die Avatare beschwören die Menschen, sich gegen soziale Ungerechtigkeit zu wenden, den Schmerz der Schutzlosen zu fühlen und damit ihren Schutz zu fordern.

KAPITEL 9

❧ Atmans kommen in die materielle Welt, um die Materie voll und ganz zu erfahren, denn diese gilt als der materielle Aspekt des Höchsten Wesens.

❧ Die Avatare sagen, dass jeder das Recht haben sollte zu denken, zu sprechen und zu meditieren, solange keinem damit geschadet wird.

❧ Es ist entscheidend, die Nahrungskette zu verstehen, Nachhaltigkeit ernst zu nehmen und Tiere heiligzuhalten. So gesehen ist der Kauf von Nahrungsmitteln eine ermächtigende politische Handlung, die zum Wohl des Ganzen führen kann.

KAPITEL 10

- 🪷 Yoga ist die Technologie, mit der man lernt, sich mit allem zu verbinden, worauf man sich konzentriert; im Idealfall das eigene wahre Selbst und die Höchsten Wesen.
- 🪷 Die Avatare sagen, es sei extrem wichtig für das spirituelle Wachstum, zu erkennen, was unser physischer Körper jeweils braucht und was für ihn am besten ist.
- 🪷 Ashtanga-Yoga umfasst das, was »die acht Glieder des Yoga« genannt wird.

KAPITEL 11

- 🪷 Um befreit zu werden, muss der Mensch nicht nur alle Freuden und Sorgen der Vergangenheit loslassen, sondern auch seine eigenen Erwartungen. Das bedeutet auch, sich nicht zu identifizieren mit irgendeinem zukünftigen Ergebnis in der Materie.
- 🪷 Die Veden sagen, dass es drei Versionen einer spirituellen Conclusio gibt: (1) das transzendentale Nirvana (die Leere), (2) Akshara-Brahman (die Einheit) und (3) Vaikuntha-Loka (die ewige transzendentale Individualität). Jeder wählt, wohin er gehen will.
- 🪷 Die höchsten Avatare steigen aus dem transzendentalen Bereich zu den Menschen herab.

KAPITEL 12

- 🪷 Das *Ramayana* ist eines der beiden großen indischen Epen, in dem das Höchste Wesen entscheidet, zum Wohl des Planeten und der Menschheit als Avatar zu erscheinen.
- 🪷 Im *Ramayana* beschließt das Höchste Wesen, als Rama, der große Raja (König), mit seiner Frau Sita und allen ihren Freunden zu erscheinen.
- 🪷 Das *Ramayana* ist eine beispielhafte Geschichte über Hingabe in der Partnerschaft und eine Art Handbuch für den idealen Herrscher.

KAPITEL 13

☙ Das *Mahabharata* ist das andere große indische Epos. Es handelt ebenfalls von einem Avatar, der auf die Erde herabsteigt, um die Harmonie wiederherzustellen und göttliche Weisheit zu lehren.

☙ Im *Mahabharata* beschließt das Höchste Wesen, als Krishna, Radha und alle ihre Freunde zu erscheinen und reine göttliche Liebe zu demonstrieren.

☙ Am Ende der *Bhagavad Gita* sagt Krishna, obwohl er das Höchste Wesen ist, er werde niemandem sagen, was er oder sie zu tun habe. Alle müssen ihren eigenen Weg wählen.

KAPITEL 14

☙ Eine der größten und wichtigsten Entscheidungen, die der Mensch zu treffen hat, ist die Richtung seines Glaubens: ob für ihn das Universum planvoll oder willkürlich, liebevoll oder ohne jede Liebe, freundlich oder feindlich ist.

☙ Menschen machen spirituelle Fortschritte, indem sie gezielte Versprechen/Gelübde *(Vrata)* ablegen und sich daran halten.

☙ Karma-Yoga bedeutet, zu erkennen, dass man nur seine Handlungen kontrollieren kann. Welche Ergebnisse den eigenen Taten folgen, sollte man dem Höchsten Wesen überlassen.

DANKSAGUNG

EIN BUCH entsteht immer aus dem Zusammenwirken mehrerer Begabungen. Am Ende eines großartigen Films wie James Camerons *Avatar* haben wir fünf Minuten lang Gelegenheit, die Namen der vielen Menschen zu lesen, die mit ihren Fertigkeiten und Dienstleistungen zum Endergebnis beigetragen haben. Ich wünschte, wir könnten das Gleiche machen, aber hier müssen wir uns beschränken. Ich danke allen Devas und Devis, die zu erwähnen ich vergessen habe. Ihr wisst, wer ihr seid.

An erster Stelle danke ich meinem Guru, Seiner Göttlichen Gnaden A. C. Bhaktivedanta Swami, und meinen zahlreichen Gurus und Lehrern aus Indien: Ich verbeuge mich vor euch und danke für die Großzügigkeit, mit der ihr mir das vedische Wissen vermittelt habt, verbunden mit dem Wunsch, es möge die erreichen, die nach göttlicher Weisheit hungern. Auch bedanke ich mich bei den Ältesten aller indigenen Kulturen, von denen ich etwas lernen durfte. Mögen eure weisen Stimmen auf der ganzen Welt gehört werden. Als Nächstes geht mein Dank an meine Geliebte und Lebenspartnerin, Sandi Graham. Sie hat wie die Große Göttin selbst zwanzig Arme, mit denen sie alles auf einmal machen kann. Sie ist meine Muse, deren Weisheit und Liebe überall in diesem Buch zu finden ist. Dann ist da noch mein Freund und Herausgeber zu erwähnen, meine rechte Hand: Pete McCormack hat diesen Text unterstützt wie Lakshmana Rama unterstützt hat. Er hat die Devas der Brillanz angezogen und die Asuras des Irrtums vertrieben. Unsere Lektorin, Richelle Jarrell (Richelle Devi), hat den Text geschliffen wie ein Juwel, das Sitas Haar zieren soll. Unsere Schreibkräfte und Korrekturleser, Matthew Granlund, Ellen Huse und Pia Shandell, stellten ihre Zeit und ihre Fähigkeiten sehr großzügig zur Verfügung.

Außerdem danken wir Anthony Kuschak (Garuda Das), der es mit großer Kunstfertigkeit und höchstem Engagement schaffte, unseren Alltag am Laufen zu halten, während wir dieses Buch geschrieben haben. Danke auch an unsere Schüler und Freunde für ihre Segenswünsche und ihre ungebrochene Begeisterung für dieses große Wissen.

Amy Armstrong und Sherry Butler von *Armstrong Troyky Public Relations* hatten bei der Entstehung dieses Buches beide ihre magischen Hände im Spiel. Unser Lektor aus Indien, Abhijit Phadnis, war die Stimme Bharatas, eine Verbindung zur Wurzel des Baumes. Besonderer Dank geht an Chief Jake Swamp für seine Geschichte vom Freiheitsbaum. Danke auch an Shaun Bradley und Don Sedgwick, unsere Literaturagenten von *Word by Word Publishing Services*.

Das führt uns zu einem anderen erstaunlichen Team, das die Schönheit dieses Buches konkretisierte und in die richtige Form brachte: die vielen Hände und Augen von *Beyond Words Publishing* unter der Leitung von Cynthia Black und Richard Cohn. Ihre Kombination aus begeistertem Verständnis, umfassendem Weitblick und vollem Einsatz für gute Qualität spricht aus jeder Seite dieses Buches. Ein großes Dankeschön auch an ihren Hersteller, Dan Frost, der immer ein Auge darauf hatte, dass die vielen Teile des Produktionsprozesses perfekt ineinandergriffen. Cheflektorin Linday Brown und Lektorin Julie Steigerwaldt brachten den Text auf Weltklasseniveau. Schließlich sorgten auch noch viele brillante Köpfe und Hände bei Simon & Schuster dafür, dass dieses Buch möglich wurde.

Nicht zuletzt danken wir auch den Bäumen, die ihren Körper als Träger für die Botschaft der Avatare gegeben haben. Wir werden in ihrem Namen persönlich fünf neue Bäume pflanzen.

Und natürlich danken wir dir, der Allmutter, Gaia, Mata Bhumi, Mutter Erde, die dieses Buch inspiriert und hervorgebracht hat. Wir werden auf dich aufpassen.

GLOSSAR

A

ADI SHANKARA: großer Lehrer des Advaita Vedanta.

ADVAITA: Nicht-Zweiheit; dieser Begriff bezieht sich oft auf die vedantischen Lehren Shankaras und verwandter Vedantins, nach denen der undifferenzierte Brahma-Zustand das letzte Ziel der Yoga-Praxis ist. In letzter Konsequenz wird die Realität der materiellen Welt geleugnet und vorausgesetzt, dass auf dieser letzten Stufe des homogenisierten Seins weder die Seele noch das Höchste Wesen als eigenständige Individuen existieren.

AHAM BRAHMASMI: »Ich bin/mein Wesen ist identisch mit der Brahma-Existenz.«

AHAMKARA: wörtlich: »Ich bin Materie.« Dieser Begriff bezeichnet die erste und subtilste Energie der Materie. Wenn sie mit dem Bewusstsein des Atman kombiniert wird, lässt sie die Idee aufkeimen, dass wir aus der Materie kommen und Materie sind.

AKSHARA-BRAHMAN: *Akshara* bedeutet »unvergänglich, unzerstörbar, dauerhaft« und »unsterblich«. *Brahman* be-

deutet »das grenzenlose, einheitliche und sich ständig ausdehnende Feld der transzendentalen Existenz«.

ANNA: Sanskrit für »Nahrung, Essen«; auch die Idee, dass
alles, was man isst, die eigene Energie und darüber den Geist
beeinflusst.

ANUSVARA: ein besonderer Sanskrit-Buchstabe, der wie *ng*
klingt, also etwa wie das auslautende *n* im Französischen.

APSARAS: die sinnlichen Diven der Devas.

ARCHETYP: das ursprüngliche Modell einer Person, ein
Musterexemplar oder Prototyp, dem andere nachgebildet
werden.

ARJUNA: der dritte der fünf Pandava-Brüder. Als großartiger
Bogenschütze spielte er eine wichtige Rolle für den Sieg auf
dem Schlachtfeld von Kurukshetra, wo Krishna seinen
Streitwagen lenkte. Arjuna war derjenige, zu dem Krishna
die *Bhagavad Gita* (den »Gesang des Erhabenen«) sprach,
bevor der Krieg begann.

ASANA: Yoga-Haltung. Es gibt viele Asanas. Sie lenken die
Lebenskraft in die richtigen Bahnen, wirken heilend und
bringen den Körper zum Zweck der yogischen Meditation in
einen Zustand der Ruhe und des Gleichgewichts.

ASHRAM: in Indien eine religiöse Einsiedelei, die normalerweise in einer wenig bewohnten Gegend liegt.

ASURA: wörtlich: »jene, die beschlossen haben, sich dem
Licht zu widersetzen«. Im Kosmos sorgen diese Wesen für
Chaos, indem sie sich den Anordnungen der Devas widerset-

zen. Auf der Erde können sich Menschen entscheiden, asurisch zu werden.

ATITHI DEVO BHAVA: »Der Gast könnte Gott oder ein Avatar sein.«

ATMAN: das wahre Selbst, das nicht sterben kann und von Natur aus ewig bewusst und freudvoll ist.

AVATAR: ein Sanskrit-Begriff, der sich aus den Silben *ava* mit der Bedeutung »herabsteigen« und *tara* mit der Bedeutung »heilen, wiederherstellen« zusammensetzt. Die Idee dahinter ist, dass ein göttliches oder höheres Wesen absichtlich zur Erde herabsteigt, einen Körper annimmt und uns als geboren erscheint. Er erfüllt dann auf der Erde eine Art von Mission – etwas, das den Erfordernissen des gegenwärtigen Moments entspricht. Das ist etwas anderes als Reinkarnation, die ja keine bewusste, absichtliche Geburt ist, sondern ein Resultat von Karma. Avatare kommen freiwillig.

AYODHYA: die Hauptstadt von König Dasaratha, Shri Ramas Vater im *Ramayana*.

AYURVEDA: *Ayus* bedeutet »Leben«, und Ayurveda ist das medizinische System, das auf vedischer Weisheit beruht. Es sorgt für Wohlbefinden, indem es die Lebenskraft auf unterschiedliche Weise fördert.

B

BALARAMA: Krishnas älterer Bruder im *Mahabharata*.

BANYAN-BÄUME: riesige indische Bäume, unter denen in

früheren Zeiten die Schulen des vedischen Lernens eingerichtet wurden.

BHAGAVAD GITA: heilige Schrift des Hinduismus, bestehend aus siebenhundert Versen. Die Gita ist ein Teil des *Mahabharata* und fasst die vedische Philosophie zusammen, wie sie von Shri Krishna verkündet wurde.

BHAGAVAN: die Höchste Person; die Quelle und der Besitzer der sechs Eigenschaften oder wünschenswerter Dinge: Reichtum, Kraft, Wissen, Schönheit, Ruhm und Entsagung.

BHARATA: der Subkontinent, den wir heute Indien nennen. Bharata ist auch der Name von Ramas edlem Bruder im *Ramayana*.

BRAHMA: der Schöpfer des Universums.

BRAHMAJYOTI: das transzendentale Licht des ewigen Bewusstseins und der freudvollen Existenz.

BRAHMAN: das ewige, unvergängliche Absolute; das »grenzenlose, einheitliche und sich ständig ausdehnende Feld der transzendentalen Existenz«, siehe auch *Akshara-Brahman*.

BRAHMANEN: jene, die den Brahman aufgrund von vedischer Weisheit kennen und der Gesellschaft die Flamme jener Weisheit offenbaren. Auch jene, die durch ihr Sva-Dharma oder aufgrund ihrer besonderen Fähigkeiten geborene Intellektuelle sind.

D

DANDAKA: Urwald im *Ramayana*.

DARSHANA: kommt von der Sanskrit-Wurzel *dhristi* und bedeutet »Sichtweise«. Der Guru vermittelt dem Schüler eine bestimmte Sichtweise der spirituellen Prinzipien und deren Verwirklichung. In den Veden werden sechs Darshanas oder Sichtweisen der Wahrheit vermittelt.

DASARATHA: der König von Ayodhya, Ramas Vater im *Ramayana*.

DEVAKI: Krishnas leibliche Mutter und Frau von Vasudeva. Ihr Bruder war Kamsa, der böse König, der Krishna töten wollte.

DEVANAGARI: »die Stadt der Devas«; die Sanskrit-Schrift beziehungsweise das geschriebene Sanskrit-Alphabet.

DEVAS: Der Begriff ist von der Sanskrit-Wurzel *div* abgeleitet und bedeutet »die im Licht spielen«. Diese Wesen werden auch als göttliche Helfer bezeichnet. Sie sind Atmans, genau wie Menschen oder Tiere. Sie haben aber Ämter inne, in denen sie für die Umsetzung der materiellen Naturgesetze zuständig sind. Kurz: Sie arbeiten im Auftrag von Vishnu und Lakshmi an der Erhaltung von Mutter Natur.

DHARANA: eines der acht Glieder (Ashtanga) aus Patanjalis *Yoga Sutras*. Dharana beschäftigt sich mit dem Wesen und der Kontrolle des Geistes. Dharana umfasst die Techniken des mentalen Fokussierens, der Einspitzigkeit, der Klarheit und des inneren Sehens. Der Geist ist der König der Sinne, und Dharana ist die Krone des yogischen Wissens: Wir lernen, unbewusste Angewohnheiten, Eindrücke und Tendenzen auszuschalten. Die Yogis sagen: Wie ein Damm das Wasser ohne Anstrengung halten kann, sollte die innere Aufmerksamkeit in Dharana anstrengungslos auf einem einzigen Fokus liegen. Das ist die Vorbereitung für das nächste Glied des Yoga: Dhyana oder Meditation.

DHARMA: ein anderer, sehr wichtiger Sanskrit-Begriff. *Dharma* leitet sich vom Wort *dhri* (halten, enthalten, tragen) ab. Man könnte es mit »die wahre Natur von etwas, das, wenn diese wahre Natur entfernt wird, nicht länger es selbst ist« oder mit »alles entsprechend seiner göttlich beabsichtigten Natur einsetzen« übersetzen. Alles bis hinunter zum kleinsten Atom und auch jeder von uns als individueller Atman besitzen eine göttliche Natur. Diese verpflichtet uns, sie angemessen zu »gebrauchen« und auf eine jeweils rechte Art und Weise zu handeln. Etwas auf die rechte Weise einzusetzen entspricht der Bedeutung des Wortes »Ritual« (verwandt mit *Ritam*, siehe dort). Auch die moderne Naturwissenschaft arbeitet in so etwas wie »Ritualen« mit der »wahren Natur« einer Substanz, um folgerichtige und vorhersehbare Ergebnisse zu erzielen.

DHRI: Sanskrit-Wurzel mit der Bedeutung »halten, enthalten, tragen« und »die wahre Natur von etwas, das, wenn diese wahre Natur entfernt wird, nicht länger es selbst ist«.

DHYANA: eines der acht Glieder (Ashtanga) des Yoga, die Meditation. In China wurde dieses Wort zu *Chan*, in Japan zu *Zen*. In den Veden werden viele Arten der Meditation empfohlen, von denen jede den Übenden zu besonderen Zielen und in besondere Seinszustände führt und ihm besondere Kräfte verleiht.

DRAUPADI: die schöne Ehefrau der Pandavas im *Mahabharata*. Yudhisthira verlor sie im Glücksspiel, und beinahe wäre sie vor einer Versammlung von Männern gewaltsam entkleidet worden – eine signifikante Verletzung ihrer weiblichen Ehre und ein deutliches Signal für den drohenden Krieg.

DRITTES AUGE: in der Mitte der Stirn, zwischen den Augenbrauen; öffnet sich, wenn Ihre Ohren schließlich die ewige Wahrheit über das hören, was jenseits unserer materiellen Sinne und unseres materiellen Geistes liegt.

DUKKHA: Buddhas Erkenntnis, dass die Welt ein Ort des Leidens ist, welches durch unser aller Wunsch nach Materiellem und unsere Anhaftung an die Materie verursacht wird. Dies zu verstehen führt zu einer Befreiung, die eintritt, wenn man keine materiellen Besitztümer und auch keinen Wunsch nach materiellem Besitz mehr hat.

DURYODHANA: der älteste Sohn des Dhritarashtra und Hauptrivale der Pandavas. Er machte mehrere betrügerische Versuche, die Pandavas um ihren rechtmäßigen Anteil am Königtum Kuru zu bringen. Nachdem er den guten Rat von Bhishma, Drona und Krishna arrogant ignoriert hatte, fiel er zusammen mit seinen neunundneunzig Brüdern im Krieg auf dem Schlachtfeld Kurukshetra.

DVAITA: wörtlich: »Unterscheidungen«. In der vedischen Philosophie bezieht sich dieser Begriff auf die Lehren Madvas, denen zufolge es mehr als eine Art von wahrer ewiger Existenz gibt. Dvaita betont die unverwechselbare Individualität aller Wesen und Dinge und erkennt die Unterschiede zwischen den Höchsten Wesen und den individuellen Seelen *(Jiva-Atman)* an.

G

GATE GATE PARAGATE PARASAMGATE BODHI SVAHA: »Gegangen, gegangen, hinübergegangen, ans andere Ufer gegangen, das reine Wissen erlangt. Heil!«

GOPIS: die Milchmädchen. In der ländlichen Gegend in und um Vrindavan melken diese jungen Mädchen die Kühe und stellen aus der Milch verschiedene Nahrungsmittel her. Als Bhagavan Shri Krishna als Avatar dort weilte, waren diese Mädchen reinkarnierte Yogis. Sie hatten diese Geburt gewählt, um die Erfahrung zu machen, Freundin oder Geliebte von Bhagavan Shri Krishna zu sein und damit Teil seiner Erscheinung als Purna-Avatar.

GU: Materie.

GUNA: die Beschaffenheit, die Eigenschaft, die Qualität, der Zustand oder der Modus einer materiellen Sache. Es gibt drei Gunas der Materie: den erschaffenden *(rajasik)*, den erhaltenden *(sattvik)* und den zerstörenden *(tamasik)*.

GURU: wörtlich: »schwer«, mit der Bedeutung, dass jemand, der voll ist von Wissen über die höchste ewige Wahrheit, schwer wird; auch: »Beseitiger von Gu«.

GURUKULAS: traditionelle indische Internatsschulen, die in der Regel von einem Ehepaar geleitet werden.

H

HANUMAN: der Affengeneral, der zum Helden des *Ramayana* wurde; der Avatar des Deva Vayu (Wind).

I

INTELLIGENZQUOTIENT (IQ): ein Wert, der aufgrund standardisierter Tests gewonnen wird, die alle darauf angelegt sind, Zugang zur logischen Intelligenz eines Menschen zu bekommen.

ISHVARA: »Herr« oder »der die Kontrolle über etwas hat«; alle Devas kontrollieren irgendwelche Naturgewalten, und das macht sie jeweils zu einem Ishvara. Über den geringeren Ishas steht der Parama Ishvara oder Höchste Herr, Shri Krishna.

ISHVARA-PRANIDHAN: der Prozess, in dessen Verlauf man die Ishas – die Devas oder eine der vielen Formen des Höchsten Wesens – kennen und respektieren lernt.

J

JANAKA: ein großer König im *Ramayana*, Sitas Vater.

JIVA-ATMA: ein Luft atmender Atman.

JYOTISH: das Sanskrit-Wort für Astrologie; die Wissenschaft darüber, wie das Leben im Laufe der Zeit vom Licht reguliert wird, das sich im Weltraum manifestiert hat.

K

KABALLAH: jüdische Mystik.

KAIKEYI: Dasarathas jüngste und liebste Frau im *Ramayana*.

KALI-YUGA: das vierte oder eiserne Zeitalter im Zyklus der Yugas mit einer Dauer von 432 000 irdischen Jahren. Das Jahr 2010 entspricht dem Jahr 5116 des Kali-Yuga.

KALPA-VRIKSHA: *Kalpa* bezeichnet einen sehr langen Zeitraum in der vedischen Kosmologie, nämlich genau 4 300 000 000 Jahre oder einen Brahma-Tag. *Vriksha* bedeutet »Baum«. Kalpa-Vriksha ist also ein Baum, der jede Frucht trägt, die man sich nur wünschen kann und die nur im Transzendentalen existiert.

KAMSA: ein böser König im *Mahabharata*, der schließlich von Krishna getötet wird.

KARMA: von der Sanskrit-Wurzel *kri*, »tun«; das Gesetz von Ursache und Wirkung. Die moderne wissenschaftliche These, dass jede Aktion eine ähnliche und eine entgegengesetzte Reaktion hervorruft, wurde zuerst in den vedischen Wissenschaftstexten beschrieben. Unser Wort *Kreativität* ist ebenfalls mit *kri* verwandt.

KARMA-YOGA: der Yoga der Tat.

KASHATRIYAS: wörtlich: »verletzen und schützen«; bezieht sich sowohl auf diejenigen, die mit ihrer Kraft anderen dienen und sie beschützen, als auch auf diejenigen, die in der Gesellschaft Führungs- und Verwaltungsaufgaben wahrnehmen.

KAURAVAS: die bösen Vettern der Pandavas im *Mahabharata*, angeführt von Duryodhana. Sowohl die Kauravas als auch Pandavas sind Nachkommen des großen Königs Kuru, siehe *Kuru*.

KAUSALYA: Ramas Mutter im *Ramayana*.

KRI: Sanskrit-Wurzel mit der Bedeutung »tun«, siehe *Karma*.

KRISHNA: das Höchste Wesen, das so attraktiv ist, dass ihm niemand widerstehen kann.

KURU: ein großer König, nach dem die Dynastie und das Königreich der Kauravas und der Pandavas benannt wurden.

KURUKSHETRA: das berühmte Schlachtfeld im *Mahabharata*.

L

LAKSHMI: das weibliche Gegenstück zu Gott Vishnu, auch als Glücksgöttin bekannt. Nach vedischer Vorstellung ist sie die Gefährtin oder Shakti des Vishnu. Als solche personifiziert sie die Quelle des Überflusses und der Schönheit.

LILA: die spirituellen Aktivitäten des göttlichen Spiels, die von den Avataren offenbart werden, wenn sie auf der Erde erscheinen. Dieselben spielerischen Aktivitäten manifestieren sich auf ewig im transzendentalen Bereich.

M

MAHABHARATA: eines der beiden großen indischen Epen, in denen das Herabsteigen eines Avatars zur Erde beschrieben wird.

MAHATMA: große Seele.

MANAS: Sanskrit für »Geist«. Auf Menschen bezogen, bedeutet dieser Begriff: »im Besitz eines freien Willens sein« oder »einen eigenen denkenden Geist haben«.

MANTHARA: die böse, bucklige Magd von Kaikeyi im *Ramayana*.

MANTRA: wörtlich: »Werkzeug des Geistes«; Klangschwingung, die als direkter Verbindungsweg zu devischen Wesen dient; die Manifestation einer bestimmten Realität als Klangschwingung; vermittelt Bewusstsein auch über die Begrenzungen des materiellen Geistes hinaus.

MANUSHA: abgeleitet von dem Sanskrit-Wort für »Geist« (siehe *manas*); steht auch für »Menschheit«.

MATA BHUMI: Mutter Erde.

MATHURA: Krishnas Geburtsort.

MAYA: wörtlich: »nicht das«, bezieht sich auf den Bewusstseinszustand, in dem der Atman davon ausgeht, dass die materielle Realität dauerhaft ist und nicht ursächlich von dem Höchsten Wesen abhängt.

MOKSHA: der Zustand einer Seele, die sich, von allen materiellen Anhaftungen befreit, auf das Transzendentale konzentriert.

N

NADIS: Energieleitbahnen im Körper, ähnlich den Meridianen.

NAMASTE: allgemeiner spiritueller Gruß mit der Bedeutung: »Ich sehe dich als göttliches Wesen.«

NANDA: Krishnas Ziehvater in Vrindavan und Anführer des Hirtenvolkes.

NATUR: Dieser Begriff wird auf drei Weisen verwendet: materielle Natur; Natur als Mutter Natur; persönliche oder eigene Natur im Sinne von »mein Wesen«.

NETI NETI: wörtlich: »nicht dies, nicht das«; der Prozess des Unterscheidens zwischen dem, was die Seele ist, und dem, was sie nicht ist. Das Bestimmen der wahren Identität der Seele als Nicht-Materie.

NIRVANA: wörtlich: »nicht der Besitzer von irgendetwas«; *Nirvana* ist *Nirguna*, also ohne irgendwelche anderen Eigenschaften, Erfahrungen oder Charakteristika. Es ist eine Art Zwischenstufe vor dem Erlangen von Moksha, auf der es kein Konzept des Selbst oder einer anderen Wirklichkeit gibt.

NIYAMA: eine Stufe von Patanjalis Ashtanga-Yoga. Hier liegt das Augenmerk auf den persönlichen Handlungen und

Eigenschaften, welche die individuelle Übungspraxis fördern und unterstützen. Diese Handlungen und Eigenschaften sind: *Shauca* (Reinheit), *Shantosha* (Zufriedenheit), *Tapas* (siehe dort), *Svadhyaya* (siehe dort) und *Ishvara-Pranidhan* (siehe dort).

O

OM (AUM): Von dieser Klangschwingung heißt es, sie sei die ursprüngliche Schwingung, die Basis von allem, was existiert, und die Manifestation der ewigen Realität, des Brahman.

P

PANDAVAS: die fünf Söhne des Pandu. Die drei älteren Pandavas – Yudhishthira, Bhima und Arjuna – waren die Söhne von Pandus Frau Kunti und den drei Devas Yamaraja, Vayu und Indra. Die anderen beiden, Nakula und Sahadeva, waren die Söhne von Madri, Pandus anderer Frau, und den Ashvini-Kumaras.

PANDORAS BÜCHSE: In der griechischen Mythologie ist die Büchse der Pandora eine große Kiste, die von Pandora aus Unachtsamkeit geöffnet wird: Heraus kommen viele schreckliche Bedrängnisse für die Menschheit – Seuchen, Qualen und Krankheiten – und ein Geschenk: die Hoffnung.

PRANA: die Lebenskraft, die alle Wesen belebt und mit dem Element Luft in Verbindung steht; daher wird Prana manchmal auch *Prana-Vayu* oder »Lebensluft« genannt.

PRANAYAMA: Yoga-Atemtechniken, um den denkenden Geist zu beruhigen und zu fokussieren, die Lebenskraft zu lenken und den Yogi auf die nächsten Stufen der Yoga-Praxis vorzubereiten, die im Samadhi gipfeln.

PRATYAHARA: das Zurückziehen und Kontrollieren der Sinne. Auf dieser Stufe des Yoga werden die Sinne von ihren Anhaftungen an die äußeren, materiellen Objekte abgezogen. Damit kann der Yogi zu einem höheren Gewahrsein seines ursprünglichen Bewusstseins gelangen. Wenn diese Stufe erreicht ist, durchläuft der Suchende eine eingehende Selbstprüfung und steht am Ende vor der Quelle aller materiellen Wünsche in seinem eigenen Herzen.

PURNA-AVATAR: der volle Avatar beziehungsweise die ganze Manifestation von Bhagavans Göttlichkeit.

R

RADHA: das weibliche Gegenstück zu Shri Krishna. Sie wird manchmal auch die Königin der Gopis oder das transzendentale göttlich Weibliche genannt.

RAJASISCH *(RAJASIK)*: der kreative Guna oder Zustand der materiellen Energie; sein Symptom ist intensives Verlangen.

RAKSHASA: eine Klasse von asurischen/dämonischen Wesen, die manchmal Kannibalen sind. Rakshasas verkörpern extreme Dunkelheit und Unwissenheit. Sie leben wie Parasiten von der Energie und dem Leben anderer Menschen und werden daher auch »die Esser« genannt.

RAMAYANA: eines der beiden großen indischen Epen, in denen das Herabsteigen eines Avatar zur Erde beschrieben wird.

RASA: Geschmack oder Emotion, die in der besonderen Beziehung zwischen den befreiten Seelen und der Höchsten Person, Bhagavan, entstehen. Als Rasa werden auch die Geschmacksrichtungen bezeichnet, die innerhalb der Materie durch unterschiedliche Kombinationen der fünf Elemente entstehen. Die sechs Geschmacksrichtungen oder Rasas sind: süß, sauer, salzig, scharf, bitter und zusammenziehend.

RAVANA: der dunkle Lord oder »der Yogi, der böse geworden ist« im *Ramayana*.

RITAM: die verborgenen Gesetze der materiellen Natur. Diese Gesetze regeln alle Aktionen und Reaktionen innerhalb der Materie. Die Devas verwalten den Ritam.

S

SAMADHI: das vollständige Aufnehmen des Objekts oder Subjekts, über das man meditiert, besonders und letztlich die transzendentale Realität als Brahman, Paramatma oder Bhagavan. Auf dieser fortgeschrittenen Yoga-Stufe können alle Formen der Selbstverwirklichung ebenso erreicht werden wie materielle Vollkommenheit, denn hier wird man »dasselbe wie das, worauf man meditiert«.

SAMSARA: Reinkarnation oder der Kreislauf von Geburt und Tod, den die Seelen durchlaufen, sobald sie das Reich der Materie betreten haben. Samsara wird manchmal auch als das Rad der Wiedergeburt bezeichnet oder Seelenwanderung.

SANATANA-DHARMA: die wahre, ewige Natur des Atman; das wahre Wesen der Seele.

SANSKRIT: der Name der Sprache, in welcher die Veden niedergeschrieben wurden. Das Wort selbst bedeutet »perfektioniert« und verdeutlichlicht, dass Sanskrit die wissenschaftlichste und beständigste Sprache der Welt ist.

SATTVISCH *(SATTVIK)*: der harmonisierende und erhaltende Energiezustand innerhalb der Materie, durch den Gleichgewicht zum Wohle aller erreicht wird.

SHAKTI: die Kraft/Energie von etwas/jemandem, die als weiblich angesehen wird. Die Shakti des Shiva ist Durga; die Shakti des Vishnu ist Lakshmi, und Brahmas Shakti ist Saraswati. Der Begriff wird auch ganz allgemein benutzt, um die Gefährtin von Shiva, Sati oder Parvati zu benennen. Shakti bezeichnet auch die Essenz einer jeden materiellen Sache.

SHUDRAS: die arbeitende Klasse. Jene, die andere unterstützen und ihnen dienen, aber auch Künstler und Handwerker.

SUGRIVA: König der menschenähnlichen Affen im *Ramayana*.

SVA-DHARMA: die ursprüngliche und ewige Natur eines Menschen.

SVADHYAYA: der Prozess, in dessen Verlauf man sich durch Fragen seinem eigenen wahren Wesen und seiner Identität als Atman oder ewige Seele nähert.

T

TAMASISCH *(TAMASIK)*: der zerstörerische oder unwissende Zustand der materiellen Natur.

TAPASYA: von der Sanskrit-Wurzel *tap*, »erhitzen«; oft mit »Enthaltsamkeit« übersetzt. In Wirklichkeit ist es aber das, was man über längere Zeit mit großer Intensität tut, um eine Veränderung des eigenen Seinszustands zu erreichen. Patanjali beschreibt Tapasya als eine der drei Aktivitäten der Yoga-Praxis neben Svadhyaya (Selbsterkenntnis) und Ishvara-Pranidhan (das rechte Wissen um die Wesen, die größer sind als man selbst).

TRANSZENDENTAL: vom Lateinischen *transcendere*, »hinübergehen«.

U

UNOBTANIUM: die mineralische Substanz, die in dem Film *Avatar* auf Pandora abgebaut wird.

V

VAIKUNTHA-LOKA: »Die Planeten der ewigen Liebe, wo niemand Angst oder Furcht hat.«

VAISHYAS: die gesellschaftliche Klasse, die sich zum Geschäft, zur Landwirtschaft, zu allem, was mit Finanzen zu tun hat, hingezogen fühlt. Menschen, deren Stärke das Produzieren von Geld, Nahrungsmitteln oder Waren ist.

VASISTHA: König Dasarathas spiritueller Ratgeber im *Ramayana*.

VASUDEVA: Krishnas Vater in Mathura. Er und seine Frau Devaki waren schon viele Jahre von Kamsa verfolgt worden, bevor Krishna sie erlöste, indem er Kamsa tötete.

VAYU: der Deva des Elements Luft oder des Windes. Vayu war sowohl Bhimas als auch Hanumans Vater.

VEDANTA: der Hauptzweig und einer der sechs Darshanas der vedischen Philosophie. Das Wort *Vedanta* ist aus *Veda*, »Wissen«, und *anta*, »Ende« beziehungsweise »Schluss«, zusammengesetzt. Der Vedanta-Darshana beschäftigt sich also mit dem Schluss oder dem letzten Ziel der Veden und mit der präzisen Natur des letzten, transzendentalen Ziels.

VEDEN: eine riesige Sammlung heiliger Schriften, die ihren Ursprung alle im alten Indien haben. Sie gelten als die wichtigste Sammlung grundlegender und umfassender Schriften über den Hindu Dharma.

VISHVAMITRA: großer Asket und Oberhaupt aller im Wald lebenden Asketen im *Ramayana*.

VRATA: Gelübde oder Versprechen. Menschen verfügen über einen freien Willen. Deswegen handeln sie nicht nur nach ihrem Instinkt wie die Tiere oder entsprechend dem Ritam wie die Devas. Sie können sich auch dem Wort oder einem Versprechen, das sie gegeben haben, verpflichtet fühlen. Die Richtung, in die sie gehen, können sie durch entsprechend engagiertes Handeln bestimmen.

VRINDAVAN: der Name des Ortes, an dem Shri Krishna seine Kindheit bis zum Alter von elf Jahren verbracht hat. Aus diesem Grund hat Vrindavan für die frommen Anhänger des Höchsten Wesens eine besondere Bedeutung. Viele wunderbare Aspekte Krishnas göttlicher Natur wurden dort offenbart. In diesem heiligen Wald tanzte Krishna den berühmten Rasa-Tanz mit Radha und den Gopis.

Y

YAMA: die Stufe von Patanjalis Ashtanga-Yoga, auf der es um richtiges Handeln in der Welt geht. Die bewusste Selbstbeherrschung besteht aus den Übungen: Ahimsa (nichts und niemanden verletzen), Asteya (nicht stehlen), Brahmacharaya (sexuelle Enthaltsamkeit), Aparigraha (an nichts festhalten) und Satya (wahrhafte Rede).

YASHODA: Krishnas Ziehmutter in Vrindavan aus dem *Mahabharata*.

YOGA: von der Sanskrit-Wurzel *yuj* mit der Bedeutung »verbinden«. Das deutsche Wort *Joch* ist eng mit *Yoga* verwandt. Der Gedanke dahinter ist, dass man durch bestimmte Handlungen die verlorene Verbindung zu den höchsten Wesen im transzendentalen Bereich wiederherstellen kann.

YOGA-SUTRAS DES PATANJALI: ein klassischer Text über die verschiedenen Übungen und Praktiken des Yoga, verfasst von dem Weisen Patanjali.

YUDHISTHIRA: Arjunas älterer Bruder; Oberhaupt der Pandava-Familie im *Mahabharata*.

LITERATUR- UND QUELLENVERZEICHNIS

Englischsprachige Bücher und Originalausgaben

Acharya, Kala, ed. *Indian Philosophical Terms: Glossary and Sources*. Mumbai: Somaiya Publications, 2004.

Agrawal, Madan Mohan, ed. *Six Systems of Indian Philosophy*. Delhi: Chaukhamba Sanskrit Pratishthan, 2001.

Arya, Ravi Prakash. *Indian Origins of Greece and Ancient World*. New York: International Vedic Vision, 2003.

Bhagavad-Gita As It Is. Translated by His Divine Grace A. C. Bhaktivedanta Swami Pradhupada. New York: Macmillan Publishing, 1972.

The Bhagavad Gita. Translated by Winthrop Sargeant. Albany: State University of New York Press, 1994.

The Bhaktirasamrtasindhu of Rupa Gosvamin. Translated by David L. Haberman, New Delhi: Indira Gandhi National Centre for the Arts, 2003.

Chaitanya Charitamrita. Translated by His Divine Grace A. C. Bhaktivedanta Swami Pradhupada. Berkeley: Bhaktivedanta Book Trust, 1974.

Desikachar, T. K. V. *The Heart of Yoga: Developing a Personal Practice*. Rochester: Inner Traditions International, 1995.

Duneja, Prabha. *The Legacy of Yoga in Bhagwad Geeta*. Delhi: Govindram Hasanand, 1998.

Ferguson, Kitty. *The Music of Pythagoras*. New York: Walker and Company, 2008.

Frawley, David. *The Rig Veda and the History of India.* New Delhi: Aditya Prakashan, 2001.

Goyandaka, Jayadayal. *Srimadbhagavadgita Tattvavivecani* (English Commentary). Gorakhpur: Gita Press, 1969.

Green, Toby. *Inquisition: The Reign of Fear.* New York: Thomas Dunne Books, 2007.

Guru Pujyasri Candrasekharendra Sarasvati Svami. *Hindu Dharma: The Universal Way of Life.* Mumbai: Bharatiya Vidya Bhavan, 2008.

Hatha Yoga Pradipika. Translation and commentary by Swami Muktibodhananda. Ganga Darshan: Yoga Publications Trust, 1985.

Higgins, Godfrey. *Anacalypsis: An Attempt to Draw Aside the Veil of the Saitic Isis or An Inquiry into the Origin of Lanugages, Nations, and Religions.* London: Longman, Rees, Orme, Brown, Green, and Longman, 1836.

Hill, Stephen R., and Harrison, Peter G. *Dhatu-Patha: The Roots of Language: The Foundations of the Indo-European Verbal System.* London: Gerald Duckworth, 1997.

Kalyanaraman, A. Aryatarangini: *The Saga of the Indo-Aryans.* Vol. 1. Bombay: Asia Publishing House, 1969.

Kuhn, Alvin Boyd. *A Rebirth of Christianity.* Wheaton: Quest books, 1970.

– : *Shadow of the Third Century: A Revalutation of Christianity.* Whitefish: Kessinger Publishing, 2007.

Lad, Vasant. *Textbook of Ayurveda.* Vol. 1, *Fundamental Principles.* Albuquerque: Ayurvedic Press, 2002.

– : *Textbook of Ayurveda.* Vol. 2, *A Complete Guide to Clinical Assessment.* Albuquerque: Ayurvedic Press, 2006.

Lockhart, Douglas. *Jesus the Heretic: Freedom and Bondage in a Religious World.* Shaftesbury, Dorset: Element books, 2007.

Macdonell, Arthur A. *A Practical Sanskrit Dictionary, with Transliteration, Accentuation, and Etymological Analysis Throughout*. Delhi: Motilal Banarsidass Publishers, 2004.

Mahabharata. Translated by Kamala Subramaniam. Mumbai: Bharatiya Vidya Bhavan, 1965.

Mahabharata: The Greatest Spiritual Epic of All Time. Translated by Dharma, Krishna. Badger: Torchlight Publishing, 1999.

The Mahabharata. Translated by Kisari Mohan Ganguli. New Delhi: Munshiram Manoharlal Publishers, 2008.

Mani, Vettam. *Puranic Encyclopedia: A Comprehensive Dictionary with Special Reference to the Epic and Puranic Literature*. Delhi: Motilal Banarsidass Publishers, 1964.

Massey, Gerald. *Ancient Egypt: The Light of the World*, Vols. 1 and 2. New York: Samuel Weiser, 1970.

Moxham, Roy. *The Great Hedge of India*. New York: Carroll & Graf Publishers, 2001.

Mudgal, S. G. *Brahmasutras: With English Translation of Madhva Bhasya*. Mumbai: Archish Publications, 2005.

Partridge, Eric. *Origins: A Short Etymological Dictionary of Modern English*. New York: Macmillan, 1958.

Rajaram, Navaratna S., and Frawley, David. *Vedic »Aryans« and the Origins of Civilization*. New Delhi: Voice of India, 2001.

Ramayana. Translated by Kamala Subramaniam. Mumbai: Bharatiya Vidya Bhavan, 1981.

Ramayana: India's Immortal Tale of Adventure, Love and Wisdom. Translated by Dharma, Krishna. Badger: Torchlight Publishing, 2004.

Sharma, B. N. K. *History of the Dvaita School of Vedanta and It's Literature*. Delhi: Motilal Banarsidass Publishers, 1961.

Sharma, Bhu Dev, ed. *New Perspectives on Vedic and Ancient Indian Civilization*. Barre, MA: World Association of Vedic Studies, 2000.

Sharma, Rama Nath. *The Astadhyayi of Panini*. Vol. 1, *Introduction to the Astadhyayi as a Grammatical Device*. New Delhi: Munshiram Manoharlal Publishers, 2002.

Srimad Bhagavad-Gita. Translated by Srimad Krsna Dvaipayana Vedavyasa. Mathura, India: Gaudiya Vedanta Samiti, 2000.

Srimad Bhagavad-Gita: The Hidden Treasure of the Sweet Absolute. Translated and commentary by His Divine Grace Srila Bhakti Raksaka Sridhara Deva Goswami. Nabadwip, India: Sri Chaitganya Saraswatmath, 1985.

Srimad Bhagavatam. Translated by Kamala Subramaniam. Bombay: Bharatiya Vidya Bhavan Kulpati K. M. Munshi Marg, 1995.

Srimad Bhagavatam. Translated by His Divine Grace A. C. Bhaktivedanta Swami Pradhupada. Berkeley: Bhaktivedanta Book Trust, 1982.

Sri Visnu Sahasranama: Sanskrit Slokas in English. Translated by T. N. Raghavendra. Bangalore: Sree Raghavendra Guruji Centre for Divine Knowledge, 2002.

Stuart, Tristram. *The Bloodless Revolution: A Cultural History of Vegetarianism from 1600 to Modern Times*. New York: W. W. Norton, 2006.

Swami, Devamrita. *Searching for Vedic India*. Los Angeles: The Bhakivedanta Book Trust, 2002

Tulasidasa's Shriramacharitamanasa (The Holy Lake of the Acts of Rama). Translated by R. C. Prasad. Delhi: Motilal Banarsidass Publishers, 1988.

Varghese, Roy Abraham. *The Wonder of the World: A Journey from Modern Science to the Mind of God*. Fountain Hills, AZ: Tyr Publishing, 2003.

Vinayacarya, P. *Mithyatva Anumana Khandanam (A refutation of the non-reality syllogism)*. Bangalore: Sri Vedavyasa Sanskrit Research Foundation, 2006.

The Yoga Sutras of Patanjali: A Study Guide for Books 1 and 2, Samadhi Pada. Translated by Baba Hari Dass. Santa Cruz, CA: Shri Rama Publications, 1999.

Deutsche Erstausgaben

Bhagavad-Gita wie sie ist, Berkeley: Bhaktivedanta Book Trust, 1983.

Cremo, Michael A., und Thompson, Richard L.: *Verbotene Archäologie. Die verborgene Geschichte der menschlichen Rasse,* Klopp, Rottenburg 2006.

Govindan, Marshall: *Die Kriya Yoga Sutras des Patanjali und die Siddhas: Übersetzung, Kommentar und Praxis,* Hans Nietsch, Freiburg 2007.

Harpur, Tom: *Der heidnische Heiland. Die Auferstehung des ursprünglichen Glaubens: Das Jesus-Plagiat enthüllt,* Ansata, München 2005.

Klein, Naomi: *Die Schock-Strategie. Der Aufstieg des Katastrophen-Kapitalismus,* Fischer, Frankfurt 2008.

Pollan, Michael: *Das Omnivoren-Dilemma. Wie sich die Industrie der Lebensmittel bemächtigte und warum Essen so kompliziert wurde,* Goldmann, München 2011.

Rifkin, Jeremy: *Das Imperium der Rinder. Der Wahnsinn der Fleischindustrie,* Campus, Frankfurt 2001.

Schlosser, Eric: *Fast Food Gesellschaft. Fette Gewinne, faules System,* Riemann, München 2003.

Smith, Jeffrey M.: *Trojanische Saaten. GenManipulierte Nahrung – GenManipulierter Mensch,* Riemann, München 2004.

Die naturwissenschaftliche Entdeckung, dass es Gott gibt

Gott ist die Quelle aller Energie und Materie im Universum. Dies ist das Forschungsergebnis des Quantenphysikers Michael König. Ausgehend von der Physik Heisenbergs und Einsteins und basierend auf neuesten Erkenntnissen aus der Elementarteilchen- und Biophysik, denkt König die Physik an ihr Ende, mit weitreichenden Konsequenzen für unser Weltbild: Materie und Geist sind eine Einheit.

Das Urwort präsentiert erstmals die physikalische Theorie, dass Gott die elementare Wirkgröße unseres Universums darstellt und dies auch naturwissenschaftlich hergeleitet werden kann. In der Folge lassen sich viele bisher ungeklärte Rätsel der Naturwissenschaft lösen: Was ist dunkle Energie? Wie funktionieren unser Gedächtnis und Bewusstsein? Hat der Mensch eine unsterbliche Seele? Diese und viele andere Grundfragen unserer Existenz beantwortet Michael König und lässt ein neues Weltbild vor den Augen des Lesers entstehen – eine gelungene Synthese aus Naturwissenschaft und Spiritualität und der Essenz der Religionen und Weisheitslehren. Mit spektakulären Abbildungen und Fotos der neuesten Forschungsergebnisse.

Mehr über unsere Bücher:
www.scorpio-verlag.de

Michael König

X A Θ Ω Φ

A Φ H X Ω

Θ H A H Θ

Ω X H Φ A

Φ Ω Θ A X

URWORT Das

Die Physik Gottes

ca. 300 Seiten, gebunden
19,95 € (D) / 20,60 € (A) / 34,50 sFr
ISBN 978-3-942166-11-9